Lance H. K. Secretan

Soul-Management

Lance H. K. Secretan

Soul-Management

Der neue Geist des Erfolgs – die Unternehmenskultur der Zukunft

Aus dem Amerikanischen
von Christa Broermann,
Andrea Kann und Gabi Wurster

Lichtenberg

Titel der Originalausgabe: Reclaiming Higher Ground
Originalverlag: Macmillan Canada

Dieses Buch wurde auf chlor- und säurefreiem Papier gedruckt.
Die Folie des Schutzumschlages sowie die Einschweißfolie sind
PE-Folien und biologisch abbaubar.

Die kanadische Originalausgabe erschien unter dem Titel
»Reclaiming Higher Ground. Creating Organizations
that Inspire the Soul.«
Redaktion und Koordination der deutschen Ausgabe:
Reiner Pfleiderer (Büro Dr. Ulrich Mihr, Tübingen)

Umschlaggestaltung: Casa nova corporate communications, München
Satz: Dr. Ulrich Mihr GmbH, Tübingen
Druck und Bindung: Ueberreuter, Korneuburg
Printed in Austria
ISBN 3-7852-8408-X

5 4 3 2 1

Inhalt

EINLEITUNG

TEIL EINS: Das Herz

Unsere größte Angst ist nicht,
daß wir unzulänglich sind.
Unsere größte Angst ist, daß wir unermeßlich
mächtig sein könnten.
Unser Licht, nicht unser Schatten, ängstigt uns.
Wir fragen uns: Wer bin ich denn, daß ich es wagen könnte,
so wunderbar, großartig, talentiert und brillant zu sein?
Indessen: Wer sind wir, daß wir wagen können,
es nicht zu sein?
Du bist ein Kind Gottes. Wenn du dich arm und hilflos stellst,
dient das der Welt nicht.
Es ist kein Zeichen von Erleuchtung,
dich klein zu machen, damit sich andere Menschen
in deiner Umgebung nicht unsicher fühlen.
Wir sind dazu geboren, die Herrlichkeit Gottes zu bezeugen,
die uns innewohnt.
Sie wohnt nicht nur einigen wenigen inne, sondern allen.
Und wenn wir unser eigenes Licht erstrahlen lassen,
erlauben wir unbewußt anderen Menschen,
es uns gleichzutun.
Wenn wir von unseren Ängsten frei werden,
befreit unsere Gegenwart automatisch
die anderen auch.

MARIANNE WILLIAMSON,
A RETURN TO LOVE

Dank

Soul-Management war ein ungewöhnliches Projekt. Ich bin mir nicht sicher, ob es auf einem paradiesischen Strandspaziergang mit Trish entstand oder bei meiner außerordentlich fruchtbaren Arbeit mit wunderbaren Kunden auf der ganzen Welt. Es kann auch ganz einfach eine Botschaft der Seele sein. Aber sobald es begonnen hatte, wurde es zur aufregendsten Reise meines Lebens. Es war, als greife eine verborgene Hand in meinen Köcher und schieße einen einzigen Pfeil ab, genau ins Schwarze. Die Reaktion meiner Freunde und Geschäftspartner hat mich erstaunt. Jeder schilderte auf seine Weise die große Sehnsucht nach Hoffnung, Heilung und Gleichgewicht, die er in unserer Gesellschaft spürt. Viele große Denker haben mich gelehrt und beeinflußt, einige von ihnen habe ich in diesem Buch zitiert. Ich habe vielen zu danken, die meine ersten Entwürfe durchsahen, mir zu wertvollen Einsichten verhalfen und meinen Blick schärften, unter anderem Dave Blair, Dan Bollom, Dale Brewster, Clare Cremer, Vern Dale-Johnson, Simon Dean, Bob Dryburgh, Cameron Fellman, Margot Franssen, David Fugate, Anky Graydon, Lynne Hallinan, Ed Hardison, Alan Harman, Steve Heise, Roberta Kent, Rocky Kimball, Rob Kozinets, Scott Ladd, Janet Laughton MacKay, Carole und Malcolm MacLeod, Patrick McCabe, Ross Morton, Christine Moss, Karen Neal, Brenda Nylund, Ray Patrick, Ray Pedersen, Kathy Schultz, David Sersta, Denis Shackel, Sue Sheldon, Peter Somers, Hugo Sorensen, Ralph Stayer, Bill Sutton, Frank Syer, Michel Trueman, Donn Winn, Warner Woodley und Mark Yeatman. Dank auch dem Team von Macmillan in Kanada, besonders Denise Schon, Karen O'Reilly, Liza Algar und Anne Nelles sowie meiner Kollegin Zorina Swallow, die mich mit meisterlichem Können durch die Produktion dieses Buches steuerten, und Ron Szymanski vom Leigh Bureau. Mein besonderer

Dank gilt meinem wunderbaren Hund Spirit, der mich fast stets beim Schreiben überwachte. Und natürlich hätte nichts, was ich auf diesem Planeten tue, irgendeinen Sinn und würde mir ernstlich etwas bedeuten ohne Trish, meine wichtigste Kritikerin, Lektorin, Stütze, Freundin und Geliebte.

Einleitung

Was ist falsch an diesem Bild?

Vier Fünftel der Weltbevölkerung leiden physischen Hunger, und ein Fünftel leidet an seelischem Hunger. Etwas Merkwürdiges spielt sich ab: Unsere Persönlichkeit wird immer reicher, während unsere Seele immer ärmer wird.

Unsere Persönlichkeit gerät in eine Spirale hektischer Aktivität, wir erwerben immer mehr, arbeiten immer mehr und immer schneller, während unsere Seele sich leer fühlt und nach Erneuerung sehnt. Eine innere Stimme warnt uns vor dem wachsenden Konflikt zwischen unserer Persönlichkeit und unserer Seele. Wir sind an einem kritischen Punkt angelangt, der große Gefahren birgt, aber auch Anlaß zu Hoffnung gibt. *Soul-Management* ist ein Buch über Hoffnung.

> So wie ein prächtiger, von seinen Bewohnern verlassener Palast einer Ruine gleicht, so auch ein Mann ohne Charakter, ungeachtet all seines materiellen Besitzes.
>
> *Mohandas K. Gandhi*

Irgendwo auf dem Weg der menschlichen Entwicklung haben wir unsere Seele zugunsten unserer Persönlichkeit vernachlässigt. Dies gilt ganz besonders für den Bereich der Arbeit. Die Folge ist eine große innere Leere. Doch das Gefühl des Verlustes und der Mangel an Erfüllung müssen kein dauerhafter Zustand sein. Wenn wir unserer Seele wieder die nötige Achtung erweisen, bringen wir auch wieder Freude und Würde in unsere Arbeit und unser ganzes Leben.

> Ich glaube, daß es heute wohl in jedem Unternehmen zumindest eine Person gibt, die langsam verrückt wird.
>
> *Joseph Heller*

In der heutigen Zeit sehen darin viele eine Herausforderung, denn unsere Erfahrung ist davon geprägt, daß wir unsere Fähigkeit zu Manipulation und Ausbeutung zu beispielloser Perfektion entwickelt haben. Doch obwohl der Persönlichkeitskult zweihundert

Jahre lang unser Leben beherrscht hat, können wir durchaus wieder auf eine höhere Ebene gelangen, wenn wir unsere Seele wieder achten lernen. Gewiß, eine solche Veränderung ist schwierig, denn sie setzt eine neue Erfahrung voraus. Aber wenn wir unsere Arbeit zu einer spirituellen Übung machen, bedeutet das einen Quantensprung für unser Gefühl der Erfüllung und leitet einen tiefen Wandel ein, der einer Revolution gleichkommt.

Fragen und Antworten

Den größten Teil meines Berufslebens war ich Unternehmensberater, und ich glaube, daß mein Rat im allgemeinen zum Wohl meiner Kunden beigetragen hat. Im Laufe der letzten Jahre habe ich jedoch begonnen, den Wert der fertigen Antworten in Zweifel zu ziehen. Wir sind sehr erfahren darin, Antworten zu geben, aber wahrscheinlich haben wir schon genug Antworten. Ich habe den Eindruck, daß die größere Herausforderung heute darin besteht, die richtigen Fragen zu stellen. Das ist nicht leicht, denn Experten halten zwar Listen von Antworten für uns parat, aber keine Fragenkataloge. Die richtigen Fragen zu kennen und sie auch zu stellen verlangt Weisheit und Urteilsfähigkeit. *Soul-Management* deutet einige dieser Fragen und die Quelle vieler Antworten an.
In der Artussage lernt Parzival als Knabe von seiner Mutter, wie wichtig es ist, Fragen zu stellen. Das bestätigt sich in seinen Jugendjahren, als er einer Gruppe von Rittern entkommt, indem er Fragen stellt, statt Antworten zu geben. Später jedoch, als Parzival bereits der Tafelrunde von König Artus angehört, haben ihn seine Lehrer davon überzeugt, daß es besser sei, nicht zu viele Fragen zu stellen. Dieser scheinbar vernünftige Rat beschert ihm viele Prüfungen, denn indem er ihn befolgt und sich nach den Regeln anderer richtet, beginnt er, ein Leben zu führen, dem es an Authentizität mangelt. Eines Tages findet er auf seinen Fahrten die Gralsburg, die nur den Würdigen sichtbar ist, und er sieht auch

den Gralskönig Anfortas, der an einer geheimnisvollen Wunde dahinsiecht. Diese Erscheinung ist für Parzival eine Prüfung, denn wenn er den König nach seiner Wunde fragt, wird dieser geheilt und die Ödnis rings herum verwandelt sich wieder in ein Paradies auf Erden. Doch er stellt die entscheidende Frage »Oheim, was fehlt dir?« nicht, und als Strafe dafür, daß er sich nach den Regeln anderer richtet, statt seiner Eingebung zu folgen, wird er für fünf Jahre verflucht und muß eine Reihe ungewöhnlicher und schrecklicher Situationen meistern. Schließlich hält Parzival, müde, erschöpft und entmutigt, inne und fragt, da er nicht mehr weiß, welche Zeit, welcher Tag und welcher Monat gerade ist, einen Fremden: »Welcher Tag ist heute?« Es ist Karfreitag, und im Augenblick der Frage wird der Fluch aufgehoben. Bald kehrt Parzival zum Artushof zurück und führt noch ein langes, von ritterlichen Abenteuern erfülltes Leben.

Heute stehen wir unter einem ähnlichen Fluch. Jedes Jahr geben uns Berater, Autoren und Wirtschaftswissenschaftler Antworten, die besagen, daß wir lediglich »mehr desselben« tun müssen, nur schneller und rationeller, wenn wir die derzeitigen Probleme moderner Unternehmen beheben und die seelischen Leiden ihrer Mitarbeiter heilen wollen. Sie bieten eine Vielzahl von fertigen Antworten und Patentlösungen an: Leistungssteigerung, Total Quality Management (TQM), Teams, Downsizing, Umstrukturierung, Kundenservice, Empowerment, Reengineering und anderes mehr.

Wenn Reengineering die Antwort ist, was war dann die Frage? Laut Definition ist Reengineering »fundamentales Überdenken und radikales Redesign von Unternehmen oder wesentlichen Unternehmensprozessen. Das Resultat sind Verbesserungen um Größenordnungen in entscheidenden, heute wichtigen und meßbaren Leistungsgrößen in den Bereichen Kosten, Qualität, Service und Zeit«[1], alles klassische Anliegen, die von der Persönlichkeit motiviert sind. Reengineering ist der Inbegriff einer »Antwort«, bei der die Frage nach der Seele außen vor bleibt.

Bei unserem derzeitigen Angstpegel benötigen wir keine Antworten, sondern die richtigen Fragen. Der unablässige Strom von Antworten, den wir produziert haben, konnte unsere Nöte nicht beheben, denn er selbst ist die Ursache für unsere derzeitige Lage. Diese Antworten passen nicht zu den Fragen, denn sie bieten spezifische Lösungen für allgemeine Probleme an. Sie werden von denjenigen beherzigt, die Management mit Hilfe modischer Schlagwörter betreiben, und auch von jenen, die von dem Bedürfnis besessen sind, die Dinge »auf die Reihe zu bringen«. Aber mit Schlagwörtern bringt man keinen Schlamassel in Ordnung. Wir brauchen kein Reengineering, sondern eine Regeneration, eine seelische Regeneration, eine *spirituelle Wiedergeburt,* die uns neue Kraft gibt und ein neues Leben ermöglicht. Wir brauchen keine Antworten für die Persönlichkeit mehr. Vielmehr müssen wir uns der Seele zuwenden und die richtigen Fragen stellen.

> Man kann kein Loch an einer neuen Stelle graben, indem man ein altes Loch tiefer macht.
>
> *Edward de Bono*

Wir brauchen nicht lange zu suchen, wenn wir eine Bestätigung dafür suchen, daß die alten Antworten nicht mehr weiterhelfen. Die American Quality Foundation ist aufgelöst worden. Die Zahl der Bewerbungen um den Baldridge-Preis, die amerikanische Qualitätsauszeichnung, ist drastisch gesunken – um ein Drittel in drei Jahren. Im Laufe von fünf Jahren sind mehr als drei Millionen Amerikaner entlassen worden. Allein IBM, das fast während seiner gesamten Firmengeschichte gelobt hat, es werde nie einen Angestellten entlassen, hat 200 000 Mitarbeiter nach Hause geschickt, was in der Bilanz Kosten von nahezu 20 Milliarden Dollar verursacht hat – vom Preis, den die Menschen bezahlen, ganz zu schweigen.[2]

Die Wahrheit ist, daß der Fluch, unter dem wir stehen, erst aufgehoben werden kann, wenn wir anfangen, die richtigen Fragen zu stellen und auf unsere innere Stimme zu hören. Die richtigen

Fragen eröffnen viel tiefere Einblicke als die richtigen Antworten. Sokrates lehrte seinen Sklaven Geometrie, indem er ihm Fragen stellte. Er stellte sich unwissend, ermutigte andere zum Sprechen und deckte dann durch hartnäckiges Nachfragen die Widersprüche in ihrem Denken auf – darin besteht die sogenannte sokratische Methode. Die Griechen schüchterte diese Methode so ein, daß sie Sokrates im Jahr 399 v. Chr., als er der größte Philosoph seiner Zeit geworden war, der Gottlosigkeit beschuldigten, ihm vorwarfen, er verderbe die Jugend, und ihn zum Tod durch den Schierlingsbecher verurteilten. Wir fürchten uns nicht vor den Antworten, sondern vor den richtigen Fragen, und die Menschen, die den Mut haben, sie zu stellen, machen uns angst. Deshalb haben wir uns so lange ausschließlich von Antworten leiten lassen. Wir werden ein tieferes Wissen erlangen, lernen und wachsen und den Bann, unter dem wir stehen, brechen, wenn wir lernen, ebenso gekonnt Fragen zu stellen, wie wir Antworten geben.

Soul-Management ist ein Buch, das Fragen aufwirft, die dem fundamentalen Wandel Rechnung tragen, der sich derzeit in der Einstellung von Menschen vollzieht, die wissen, daß die alten Antworten weitgehend ausgedient haben. Wir müssen einen neuen Weg in die Zukunft einschlagen, einen Weg, auf dem wir uns stärker von den richtigen Fragen als von vorschnellen Antworten leiten lassen.

Das Ende der Fahnenstange – der Abstieg der Persönlichkeit

Die meisten an alten Klischees orientierten Managementtheorien empfehlen lediglich kosmetische Veränderungen dessen, was wir ohnehin schon tun. Gewinne, so raten sie uns, lassen sich durch eine weitere Steigerung des Tempos erzielen. Aber die Beschäftigten, die bei den Downsizing- und Umstrukturierungsmaßnahmen der letzten fünfzehn Jahre ungeschoren davongekommen sind, können einfach nicht noch einen Zahn zulegen. Wirkliche Durchbrüche schaffen heutzutage diejenigen, die erkennen, daß sich die Menschen allenthalben viel mehr von ihrer Arbeit erhoffen, nämlich eine tiefere, innere Befriedigung. Kreative Manager pfropfen deshalb den neuen Problemen nicht gewaltsam alte Lösungen auf, sondern stellen zeitlose und doch höchst aktuelle, zukunftsweisende Fragen. Sie sind entschlossen, den Bann zu brechen.

Wir haben die Bedürfnisse der Persönlichkeit in einem Maße zu erfüllen gelernt, das unsere kühnsten Träume übertrifft, aber wir haben dabei unsere Seele vernachlässigt. Percy Barnevik, Verwaltungsratsvorsitzender und Präsident von Asea Brown Boveri, sagt: »Unsere Unternehmen sind so beschaffen, daß die meisten Angestellten lediglich 5 bis 10 Prozent ihrer Fähigkeiten in ihre Arbeit einbringen können. Erst wenn diese Menschen nach Hause gehen, können sie die übrigen 90 bis 95 Prozent entfalten – ihren Haushalt führen, eine Pfadfindergruppe leiten oder ein Ferienhäuschen bauen. Diese ungenutzten Fähigkeiten, die jeder Mensch täglich mit zur Arbeit bringt, müssen wir erkennen und nutzen.«[3]

Das Gehirn ist ein wunderbares Organ: Es beginnt zu arbeiten, sobald man morgens aufsteht, und hört erst wieder auf, wenn man ins Büro kommt.

Robert Frost

Die Menschen sind es leid, ihren müden Kopf mit zur Arbeit zu bringen, ihr Herz aber zu Hause zu lassen. Und sie sind es leid, sich ihr Tun von Managern diktieren zu lassen, die Empowerment-Seminare besucht, aber noch immer nicht begriffen haben, was das Wort eigentlich bedeutet. Jahrelang haben die Angestellten mit weniger Mitteln mehr geleistet, ihre Produktivität und die Qualität ihrer Arbeit gesteigert und den Kundenservice verbessert, auch wenn sie sich dabei ausgenutzt und mißbraucht fühlten. Jetzt sind wir am Ende der Fahnenstange angelangt – die Beschäftigten sagen: »Jetzt bin ich an der Reihe, ich will auch etwas haben.« *Wir sind am Ende der Managementtheorie angelangt.* Kurz, es ist Zeit für ein Qualitätsprogramm für die Menschen. Noch nie war eine Veränderung so dringend notwendig, und »mehr desselben« ist keine Option mehr.

Die traurige Wahrheit ist, daß die Arbeit in den letzten dreißig Jahren zu einer seelischen Verarmung geführt hat. Für die meisten Menschen ist sie nicht länger eine Quelle der Inspiration und der Freude, keine Möglichkeit mehr, selbstverantwortlich und integer zu handeln und sich selbst zu verwirklichen. Viele haben den Eindruck, daß Unternehmen eine menschenfeindliche Haltung entwickelt haben und daß ihre Führungskräfte den Kunden nur noch als jemanden betrachten, den man manipulieren und ausnutzen kann: Eine große Konsumgüterfirma hört das Telefon eines Zeitungsreporters aus Cincinnati ab, weil er wenig schmeichelhafte Artikel über sie schreibt. Die Ölpreise auf dem Weltmarkt fallen, dennoch heben die Mineralölfirmen die Benzinpreise zufällig am selben Tag um denselben Betrag an. Die Tabakindustrie trägt zur Umweltverschmutzung und zum Tod von Millionen bei. Banken stellen ihren Kreditkarteninhabern Zinssätze in Rechnung, die bei 300 Prozent liegen. Eine internationale Lebensmittelfirma kämpft vor Gericht gegen die amerikanische Lebensmittelbehörde, weil sie das Recht durchsetzen will, ein Fertigprodukt mit dem Etikett »frisch« auszustatten, das zwei Jahre im Regal stehen kann.

Wie haben wir unsere Seele verloren?

Wie ist es zu dieser Situation gekommen, und wie können wir sie meistern? Wir werden in diesem Buch viele Aspekte dieses Rätsels unter die Lupe nehmen, und alle haben damit zu tun, daß wir uns auf Kosten der Seele auf die Persönlichkeit konzentriert und es versäumt haben, die richtigen Fragen zu stellen. Ein Beispiel dafür ist, wie sehr wir die Zeit in unserem Leben komprimiert haben.

Die Zeitrahmen haben sich in den letzten fünfundzwanzig Jahren ständig verengt, und heute beherrschen, besonders in Unternehmen, zwei Zeitmaße unser Leben. Das erste ist das Quartal: Finanzinstitute erwarten, daß Unternehmen alle neunzig Tage Rechenschaft über ihre Leistung ablegen. Ist das erledigt, vergehen nicht einmal neunzig Tage, und dieselbe Prozedur beginnt von vorn. Alle Entscheidungen sind daher auf ein Ritual hin ausgerichtet, das alle neunzig Tage vollzogen wird, und jedes vierte Quartal sind wir zu einem alljährlichen Ritual namens Jahresabschluß aufgerufen, der im Geschäftsbericht gefeiert oder gerechtfertigt wird.

Das Leben dreht sich um das Quartal. Wir ernten gewissermaßen das Verhalten, das wir belohnen, und da wir auf kurze Zeiträume ausgerichtetes Verhalten so fürstlich belohnen, sollten wir uns nicht über die Früchte wundern, die es trägt. Was geschieht, wenn wir uns vom Kriterium des kurzfristigen Erfolgs leiten lassen? 1994 stellte der Verwaltungsbezirk Orange in Kalifornien einen Konkursantrag, weil er die größte kommunale Pleite in der amerikanischen Geschichte zu beklagen hatte. Robert L. Citron, der ehemalige Leiter der Finanzabteilung, hatte ein Portefeuille im Wert von 7,5 Milliarden Dollar zusammengetragen, wobei er sich weitgehend auf Ratschläge der Maklerfirma Merrill Lynch von der Wall Street stützte, die in einigen Fällen sogar das Risiko für die Wertpapiere übernahm, die sie verkaufte. Einige der Papiere waren recht exotischer Natur, nämlich sogenannte »invers flottierende Derivate«. Nach einem Bericht aus dem Jahr 1992 wies die Maklerfirma Citron darauf hin, daß diese Anlagestrategien riskant seien, und erbot sich sogar zweimal, einige der unsichersten Papiere zurückzukaufen. Selbstverständlich verkaufte die Firma dieselben riskanten Papiere trotz ihrer Warnung auch weiterhin und strich Millionen an Jahresgebühren und Provisionen ein. Das Ergebnis dieser kurzsichtigen Strategie war ein Verlust von 1,7 Milliarden Dollar, mehrere Gerichtsverfahren, die Entlassung von 400 Angestellten und die Streichung 300 weiterer

Stellen. »Ich war für diese Entscheidungen nicht verantwortlich, deshalb empfinde ich es als ungerecht, daß ich jetzt dafür bestraft werde«, sagte Manucheh Yazdi, ein zweiundsechzigjähriger Finanzfachmann, der nach vierzehnjähriger Tätigkeit in der Verwaltungsbehörde des Bezirks entlassen wurde.

Sheriff Brad Gates strich 129 Stellen in seiner Behörde, dazu 98 Telefone, sechs Faxgeräte und zehn Mobiltelefone, stoppte die üblichen Lieferungen von Mineralwasser in Flaschen und gestand den Gefängnisinsassen nur noch zum Frühstück Kaffee zu. Seine Begründung: »Es hat einen Todesfall in der Familie namens Orange County gegeben.« Aus einem solchen Vorfall können wir lernen – als ob wir es nicht schon längst wüßten –, daß die Menschen Schaden nehmen, wenn der Druck, kurzfristige Erfolge zu erzielen, zu groß und darüber die langfristige Planung vernachlässigt wird.

Es gibt drei große Augenblicke im Leben eines Mannes: den Kauf eines Hauses, den Kauf eines Autos und den Kauf eines neuen Farbfernsehers. Das ist die Quintessenz von Amerika.

Archie Bunker

Das andere Zeitmaß, nach dem wir unser Leben ausrichten, ist der Acht-Minuten-Takt. Wir sind alle mehr oder weniger mit dem Fernsehen groß geworden. Zwar ist die Programmstruktur, besonders bei Kabelkanälen, unterschiedlich, aber die Zeitspanne zwischen den Werbespots (also für den sogenannten Programminhalt) liegt meist bei etwa acht Minuten. Das heißt, daß der Zuschauer im allgemeinen nicht länger als acht Minuten bei der Sache bleiben kann, ehe seine Aufmerksamkeit wieder abgelenkt wird. Die Folge ist, daß unsere Konzentrationsspanne auf acht Minuten programmiert wurde, und nur wenige können sich länger auf eine einzelne Sache konzentrieren. Unser Arbeitsleben pulsiert also im Rhythmus des Quartals und des Acht-Minuten-Taktes, wodurch eine ganze Generation auf kurzfristiges Denken gedrillt wurde, und viele Angehörige dieser Generation bekleiden heute leitende Positionen in Unternehmen.

Umweltfragen lassen sich nicht in vierteljährlichen Zuwachsraten messen, sie sind zeitlos. Das Leben der Menschen wird durch Reengineering, Entflechtung, Umstrukturierung oder Downsizing nicht bereichert, denn dies alles dient kurzfristigen Zwekken, nicht langfristigen Zielen. Alte Damen zu prellen, indem man sie beschwatzt, ihre Rente in betrügerische Spar- und Darlehenskassen zu stecken, hatte vielleicht kurzfristig die Habgier dieser Institute befriedigt, aber es hat weder zu einer langfristigen Lebensfähigkeit der Finanzdienstleistungsunternehmen beigetragen, noch hat es älteren Menschen zu dauerhaftem Wohlstand verholfen. Obendrein hat es den amerikanischen Steuerzahler 150 Milliarden Dollar gekostet. Was das bedeutet, wird offenkundig, wenn man bedenkt, daß die amerikanische Regierung im letzten Jahr 17 Milliarden für Familienhilfe, 10 Milliarden für Agrarsubventionen und 7 Milliarden für die bessere Ernährung von Kindern ausgegeben hat. Der wichtigste Aspekt dabei ist, daß diese kurzfristigen Perspektiven in dem Bedürfnis wurzeln, die Persönlichkeit und das Ego zu füttern – Gier und Macht –, und daß das häufig in der Neigung zum Ausdruck kommt, die Gesellschaft auszubeuten, statt ihr zu dienen. In unserer heutigen Arbeitswelt ist man sich viel zuwenig der Notwendigkeit bewußt, die Bedürfnisse der Seele zu befriedigen, und die sind alles andere als kurzfristig.

Der Trugschluß der geometrischen Progression

Wachstum galt in den letzten zweihundert Jahren als Eckpfeiler der Managementtheorie. Versuchen Sie einmal, einem Topmanager, einem Banker oder einem Politiker zu erklären, daß Wachstum keine ewig verläßliche Stütze mehr ist – Ihr Gegenüber wird Sie bestürzt und ungläubig ansehen. Wir wollen diese Botschaft nicht hören, weil wir einfach keine Ahnung haben, wie wir Unternehmen oder unser eigenes Leben führen sollen, wenn wir

nicht ständig nach Wachstum streben. Alle modernen Theorien zu Management und Unternehmensführung, selbst das Funktionieren unseres Finanzsystems, hängen davon ab.
Aber die Theorie endlosen Wachstums ist unlogisch. Die Schraube kann nur bis zu einem gewissen Grad angezogen werden. Dann kommt es aufgrund von Psychosen, Dysfunktionalität, Streß und Erschöpfung auf betrieblicher wie auf menschlicher Ebene zu einer Implosion. Es ist schlechterdings nicht möglich, ewig in geometrischer Progression weiterzuwachsen. Um diese Aussage zu illustrieren, habe ich nach dem Zufallsprinzip einige Daten ausgewählt. Ich hätte ebensogut beliebige andere Daten nehmen können, aber die ausgesuchten veranschaulichen, wie töricht unsere Illusionen sind.

Die Wahrheit, die Menschen frei macht, ist zu großen Teilen eine Wahrheit, die sie lieber nicht hören.
Herbert Agar

Der durchschnittliche Pro-Kopf-Verbrauch von Ressourcen in der westlichen Welt ist laut Statistik heute hundertmal größer als noch zu Beginn der industriellen Revolution vor zweihundert Jahren. In derselben Zeit wuchs die Bevölkerung um das Zehnfache. Setzt man diese beiden Expansionskurven zueinander in Beziehung, so erhält man eine tausendfache Steigerung an Wachstum, Umweltverschmutzung, Müll, Umweltzerstörung, Streß usw.[4] Extrapoliert man diese Zahlen in die Zukunft und legt dabei eine Weltbevölkerung von elf Milliarden zugrunde, wie sie vorausgesagt ist, und räumt man weiterhin ein, daß signifikante Verbesserungen bei der Bewältigung von Abfall und Umweltverschmutzung möglich sind, so zeigt sich dennoch, daß die Menschheit Gefahr läuft, sich selbst und ihren Planeten zugrunde zu richten.
Nach Dostojewskij sind Gefängnisse das Barometer einer Gesellschaft, und Lord Brougham hat Anwälte als Leute bezeichnet, die das Geld ihrer Klienten vor deren Feinden retten und dann selber einstecken. 1984 saßen in US-Gefängnissen eine halbe Million Häftlinge, zehn Jahre später waren es bereits eine Million;

hält dieser Trend an, werden es im Jahr 2014 drei Millionen sein. Die Zahl der Anwälte in den USA stieg von 260 000 im Jahr 1960 auf 541 000 im Jahr 1980 und 756 000 im Jahr 1990; rechnet man dies hoch, werden es im Jahr 2000 1 085 400 sein. Die steigende Zahl von Häftlingen einerseits und Anwälten andererseits droht unsere Gesellschaft zu kippen.

Heute regt sich auf breiter Front Unzufriedenheit mit einem Syndrom, das sich mit *Arbeite mehr, gib mehr aus und genieße es* weniger umschreiben läßt. 1950 lag die durchschnittliche Wochenarbeitszeit noch bei 36 Stunden, 1980 schon bei 41 und 1990 gar bei 46 Stunden; schreibt man diese Kurve fort, kommt man im Jahr 2000 auf 51 Stunden. Angesichts dieser Steigerungsrate könnte die durchschnittliche Wochenarbeitszeit bald ein größeres Gesundheitsrisiko darstellen als Drogenkonsum, Straßenverkehr oder Krieg. Gleichzeitig ist es unrealistisch, anzunehmen, daß 40 Millionen Nordamerikaner untätig herumsitzen werden, während der Rest die materiellen Früchte der Überarbeitung genießt.

Ein weiteres Beispiel ist die Rate der Einführung neuer Produkte in amerikanischen Gemischtwarenläden. Wurden 1980 noch 3000 neue Produkte eingeführt, war ihre Zahl 1988 bereits auf 10 000 angewachsen, und 1993 lag sie bei 17 000.[5] Wird diese Progressionsrate beibehalten, so werden bis 1998 in amerikanischen Gemischtwarenläden jedes Jahr 29 000 neue Produkte eingeführt. Die Zahl der Artikel im durchschnittlichen Gemischtwarenladen ist von 15 000 im Jahr 1980 auf 30 000 im Jahr 1994 gestiegen. Wenn dieser Trend anhält, wird uns die Qual der Wahl umbringen.

Bei nüchterner Betrachtung kann die Rechnung des zügellosen Wachstums einfach nicht aufgehen. Ungebremstes Wachstum führt, wie im Falle der Krebszelle, die ebenfalls ein Beispiel für den Triumph eines gierigen Individuums auf Kosten des Ganzen ist, zum Zusammenbruch des Systems und zum Tod.

Eine jährliche Wachstumsrate von 5 Prozent in der Produktion oder beim Gewinn, die von vielen Unternehmen als bescheiden eingestuft wird, ergibt, auf zwanzig Jahre hochgerechnet, eine Wachstumsrate von 165 Prozent, und in hundert Jahren würde das Wachstum 13 000 Prozent erreichen. Das ist törichte Mathematik, wenn man es langfristig betrachtet.

Die Geschichte einer Firma wie Intel, die in immer kürzeren Zeitabständen immer bessere und leistungsfähigere Mikrochips entwickelt und einführt, zeigt das Dilemma des Wachstums auf Unternehmensebene. Selbst wenn für ein einzelnes Unternehmen fortgesetztes geometrisches Wachstum durchhaltbar wäre, so ließe es sich nicht für alle oder auch nur für die Mehrzahl der Firmen verwirklichen. Wachstum kann sich nicht endlos auf Wachstum türmen.

Wir wollen etwas, das wir nicht haben können: fortgesetztes Wachstum. Aber wir haben uns in eine chronische Abhängigkeit von Wachstum begeben. Diese Abhängigkeit zersetzt unsere Seele, denn wir wissen in unserem Innersten, daß sie eine tödliche Bedrohung für jede Art von Leben ist. Wir sind für kurze Zeit Reisende in dem »kleinen, automatisierten Raumschiff Erde«, wie sie Buckminster Fuller genannt hat, und es ist nicht unsere Bestimmung, am Ende ausgebrannt zu sein, sondern eine ausgewogene Balance zwischen Herz, Verstand und Profit zu finden. Es ist Zeit für eine Regeneration. Wir müssen die Arbeit in einer Weise neu gestalten, die es uns erlaubt, unsere materiellen und unsere spirituellen Bestrebungen in ein Gleichgewicht zu bringen und sie in das größere, zeitüberdauernde Bild einzufügen – unser Leben und unsere Seele hängen davon ab. Es ist an der Zeit, zwischen Lebensstandard und Lebensqualität zu wählen. Im Raumschiff Erde sind wir nicht die Passagiere – wir sind die Besatzung.

Die Gefahren der Unternehmensanorexie

Die Wellen von Downsizing und Reengineering, die Nordamerika und den Großteil der Industrieländer überrollt haben, haben ihren Tribut von der Seele gefordert. Wir haben ein anorektisches Unternehmen geschaffen, das, wie ein anorektischer Mensch, nach außen hin stark und gesund wirkt, im Inneren aber Gleichgewicht und Kontrolle vermissen läßt. Medizinische Forschungsergebnisse zeigen, daß das Fett im Körper dazu dient, unser Immunsystem zu stärken, daß es uns bei Kräften hält, wenn unsere Reserven knapp werden, uns wärmt und so zu einem längeren Leben verhilft. Bei Unternehmen ist das genauso. Das »Fett«, das wir besser Regeneration nennen sollten, ist die nicht verplante Zeit, die wir brauchen, um nachzudenken und zu spielen. Das »Fett« ist unsere Freiheit, zu experimentieren, Risiken einzugehen und ungestraft Fehler zu machen, unsere Fähigkeit, kreativ zu sein und zu träumen. Das »Fett« ist unsere Unternehmenskultur. Superschlanke Unternehmen haben diesen Spielraum ebenso verloren wie ihren Geist und sind daher wenig geeignet, die Seele der verbliebenen Beschäftigten zu beflügeln.

Manche traditionellen Manager behaupten, daß Reengineering und Downsizing auf humane Weise durchgeführt werden können, aber »humanes Downsizing« ist ein Widerspruch in sich. Und ein heuchlerischer Euphemismus, der eine Lüge in sich birgt – er kann nicht darüber hinwegtäuschen, daß ein Kollege entlassen oder in den Ruhestand geschickt wird oder Feierschichten einlegen muß. Oft wird große Mühe darauf verwandt, den Betroffenen bei der Bewältigung des persönlichen Verlusttraumas zu helfen, etwa durch den Verweis an eine Stellenvermittlung, psychologische Beratung und viele andere palliative Maßnahmen, geradeso, wie Kriegsgeschädigte oder Terrorismusopfer posttraumatische Hilfe erhalten. Aber die Ursache des Traumas ist dennoch ein Akt der Gewalt. Wir müssen heilen, nicht amputieren, die Probleme durch Regeneration, nicht durch Reengineering zu lösen versuchen.

Dieser Terrorismus gegen die Seele läßt sich vermeiden. Die ehrgeizigen Bemühungen der Gouverneurin von New Jersey, Christine Todd Whitman, die öffentlichen Ausgaben zu kürzen, sind ein gutes Beispiel dafür. Als ein Veteranenheim privatisiert werden sollte, entwickelten die gewerkschaftlich organisierten Angestellten einen Plan, der eine Absenkung der Betriebskosten um jährlich über 600 000 Dollar vorsah und auf diese Weise garantieren sollte, daß das Haus in staatlichem Besitz blieb. Die Einrichtung blieb erhalten, funktioniert und gehört dem Staat, und niemand hat seinen Arbeitsplatz verloren. Wir alle träumen davon, zu regenerieren statt rigoros zu streichen – unsere Seele hängt davon ab.

Der größte Schaden, den jahrelanges Downsizing und Reengineering angerichtet haben, besteht in dem tragischen Verlust von Weisheit in den Unternehmen.[6] Bei der Umstrukturierung haben wir unsere älteren Mitarbeiter nach Hause geschickt, also diejenigen, die im Unternehmen Weisheit verkörpern. Im Laufe der nächsten Jahre werden wir das Alter wieder ehren und diejenigen wieder einstellen, die noch zu einer Rückkehr bereit sind, denn nachdem wir unsere Unternehmen so getrimmt haben, daß sie alle möglichst effizient arbeiten und alle gleich aussehen, wird Weisheit das einzige sein, wodurch sie sich noch voneinander unterscheiden. Der Druck, jedes Quartal eine noch höhere Leistung anzustreben, wird durch die wachsende Konkurrenz am Arbeitsplatz noch verstärkt. Durch Downsizing entlassen wir unsere eigenen Kunden, von denen viele künftig nicht mehr die gleiche Gehaltsstufe erreichen werden, und auf diese Weise schränken wir unsere Möglichkeiten ein, neue Stellen und Märkte zu schaffen. Jedesmal, wenn wir den Einsatz für die weitere Teilnahme am Beschäftigungsspiel erhöhen, steigt die Verzweiflung der Manager und zwingt sie, noch drastischere Maßnahmen zu ergreifen und ihre moralischen und ethischen Maßstäbe weiter herunterzuschrauben. Daraus resultiert die Entfremdung der Unternehmen von der Gesellschaft und von ihren eigenen Angestellten, von denen ihr Erfolg abhängt. Viele Firmen haben ihre Bemühungen eingestellt, eine höhere Ebene zu erklimmen, und sich auf der tieferen Ebene der Mittelmäßigkeit eingerichtet. *Der mittelmäßige Mensch ist einer, der aufgehört hat, nach oben zu streben.*

Das sich entwickelnde Individuum

Entwicklung/Evolution: *Entfaltung, Erweiterung, Ausarbeitung; ein Prozeß, etwa von einer einfachen zu einer komplexen Form, oder eine allmähliche, fortschreitende Veränderung, wie in einer sozialen oder ökonomischen Struktur.*

Traditionellerweise haben wir versucht, unsere persönlichen Lebensumstände durch eine Veränderung unserer Umgebung zu ändern – durch eine Veränderung des Äußeren statt des Inneren. Wir versuchen, unser Selbstwertgefühl, das ein innerer Faktor ist, dadurch zu stärken, daß wir uns etwas Neues zum Anziehen oder eine neue Frisur gönnen, und das sind äußere Faktoren. In ganz ähnlicher Weise hoffen wir, daß eine Veränderung in unserem Unternehmen, das ein äußerer Faktor ist, unser Selbstwertgefühl steigern wird. Damit zäumen wir das Pferd am Schwanz auf – die persönliche Entwicklung muß der Entwicklung auf Unternehmensebene vorangehen.

Die Liebe zum Geistigen wird durch Lernbereitschaft, nicht durch Dogmatismus befördert. Es gibt viele Wege, aber nur ein Ziel, und das erkennt jede Seele, die ernsthaft nach dem Göttlichen strebt.

Annie Besant

Um wieder die höhere Ebene zu erreichen, auf der wir unsere Seele erneuern können, müssen wir erst unsere innere Arbeit vollenden. Erst wenn wir uns der Selbsterneuerung und Regeneration öffnen, kann die persönliche Entwicklung beginnen, die uns befähigt, die wichtigen Fragen des modernen Lebens zu stellen: Warum stößt mir das zu? Was geschieht derzeit? Warum ist alles so chaotisch? Wie kann ich mich schützen? Wie kann ich mich positiv entwikkeln? Welches Ziel verfolge ich? Was wird mein Vermächtnis sein? Welchen Beitrag leiste ich?

Persönliche Entwicklung ist der Weg zur persönlichen Wandlung. Bei meiner Arbeit stelle ich fest, daß viele Menschen »ewige Sucher« sind. Darunter verstehe ich Menschen, die Seminare besuchen, viele Bücher lesen und bei großartigen Lehrern lernen und dennoch nicht in der Lage sind, *das Gelernte in ihr Leben zu integrieren. Sie wissen alle Antworten, aber keine Fragen.* Sie treten anscheinend auf der Stelle und entwickeln sich, ungeachtet ihrer Kenntnisse, nicht weiter. Der Schlüssel zur persönlichen Evolution oder Entwicklung liegt nicht irgendwo draußen, sondern in uns selbst. Ich habe festgestellt, daß es Menschen gibt, die geboren werden, leben und sterben, ohne auf ihrem Lebensweg innezuhalten, um ihre Seele kennenzulernen.

Es ist eine irrige Vorstellung, daß Evolution eine gleichbleibende Tendenz zu größerer Vollkommenheit bedeute. Sie beinhaltet zwar ohne Zweifel eine stete Umgestaltung des Organismus in Anpassung an neue Bedingungen, aber es hängt von der Natur dieser Bedingungen ab, ob die eingetretenen Modifikationen aufwärts oder abwärts führen.

Thomas Henry Huxley

Persönliche Entwicklung ist das Ergebnis einer emotionalen und spirituellen Erneuerung. Sie ist selbsterzeugt. Wenn wir uns gestatten, unsere Einstellungen und Fähigkeiten zu verändern, und uns gegenseitig die Möglichkeit geben, das ohne Gefahr zu tun, können wir uns an jene innere Arbeit machen, die zu spiritueller Erneuerung führt. Wir alle entwickeln uns weiter, ob es uns gefällt oder nicht. Manche entwickeln sich stärker und schneller als andere, aber wir alle haben die Wahl, ob wir uns zum Positiven oder zum Negativen hin entwickeln wollen und ob wir unsere Entwicklung steuern oder nicht. Wir können von den Teams, die wir in Unternehmen führen, keine Fähigkeiten erwarten, die wir selbst noch nicht erlangt haben. Persönliche Entwicklung muß der Entwicklung auf Unternehmensebene vorangehen.

Auf dem Weg zur persönlichen Entwicklung durchlaufen wir drei Stadien:

Unreife: In der unreifen Phase erforschen wir nicht unser Bewußtsein, sondern beugen uns einfach der Macht und drohenden Sanktionen.

Tradition: In der traditionellen Phase treiben uns Selbstzweifel und Unsicherheit dazu, uns so zu verhalten, daß wir »ins Bild passen«, damit wir von anderen akzeptiert werden. Viele gelangen ihr Leben lang nicht über dieses Stadium hinaus. Sie sind lediglich bestrebt, ihre Unsicherheit zu kompensieren, und bringen nicht den Mut auf, zu experimentieren und Neues zu entdecken. Viele Führungskräfte sind in dieser Haltung gefangen; ich bezeichne sie als traditionelle Manager.

Entwicklung: Diese Phase bezeichnet die fortgeschrittenste Stufe des Menschseins, in der wir ein gewisses Maß an Bewußtsein erlangen, indem wir unsere traditionelle Logik in Frage stellen, unsere Überzeugungen aufeinander abstimmen, nach der Verbindung zwischen Seele und Arbeit suchen und nach einem tieferen Sinn in unserem Leben forschen. Unter einem »sich entwickelnden Menschen« stellen wir uns einen Pionier vor, einen Suchenden, dem mehr daran gelegen ist, die richtigen Fragen zu stellen, als Antworten anzubieten. Solche Individuen haben die Mittelmäßigkeit überwunden und den Weg zur höheren Ebene eingeschlagen, den Weg zur Regeneration. Sie sind die neuen Wegbereiter im Wirtschaftsleben, sie stellen die herausfordernden Fragen, die uns alle dazu bewegen, die bestehenden Paradigmen unter die Lupe zu nehmen, die uns in spirituelle Armut geführt haben. Die Fragen des Wegbereiters führen zur Regeneration.

In der Artussage legt Parzival denselben heroischen Weg zurück, von der jugendlichen Unbewußtheit (Unreife) über den Zweifel, der ihn befällt, weil er nichts fragen soll und nichts lernen kann (Tradition), bis zur persönlichen Wandlung (Entwicklung).

Das sich entwickelnde Unternehmen

Es gibt keine sich entwickelnden Unternehmen – und eigentlich auch keine moralischen oder erfolgreichen –, sondern nur sich entwickelnde, moralische oder erfolgreiche Individuen, die solche Unternehmen schaffen. Untersuchungen in meinem Arbeitsgebiet haben ergeben, daß neun von zehn Beschäftigten glauben, sie seien wahrheitsliebender, ehrlicher, fleißiger, gescheiter und loyaler als ihre Kollegen. Welche Studie man auch betrachtet: Die Summe der Punktzahlen, die sich die Individuen geben, ist stets größer als die Summe der Punktzahlen, die sie ihrem Unternehmen geben. Wir leben in der irrigen Vorstellung, das Unternehmen seien die anderen, obwohl es in Wahrheit wir selbst sind. Wenn wir in sich entwickelnden Unternehmen arbeiten wollen, muß sich jeder einzelne von uns zuerst selbst auf den Weg machen.
Die meisten traditionellen Manager betrachten die Führung von Menschen oder Unternehmen als einen intellektuellen Prozeß – als eine Aufgabe, mit der sich am besten der Kopf befaßt. Wir glauben, wenn wir eine rationale Führungstheorie formulieren können, werde sie von allen wegen ihrer unanfechtbaren Logik und bestechenden Form bereitwillig übernommen. Die Quality-»Bewegung« ist dafür ein gutes Beispiel. Total Quality Management wird oft als ein Prozeß angesehen, zu dem mathematische Formeln, Meßmethoden, Verfahrenskontrollen, statistische Analysen, Instrumente zur Datensammlung, kybernetische Systeme und Feedback-Schleifen gehören. TQM wird zu einem »Programm«, das »gut für das Unternehmen« ist und häufig von einer Führungskraft wie dem Verwaltungsratsvorsitzenden favorisiert wird, der eines Montagmorgens aus heiterem Himmel das »Quality-Programm« für die Firma verkündet und damit seine ungläubig staunenden, ahnungslosen und skeptischen Angestellten überrumpelt.
Ich habe mehrere Jahre lang sehr eng mit den Leitern einer großen Landwirtschaftskooperative zusammengearbeitet und sie auf ih-

rem Weg der strategischen Erneuerung begleitet. Der stellvertretende Personalchef wurde um Vorschläge gebeten, wie man die Unternehmenskultur dahingehend verändern könne, daß sie alle Mitarbeiter beflügele und motiviere. Die Vorschläge, die der Leitung der Kooperative einige Wochen später vorgelegt wurden, beinhalteten einen ausgeklügelten Plan, der die Hinzuziehung von Unternehmensberatern vorsah, die das System der leistungsbezogenen Gehaltssteigerung und der Altersversorgung umgestalten sollten! Man braucht mehr als formale Anpassungen im Pensionsplan, um eine Unternehmenskultur zu verändern, und erst recht, um die Seele zu beflügeln!

Viele Prozesse wie etwa Reengineering, Kundenservice, Downsizing und Just-in-Time-Beschaffung sind genauso einzustufen – als Angelegenheiten des Verstandes, der die Führung von Unternehmen als intellektuelles Spiel ansieht. *Aber der Verstand wird nur das tun, was ihm das Herz gebietet.* Wir haben die Tatsache aus den Augen verloren, daß Arbeit auch ein Spiel des Herzens ist, nicht nur des Verstandes. Wenn man das Spiel gut spielt, so hat das erfreuliche Auswirkungen auf das, was unter dem Strich herauskommt – aber das ist nicht das einzige, ja nicht einmal das primäre Ziel. Es geht um eine, wie ich es nenne, Verbindung von »Herz, Verstand und Profit«, und der Zweck des sich entwickelnden Unternehmens ist es, die Seele zu beflügeln – daher die Aufteilung dieses Buches in drei ähnliche und symbiotisch aufeinander angewiesene Teile. Wir können nicht mehr länger die drei Komponenten Herz, Verstand und Profit trennen, wenn wir Individuen und Unternehmen heranbilden wollen, die eine hohe Leistung erbringen, und möchten, daß Arbeit wieder Spaß macht. Nur durch eine Integration aller drei Komponenten können wir den Menschen helfen, sich auf der persönlichen Ebene weiterzuentwickeln, und sie dadurch in die Lage versetzen, inspirierte Teams zu bilden und ihre Unternehmen umzugestalten. Durch diese Integration können wir Unternehmen schaffen, die die Seele beflügeln und somit auch unserem Planeten dienen.

Was fehlt dir?

Der Gedanke, man müsse das Geschäftsleben wieder mit den Bedürfnissen der Seele verknüpfen, verlangt von Führungskräften in westlichen Unternehmen eine gehörige Portion Vertrauen und Mut. In *Soul-Management* vertrete ich die Ansicht, daß die Ära der Persönlichkeit vorbei ist und daß wir am Beginn einer neuen Ära stehen, in der wir die Arbeit, die Unternehmen und unseren Führungsstil von Grund auf verändern müssen, damit sie den Bedürfnissen der Seele entsprechen. Das wird für viele ein harter Brocken sein. Es macht ihnen angst, den zwar veralteten, aber bequemen Überzeugungen im Tal den Rücken zu kehren und sich einen unbekannten Pfad entlangzutasten, der zu jener höheren Ebene hinaufführt, auf der radikale Ideen, gegensätzliches Denken und neue Daseinsformen sie erwarten. Viele werden diesen Ideen Zynismus entgegensetzen, einen Zynismus, den man getrost als *unterdrückte Kreativität* definieren kann. Zyniker können sich keine Alternative vorstellen, die ihren derzeitigen Anschauungen widerspricht. Sie fürchten sich vor Veränderungen, aber wir müssen mit diesen Ängsten behutsam umgehen, denn für die Betroffenen sind sie sehr real. Als Pioniere und Wegbereiter haben wir die Aufgabe, sie an die Hand zu nehmen und sicher auf eine höhere Ebene zu geleiten. Diese Verantwortung tragen wir alle, denn wir alle sind Wegbereiter.

Unsere Seele wünscht sich weniger Zwang, weniger Einschränkungen und mehr Freiraum. Wir sehnen uns nach Regeneration, und die erreichen wir durch Aufrichtigkeit, Mut, Würde, Freude, Anerkennung, Schönheit, Kooperation, Wissen, Freiheit, Kreativität, Gemeinsinn und Ehre – und das sind die Themen dieses Buches. Die Seele will nicht im härenen Gewand einen Marathonlauf machen. Für viele Menschen sind die eindrucksvollen Gaben, die ihnen die Wirt-

> Mut ist unter Druck geratene Würde.
> *Ernest Hemingway*

schaft beschert hat und deren nicht eben geringste sie den Wundern der modernen Technik verdanken, heutzutage an zu viele Bedingungen geknüpft. Angestellte, Kunden und Zulieferer betrachten Unternehmen heute mit einer seltsamen Mischung aus Hoffnung und Mißtrauen. Einerseits verfügt kein anderer Sektor unserer Gesellschaft über so viel Potential, unsere Seele und unseren Planeten zu verwüsten; in ihrer derzeitigen Form, so ganz dem Persönlichkeitskult verfallen, steuert das Unternehmen in eine Sackgasse. Andererseits könnte kein anderer Sektor unserer Gesellschaft so viel dazu beitragen, positive Veränderungen herbeizuführen, die den Geist des Menschen erheben. Das erneuerte moderne Unternehmen verfügt über die globale Reichweite, den Einfluß, die Fähigkeit, das Wissen, die Mittel und die Technik, die nötig sind, um diese Welt durch den Dienst am Menschen in eine bessere zu verwandeln. Sie hat mehr als jede andere Gruppe in der Gesellschaft das Potential, eine höhere Ebene zurückzuerobern und die Seele zu beflügeln.

Meine große Religion ist der Glaube, daß Fleisch und Blut klüger sind als der Intellekt. Der Verstand kann irren. Aber was unser Blut fühlt und glaubt und sagt, ist immer wahr.

D. H. Lawrence

Niemand fühlt sich wohl, wenn er eine Reise vom Bekannten ins Unbekannte antritt, aber wir können uns damit trösten, daß der Gipfel im Grunde kein Neuland ist. Wir gehen nicht von zu Hause fort, wir kommen nach Hause. Vor langer Zeit haben wir einmal auf dieser höheren Ebene gelebt – wir besinnen uns einfach auf sie. Sie lädt uns zur Rückkehr ein. Zuerst müssen wir jedoch lernen, die richtigen Fragen zu stellen, und die allererste lautet: »Was fehlt dir?«

TEIL EINS

Das Herz

1 Leib und Seele

Von der Persönlichkeit zur Seele

Unsere Persönlichkeit ist das, was nach außen hin von uns sichtbar ist. Für viele Menschen ist sie das einzige, was sie voneinander wahrnehmen. Unsere Persönlichkeit wird geprägt durch unsere Umgebung, unsere Gene, unsere Eltern und unsere Lebenserfahrung. Sie zeigt sich in unserem Lebensstil (Beruf, Status, materieller Besitz, Auto, Haus oder Wohnung und anderes Spielzeug), in der Art, wie wir miteinander umgehen, in unserer äußeren Erscheinung (Gesundheit, Mode und Auftreten) und unseren Werten und Überzeugungen. Unsere Persönlichkeit ist auf die Befriedigung von Bedürfnissen ausgerichtet, und wir befriedigen unsere Bedürfnisse, indem wir unsere Persönlichkeit dazu nutzen, unsere Umgebung und andere Menschen mit Hilfe unserer fünf Sinne zu beeinflussen und zu kontrollieren.

Seit dem 17. Jahrhundert, und ganz besonders in den letzten 100 Jahren, in denen die moderne Psychologie und die Verhaltensforschung entstanden sind, hat sich die Unternehmenstheorie auf die Frage konzentriert, wie wir Arbeitnehmer, Kunden und Zulieferer noch effizienter manipulieren und kontrollieren, ihre Bedürfnisse noch besser befriedigen können. Verbraucherorientiertes Marketing beruht auf Appellen an die Persönlichkeit, und in gleicher Weise leiten wir auch Unternehmen – zum Vorteil und mit Hilfe der Persönlichkeit. Wir treiben die Menschen zur Eile an (Sie werden belohnt, wenn Sie die vorgesehene Verkaufsquote erreichen), suchen sie zu besseren Leistungen zu bewegen (Sie erhalten einen Bonus, wenn Sie ein Projekt pünktlich abschließen) und kommen den Bedürfnissen der Kunden entgegen (Sie bekommen den Auftrag, wenn Sie noch gratis eine Garantie dazugeben) usw. Wir appellieren an das Bedürfnis der Persönlichkeit nach Selbsterhaltung, Status, Stärkung des Ego und Anerkennung.

Die Geschichte der Führungstheorie wurzelt fest in der Psychologie der Persönlichkeit – und die Seele bleibt außen vor. In einem Mitteilungsblatt eines der weltgrößten Beratungsunternehmen hieß es vor kurzem: »Manche Führungskräfte lassen sich stärker von ihren Gefühlen als von ihrem Verstand leiten. Ihre Entscheidungen basieren mehr auf ihrem Gefühl als auf den relevanten Fakten. Demgegenüber sind effektivere Führungskräfte eher in der Lage, ihre Emotionen unter Kontrolle zu halten; sie stützen ihre Entscheidungen auf Fakten statt auf Gefühle.«[1] Damit wird gesagt, daß »gute« Entscheidungen nicht durch Emotionen korrumpiert werden sollten. Aber die Beschäftigten rufen überall nach mehr, nicht nach weniger Gefühl – nach stärkerer, nicht nach geringerer Berücksichtigung ihres Empfindens. Sie wollen, daß ihre Seele mit einbezogen, nicht ausgegrenzt wird. Sie verabscheuen ihre Arbeit vor allem deshalb, weil sie zu sehr vom Verstand und zuwenig vom Herzen bestimmt wird. Unsere Antworten sind vom Verstand diktiert, und wir vergessen, Fragen zu stellen, die aus dem Herzen kommen. Wir müssen erst noch erkennen lernen, welche Vorteile es haben kann, wenn wir Kontrolle an andere abtreten und sie nicht ganz allein ausüben.

Ganz allgemein kann man sagen, daß wir in einer Zeit leben, in der die Persönlichkeit die Seele überschattet. Wir haben uns die Überzeugung zu eigen gemacht, daß der Wert eines Menschen mit der Größe seines Vermögens gleichzusetzen ist. Zwar haben Psychologie und Psychoanalyse ein enormes Wissen angehäuft, aber ein Großteil ihrer Forschung hat sich auf eher plumpe Konzepte von Motivation, Leistung und Führungsqualitäten beschränkt, die sich auf die Persönlichkeit stützen. Alle Methoden zielen darauf ab, dieses Instrumentarium zu verfeinern.

Aber was geschähe, wenn wir dieses abgenutzte Paradigma durch ein neues Verständnis des Menschen ersetzten, das ihn nicht allein als Persönlichkeit oder Ego ansieht, sondern auch als beseeltes Individuum? Angenommen, wir würden Unternehmen so umgestalten, daß sie die seelischen Bedürfnisse eines Kunden ebenso befriedigten wie die Bedürfnisse seiner Persönlichkeit? Angenommen, wir würden lernen, durch einen sechsten Sinn miteinander zu kommunizieren, direkt von Seele zu Seele? Angenommen, wir würden die Kunst erlernen, Seele und Persönlichkeit bei der Arbeit und in allen anderen Lebensbereichen miteinander in Einklang zu bringen? Da es in der Geschichte bislang kein Beispiel für eine solch einschneidende Veränderung gibt, können wir uns kaum vorstellen, welche Auswirkungen dies auf uns persönlich und folglich auch auf die Unternehmen hätte – atemberaubende Perspektiven würden sich auftun.

Die richtigen Fragen stellen

Der Weg eines Pioniers ist voller Gefahren. Aber von wem gehen diese Gefahren aus – von anderen oder von uns selbst? Diese Frage läßt sich durch weiteres Nachfragen klären. Ein paar solche Fragen wollen wir uns nun gemeinsam stellen.

Entspannen Sie sich einen Augenblick. Atmen Sie ein paarmal tief durch, und lösen Sie Ihre inneren Spannungen. Spüren Sie, wie positive Energie Ihren Körper durchströmt. Denken Sie über Ihr Unternehmen und über die Rolle nach, die Sie darin spielen. Schauen Sie sich die nachstehenden Fragen an. Erforschen Sie Ihr Herz, und lauschen Sie auf seine Antworten. Öffnen Sie sich – seien Sie im Interesse Ihrer Seele so ehrgeizig wie möglich. Wenn Sie soweit sind, schreiben Sie die Antworten nieder, nur ein oder zwei Stichworte zu jeder Frage.

Jetzt gehen Sie noch einen Schritt weiter und stellen sich einige zusätzliche Fragen: Was wäre nötig, um die Veränderungen zu

1. Trete ich für das ein, woran ich glaube?	
2. Berücksichtige ich meine weibliche und meine männliche Energie in gleichem Maße?	
3. Sehe ich die Menschen innerhalb und außerhalb meines Unternehmens als heilig an?	
4. Ist mein Unternehmen ein Ausdruck von Liebe?	
5. Wie trage ich durch meine Arbeit zur Gesundung unseres Planeten bei?	
6. Was würde meine Arbeit seelisch erfüllender machen?	
7. Was könnte ich tun, um meiner Seele mehr Raum zu geben?	
8. Wer von meinen Kollegen läßt sich am stärksten von seiner Seele leiten? Wie kann ich anderen helfen, seelisch ebenso zu wachsen?	
9. Was würde meine Seele wirklich beflügeln?	
10. Was noch?	
11. ... und was sonst noch – etwas, worüber ich noch nie mit jemandem gesprochen habe?	
12. Was könnte meine Firma anders machen, um meine Seele anzusprechen?	
13. Was könnten meine Angestellten tun, um meine Seele zu beflügeln?	
14. Was könnten meine Kollegen tun, um meine Seele zu beflügeln?	
15. Wie könnte ich dafür sorgen, daß die Arbeit für meine Angestellten erfüllender wird?	

erreichen, nach denen Sie sich sehnen? Was genau steht diesen Veränderungen im Wege? Was hält Sie, abgesehen von den Ausreden der Traditionsverfechter in Ihrer Firma und Ihren eingefahrenen Handlungsmustern, davon ab, Ihrer Seele wirklich zu einem Durchbruch zu verhelfen? Wer oder was verhindert eine Veränderung – Sie selbst oder Ihr Unternehmen? Ihre Persönlichkeit oder Ihre Seele? Welche Risiken würden Sie bereitwillig eingehen, um Ihrer Seele mehr Raum zu geben? Wäre das Ziel diese Risiken wert? Oder ist es bequemer, die materiellen Annehmlichkeiten zu bewahren, die Sie bisher im Leben erreicht haben? Und fragen Sie auch bei jeder Antwort, warum. Fragen Sie so lange nach dem »Warum«, bis Ihre Seele die Antwort gibt.

Unsere Lebensentscheidungen spiegeln meist unsere materiellen und geistigen Werte wider. Treibende Kraft für die Anstöße, die aus der Persönlichkeit kommen, ist häufig das Bedürfnis, unser Ego zufriedenzustellen: Es geht um materiellen Wohlstand, Selbstwertgefühl, beruflichen Aufstieg, Anerkennung, Status, Macht und Ansehen – um all die Dinge also, die uns wichtig werden, wenn wir das Wesentliche aus den Augen verloren haben. Unsere Seele gibt uns Anstöße, deren Quelle Heiligkeit, Ehrfurcht, Integrität, Liebe, Sinn, Mitgefühl und andere ideelle Werte sind. Jeden Tag müssen wir von neuem zwischen diesen beiden Möglichkeiten wählen, und unsere Gewichtung variiert, je nachdem, wie weit wir in unserer persönlichen Entwicklung gekommen sind, wieviel Neues wir auf unserem Weg gelernt und entdeckt haben. Eine nützliche Entscheidungshilfe bieten die folgenden drei Fragen:

1. Welche Anstöße kommen aus meiner Persönlichkeit? Wenn ich die Anregungen meiner Persönlichkeit befolge, wie wird dann meine Entscheidung ausfallen?
2. Welche Anstöße kommen aus meiner Seele? Wenn ich die Anregungen meiner Seele befolge, wie wird dann meine Entscheidung ausfallen?
3. Welchem dieser Anstöße werde ich nachgeben?

Aus Parzivals Frage läßt sich auch ein Leitfaden für uns gewinnen: »Was fehlt dir – Persönlichkeit oder Seele?« Wir haben die unbegrenzte Macht, eine Wahl zu treffen, und wir machen von dieser Macht auch jeden Tag Gebrauch, indem wir entweder den Anregungen der Persönlichkeit oder der Seele folgen. Unsere Entscheidung kann nicht nur unserem Leben eine neue Richtung geben, sondern auch dem Leben anderer – für immer. Wir *können* den Bann brechen.

Warum die Seele außen vor bleibt

Traditionelle Manager halten nichts von einem Arbeitsplatz, der unserer Seele genügend Raum zur Entfaltung läßt und den ich daher als *»Heiligtum«* bezeichnen möchte, denn sie meinen, für die Seele seien eher die Kirchen zuständig (mehr zum Thema »Heiligtum« findet sich auf S. 60 ff.). Diese Haltung beruht auf dem Mißverständnis, daß für Spiritualität und andere »Sentimentalitäten« in Unternehmen kein Platz sei. In *Soul-Management* werde ich zeigen, welche außergewöhnliche Chance sich eröffnet, wenn die Unternehmensführung vom Prinzip eines »mehr desselben« abgeht und den Mut aufbringt, einen vielversprechenden neuen Weg einzuschlagen.

Bisher pflegten wir zu sagen »Geschäft ist Geschäft« und glaubten, daß Spiritualität in der Arbeitswelt nichts zu suchen habe. Diese Auffassung entspricht natürlich nicht dem Erleben von Millionen frustrierter Seelen, die sich nach einer neuen Generation von Managern sehnen, die endlich ihre wahre Rolle als Hüter des menschlichen Geistes wahrnehmen. Wir wollen Führungskräfte, die unsere Unternehmen erneuern und ein berufliches Umfeld

> **Spirituelle Ignoranz geht oft so weit, daß die Menschen nicht einmal erkennen, daß sie ignorant sind.**
>
> *T. D. Munda*

schaffen, in dem die Seele aufblühen kann. Evolutionäre Individuen, die himmelsstürmende Visionen anzubieten haben und ihrem Unternehmen auf diesem Planeten eine sinnvolle Aufgabe zuweisen, werden Arbeitsplätze schaffen, die ihre Mitarbeiter dazu ermuntern, nicht nur ihren Verstand, sondern auch ihre Seele mit zur Arbeit zu bringen. Dieser Ansatz stützt sich auf die Notwendigkeit, die Menschen sowohl finanziell als auch auf seelischer Ebene zu belohnen. Bisher haben wir uns vorwiegend auf die Brieftasche konzentriert.

Was genau ist die Seele?

Der Psychotherapeut Thomas Moore hat geschrieben: »Es ist unmöglich zu definieren, was die Seele ist. Definitionen sind immer ein intellektuelles Unternehmen, die Seele bevorzugt Bilder. Wir wissen intuitiv, daß Seele etwas mit Echtheit und Tiefe zu tun hat, deshalb sagen wir etwa von einer bestimmten Art von Musik, sie habe Seele, und nennen einen ausnehmend gütigen Menschen eine Seele von Mensch. Wenn man den Begriff Seele und von ihm abgeleitete Begriffe unter die Lupe nimmt, stellt man fest, daß sie der Charakterisierung von Lebensäußerungen dienen, die mit einer starken inneren Beteiligung einhergehen. Seele zeigt sich in Bindungen, Liebe und Gemeinschaft, ebenso im Rückzug zugunsten von innerer Kommunikation und Intimität.«[2]

Viertausend Bände über Metaphysik werden uns nicht lehren, was die Seele ist.
Voltaire

Wenn sich der Begriff der Seele derart der Definition widersetzt, wie können wir dann einen Weg beschreiben, der zu mehr seelischer Erfüllung führt? Die meisten haben ein angeborenes Verständnis davon, was die Seele ist, selbst wenn jeder von uns Seele vielleicht auf ganz unterschiedliche und sehr persönliche Weise definieren würde. Wir begreifen intuitiv, daß wir einen Leib und eine Seele haben und daß beide der Nahrung bedürfen. Wenn wir nur für den Leib sorgen, fühlen wir uns leer und unausgefüllt. Dieses Gefühl ist zwar schwer zu beschreiben, aber viele Menschen haben es häufig.

Für mich ist die Seele der unsterbliche oder spirituelle Teil unserer selbst. Sie ist unser Wesenskern – unser moralisches und emotionales Rückgrat, Quelle unserer Wärme und Kraft. Sie ist der entscheidende Teil von uns, der unser irdisches Dasein transzendiert, sie verleiht uns inneren Adel. Wir sind Seelen mit einem Leib, nicht Körper mit einer Seele, wie Pierre Teilhard de Chardin gesagt hat, Seelen, die eine menschliche Erfahrung suchen, nicht Menschen, die eine spirituelle Erfahrung suchen. Die Seele strebt nach Werten, welche die Heiligkeit allen Seins respektieren, auch die des Menschen. Die Seele liebt die Wahrheit und möchte, daß Versprechen gehalten werden. Die Seele verkörpert einen Zustand immerwährender Gnade, lehnt Gewalt und Konkurrenz ab und schätzt Harmonie, Zusammenarbeit, das Miteinanderteilen und die Ehrfurcht vor dem Leben, weil sie die Heiligkeit der Dinge sieht. Sie strebt nach Gleichgewicht und Freiheit und sehnt sich nach dem Einssein mit dem Universum. Unser Verstand kann sich nur mit reellen Möglichkeiten befassen, aber unsere Seele ist fähig, über das Traditionelle hinauszugehen und nach magischen, reich bebilderten Träumen zu greifen. Was der begrenzte Verstand als Wunder ansieht, ist für die Seele Routine. Die Seele lebt von der Schönheit. Wissen, Lernen und Wachstum sind für die Seele genauso wichtig wie die Gelegenheit, ihr Wesen mit anderen zu teilen. Die Seele ist dieses entscheidende »Mehr«, das überall zu finden sein sollte – in der Arbeit, im Spiel, im Freundeskreis, in der Familie, in unserer Umgebung, in den materiellen Gegenständen und in allem, was wir tun. Und eben dieses »Mehr«, dieser Zauber, der die Seele beflügelt, fehlt am Arbeitsplatz und mithin in unserem Leben. Wir müssen danach trachten, es zurückzugewinnen.

Der Ausgleich: Unsere weibliche Energie zurückgewinnen

Die Chinesen sind der Auffassung, daß es im Universum zwei Arten von Energie gibt: Yin, die weibliche, passive, negative Kraft, und Yang, die männliche, aktive, positive Kraft. Yin und Yang beruhen auf dem Prinzip der Balance und der gegenseitigen Abhängigkeit, und in einem vollkommenen System sind beide in gleichem Maße vorhanden. Gemeinsam bilden sie ein Ganzes, in dem alle Dinge Aspekte sowohl des Yin als auch des Yang besitzen, und ihre Energie beherrscht in der Welt der Natur alles. In der Artussage stellt der Kelch die männliche Energie dar (Yang) und die Lanze die weibliche Energie (Yin). Ebenso wie die Zeit sich aus Tag (Yang) und Nacht (Yin) zusammensetzt, bestehen die Menschen aus Seele (Yin) und Persönlichkeit (Yang).

Obwohl die Seele mit der Persönlichkeit verbunden ist und idealiter auch auf einer Linie mit ihr liegt, unterscheidet sie sich von ihr. Das Leben der Seele transzendiert das des Körpers, sie lebt bereits vor ihm und überlebt ihn auch, wohingegen die Persönlichkeit an unser irdisches Dasein gebunden ist und mit dem Leben des Körpers erlischt. Die Persönlichkeit ist ein Gebilde aus externer, sozialer Konditionierung und den Werten unserer Zeit, vermischt mit den Trieben und Bestrebungen des Ego. Die Persönlichkeit befähigt uns, die elementaren Aufgaben des Lebens zu bewältigen, und ist empfänglich für die Einflüsse anderer. Aber selbst wenn eine Persönlichkeit nach allen äußerlichen Maßstäben erfolgreich ist, können wir daraus nicht unbedingt auf eine erfüllte Seele schließen. Und eine Persönlichkeit, die das Selbstvertrauen der männlichen Energie ausstrahlt, verbirgt vielleicht den wahren Zustand der Seele – daß sie sich nach einem Ausgleich sehnt, der auch die weibliche Energie mit einschließt.

In der Artussage lernt der junge Parzival den höfischen Kodex von Religion, Ethik, Ritterlichkeit und Kampfkunst von dem Hintersassen Gurnemanz von Graharz, der ihn lehrt, den von ihm besiegten Rittern mit Milde zu begegnen, nach seinem Glauben zu leben, nicht zuviel zu reden und jedem Notleidenden beizustehen. Parzival sagt Gurnemanz, daß seine Mutter ihn dasselbe gelehrt habe. Gurnemanz rät Parzival, daß er, wenn er einer der berühmtesten Ritter im Lande werden wolle, niemandem sagen dürfe, daß er die Regeln der Ritterlichkeit von seiner Mutter gelernt habe, weil die Leute ihn sonst für einen Toren halten würden. Vielmehr solle er sagen, er, Gurnemanz, sei sein Lehrer gewesen. Parzival befolgt diesen Rat, verleugnet damit seine weibliche Energie und wird somit zu einem Menschen, dem etwas fehlt.

Auch heute folgen wir noch diesem Rat – Frauen nicht weniger als Männer. In unserer Gesellschaft gilt Fragen (Yin) als Zeichen von Schwäche und Antworten als Zeichen von Stärke. Das erklärt ein Stück weit, warum viele Männer sich weigern, Frauen als kompetente Führungskräfte anzuerkennen. Ironischerweise distanzieren sich viele Frauen, die Karriere machen und verantwortungsvolle Posten in den Chefetagen übernehmen, von der weiblichen Energie ihrer Seele. Männliche und weibliche Energie werden nicht vom Geschlecht festgelegt, sondern von der Balance zwischen Yin und Yang in jedem einzelnen. Das Yang kommt in Ehrgeiz, Tatkraft, Rivalität und Macht zum Ausdruck, das Yin in Mitgefühl und Liebe, in Beziehungen und in der Natur. Eine Balance erzielen wir in unserem Leben durch eine gleiche Gewichtung von Yin und Yang, aber traditionellerweise verbannt unsere Persönlichkeit die weibliche Energie aus unserer Seele und bewirkt dadurch, daß das Yin dem Yang weichen muß.

> Vielleicht ist alles Schreckenerregende in Wahrheit etwas Hilfloses, das unsere Liebe erfleht.
> *Rainer Maria Rilke*

Wir neigen dazu, uns vor der jeweils andersgeschlechtlichen Energie zu fürchten. Die Persönlichkeit traditioneller Männer will unter keinen Umständen schwächlich und kraftlos erscheinen. Die Persönlichkeit traditioneller Frauen fürchtet die Ablehnung, auf die sie mit allzu männlichem Auftreten stößt. Aber wir können eine persönliche Balance nur erreichen, wenn Yin und Yang im Gleichgewicht sind – wir sind erst komplett, wenn diese Balance hergestellt ist. Männer sollten sich also fragen: Wie kann ich meine weibliche Energie stärker berücksichtigen? Und Frauen sollten sich fragen: Wie kann ich meine männliche Energie stärker berücksichtigen? Diese Fragen können, wenn jeder von uns sie auf seine Weise beantwortet, unsere persönliche Entwicklung fördern und uns den inneren Frieden und das innere Gleichgewicht bringen, die in unserer Zeit unverzichtbar sind.

So reich und doch so arm

Unsere Gesellschaft lebt derzeit in einem tiefen Widerspruch: Wir waren noch nie so reich, und doch waren wir noch nie so arm. Wir leben in einer Zeit großen materiellen Reichtums und eindrucksvoller wissenschaftlicher Fortschritte und zugleich in einer Zeit des schlimmsten sozialen Niedergangs. Nach einer im Januar 1995 von Time und CNN in Auftrag gegebenen Umfrage waren zu diesem Zeitpunkt 53 Prozent der Amerikaner der Ansicht, daß ihr Land vor »großen und schwerwiegenden Problemen stehe«[3], eine Ansicht, die zehn Jahre zuvor nur 40 Prozent vertreten hatten.[4] Einerseits sind wir reich an materiellen Annehmlichkeiten, die unser physisches Dasein erleichtern; wir haben viel Freizeit und das nötige Geld, um an den Errungenschaften von Wissenschaft und Technik teilzuhaben. Andererseits verzeichnen wir eine dramatische Verarmung der

Es war die beste, es war die schlechteste aller Zeiten. Es war das Zeitalter der Weisheit, es war das der Torheit; es war die Epoche des Glaubens, es war die des Unglaubens; es waren die Tage des Lichtes, es waren die der Finsternis; es war der Lenz der Hoffnung, es war der Winter der Verzweiflung. Alles lag vor uns, nichts lag von uns…

Charles Dickens, Eine Geschichte zweier Städte

Die schlechten Nachrichten	
Kriminelle Delikte	alle 2 Sekunden
Gewaltverbrechen	alle 16 Sekunden
Raub	alle 48 Sekunden
Vergewaltigung	alle 5 Minuten
Mord	alle 21 Minuten
Eigentumsdelikt	alle 3 Sekunden
Diebstahl	alle 4 Sekunden
Einbruch	alle 11 Sekunden
Autodiebstahl	alle 20 Sekunden
Anteil der Alleinerziehenden	1970 = 35 %; 1993 = 64 %

... und ein paar gute	
Lebenserwartung	76 Jahre
Zahl der Theater in den USA	1965 = 80; 1994 = 420
Zahl der Kinder, die keine Schule besuchen, sondern zu Hause unterrichtet werden	1979 = 12 500; 1995 = 700 000
Hochschulabschlüsse	1970 = 668 000; 1992 = 822 000
Bevölkerungsanteil mit zu hohem Cholesterinspiegel	1962 = 32 %; 1991 = 19 %
Bevölkerungsanteil, der zum Vergnügen einen Roman liest	62 %
Durchschnittliche Arbeitslosenrate	1983 = 9 %; 1994 = 6 %
Inflationsrate	1980 = 13 %; 1994 = 2 %
Bevölkerungsanteil, dessen Gebete erhört wurden	65 %
Bevölkerungsanteil, der Zeuge eines Wunders wurde	37 %

Abb. 1 So reich und doch so arm. Alle Angaben beziehen sich auf die Vereinigten Staaten

Seele: Wir leiden unter Streß, Isolation, Sinndefiziten, Drogen-, Medikamenten- und Alkoholmißbrauch, dazu belasten Vorurteile und Kriminalität zunehmend unseren Alltag.
Das Tempo der Veränderung nimmt rasant zu, und unser Gefühl der Entfremdung und Verwirrung wächst. Es herrscht Leere in unserem Leben – genaugenommen in unserer Seele –, und wir hungern nach Sinn. Bei der Arbeit sehnen wir uns nach mehr, bekommen aber weniger. Auf unserer Suche nach Sinn identifizieren wir uns nicht mit dem eigentlichen Inhalt unserer Arbeit, sondern mit dem schmückenden Beiwerk, das die Persönlichkeit anspricht: mit dem Status der Firma, unserer Nähe zum Chef, unserem Titel, unserem Einkommen – alles Dinge, die wir brauchen, um unseren Rang, unsere Leistung und unseren persönlichen Wert zu messen. Wir gewinnen sogar schon an Identität, wenn wir uns in der bedrohlichen Welt von Downsizing und Umstrukturierung behaupten können. Der immanente Wert unserer Arbeit ist ebenso gering wie ihr Nutzen für die Menschen und unseren Planeten.
Dieses Paradox enthält noch ein weiteres Dilemma: Wir setzen weiterhin auf materielle Belohnungen als bevorzugtes Mittel, um andere zu motivieren, obwohl sich die Anzeichen dafür häufen, daß unsere Seele nach Regeneration verlangt: nach spirituellen, nicht nach materiellen Belohnungen. Das gilt für unser gesamtes Leben, ganz besonders aber für die Arbeit. Dieses Thema wird noch ausführlicher in Kapitel 7, Soul Providers, erläutert.

Das mechanistische Unternehmen

Unternehmen kann man heute grob in drei Typen einteilen:

- das mechanistische Unternehmen
- das chaotische Unternehmen
- das »Heiligtum«

Wir verdanken einen Großteil unseres heutigen Weltbildes Sir Isaac Newton. Im 17. Jahrhundert fand er die Gesetze der Schwerkraft und der Bewegung, entwickelte den binomischen Lehrsatz, die Differential- und die Integralrechnung und verhalf dem bescheidenen Apfel zu neuem Ruhm. Außerdem löste er eine wissenschaftliche Revolution aus. Vor Newton wurden die Geheimnisse des Lebens weitgehend mit Hilfe der Weisheit erklärt, die uns allen innewohnt. Mystiker, Heiler, geistliche Lehrer, Theologen, Priester, Magier und Geschichtenerzähler – die Hüter der weiblichen Energie – leiteten uns in unserem Tun, und unsere Entscheidungen beruhten auf innerem Wissen, Intuition, Meditation, Gebet und der Bereitschaft zu dienen. Wir verließen uns vor allem auf Brauchtum, Weisheit und Mythen.

Seit Newton beherrscht das wissenschaftliche Weltbild, das auf den Yang-Verfahren der kontrollierten Beobachtung, des Experimentierens und der Mechanik beruht, unser Leben. Wir fordern Beweise, ehe wir eine Erklärung akzeptieren, verlangen wissenschaftliche Kriterien für unsere Entscheidungen und sagen: »Das glaube ich erst, wenn ich es sehe.« Dieser kausale, logische Ansatz in der Wissenschaft und daher auch im Leben, den Newton eingeführt hat, lehrte uns, außerhalb unseres Selbst nach Sinn und Erkenntnis zu suchen, statt in uns selbst. Im Laufe der Zeit ersetzten wir Instinkt, Metaphysik und Selbstwahrnehmung durch den wissenschaftlichem Nachweis: »Wenn du es beweisen kannst, dann glaube ich es.«

Das Newtonsche Weltbild beruht stärker auf der Mechanik als auf der Metaphysik. Wir respektieren und begreifen das Universum als eine Maschine, die aus einzelnen Teilen besteht, und haben uns von anderen Methoden des Lernens und Erfahrens verabschiedet. Folglich neigen wir dazu, alles als ein gigantisches Uhrwerk oder als Maschine anzusehen, sei es die Natur, die Religion, den Staat, das Wohlbefinden, Angebot und Nachfrage auf dem Markt – selbst die Erziehung der Kinder oder eines Welpen.

Das Newtonsche Weltbild beruht auf der männlichen Energie des wissenschaftlichen, kausalen Zusammenhanges von Ursache und Wirkung: Wenn man dies macht, geschieht jenes – wenn du brav bist, kommst du in den Himmel, wenn wir dir eine Provision bezahlen, verkaufst du mehr, wenn dir meine Anzeige gefällt, kaufst du auch mein Produkt. Weil dieser kausale Ansatz uns dazu verführt, unsere Erfahrungen in ein mechanistisches Modell von Ursache und Wirkung zu übersetzen, sind unsere Erklärungsmöglichkeiten sehr beschränkt. Wir sehen immer nur »Teile«, haben nie das Yin und das Yang des Ganzen im Blick und akzeptieren nichts, was wir mit unserem mechanistischen Denken nicht erklären können.

Verändern Sie Ihr Denken, und Sie verändern die Welt.
Norman Vincent Peale

Geleitet von der Newtonschen Logik, stützen sich mechanistische Unternehmen auf dieselbe Art von Befehls- und Kontrollstrukturen, die ihren Ursprung im römischen Heer hatten und von der römisch-katholischen Kirche vervollkommnet wurden. Diese maschinenähnlich strukturierten Gebilde stellen Verfahrenshandbücher, Hierarchien, Stellenbeschreibungen und Titel bereit und geben Ziele vor. Es ist typisch für mechanistische Unternehmen, daß sie finanzielle Erfolgsmaßstäbe und Kriterien der Leistungsbewertung, strategische Planungsmodelle, Organisationspläne, PERT-Diagramme und ausgeklügelte Systeme entwickeln – alles Mittel der Informationsbeschaffung zum Zweck der Kontrolle. Charismatische Führungskräfte leisten die Denkarbeit, und alle anderen folgen ihren Vorgaben. Das Bild des Unternehmens als Maschine ist die Grundlage unserer modernen Unternehmensmodelle geworden, das Hauptthema der Management-Forschung, der Archetyp für MBA-Programme und ein Medienklischee.

Das Unternehmen als Maschine ist für die überwiegend männlichen Ingenieure und Finanzfachleute der ideale Boden für die Anwendung der Newtonschen Bewegungstheorie auf das Management. Planung, Organisation, Ausführung und Kontrolle gingen in den Lehrstoff jedes Kurses und in die Thesen jedes Textes ein. In mechanistischen Unternehmen ist wenig Raum für Aktivitäten, die die Seele beflügeln, denn Innovation, Kreativität, Spaß und Abenteuer werden dort zwar gelegentlich bewundert, aber selten gefördert. Solche Dinge werden gern als Schnickschnack oder Wischiwaschi-Denken verunglimpft. Wir belächeln unsere wichtigen weiblichen Energien und unterdrücken sie daher. Folglich wird die Seele bei der Arbeit in mechanistischen Unternehmen in der Regel nicht beflügelt und erwacht erst wieder zum Leben, wenn sie ein »Heiligtum« findet.

Bei Aktionären und traditionellen Managern ist die Forderung nach einem neuem Ansatz bisher auf wenig Gegenliebe gestoßen. Nach den meisten herkömmlichen Maßstäben verzeichneten die mechanistischen Unternehmen große Erfolge. Wenn man den Input, die Prozesse und den Output kontrolliert wie bei einer Maschine, kann man häufig bestimmte kalkulierbare Ergebnisse voraussagen, so etwa die finanziellen Gewinne für die Aktionäre und die Produktivitätsraten von Angestellten. John Bryan, der über zwanzig Jahre lang Verwaltungsratsvorsitzender bei Sara Lee war, meint: »Große und erfolgreiche Unternehmen haben ein Problem. Die Menschen, die dort arbeiten, wollen Verantwortung übernehmen. Man muß die ganze Zeit kämpfen.«[5]

Bryan hat mit Tiefkühlkost und bekannten Marken wie Playtex, Hanes und Coach-Lederwaren ein 16-Milliarden-Imperium aufgebaut. Empowerment, Inspiration und Wohltaten für die Seele der 138 000 Angestellten von Sara Lee werden sich den Aktionären des Unternehmens, die eine jährliche Rendite von 20 Prozent erzielt haben, wohl nur schwer verkaufen lassen. *Wenn das Publikum taub ist, kommt es auf die Musik nicht an.*

Die notwendigen Veränderungen werden nicht richtig in Gang kommen, solange wir die weibliche Energie in uns selbst und in unseren Unternehmen unterdrücken. Während wir noch darüber nachdenken, welche Veränderungen wir vornehmen müssen, haben die Angestellten bereits das Ende der Fahnenstange erreicht und fordern ein neues Quality-Programm – diesmal für die Menschen. Uns bleibt also nicht mehr viel Zeit. Schon formiert sich eine revolutionäre Bewegung, die verlangt, daß unsere Seele wieder respektiert wird. Weitblickende Manager werden die lange unterdrückte weibliche Energie freisetzen und integrieren und anderen helfen, dasselbe zu tun, während traditionelle Manager auf der Strecke bleiben.

Das chaotische Unternehmen

In den frühen siebziger Jahren betrat ein Neuling die wissenschaftliche Bühne und focht die Newtonschen Gesetze an – die Chaostheorie. Die Newtonsche Vorstellung, daß die Natur auf dem Prinzip von Ursache und Wirkung beruhe, führte zu der Annahme, daß immer dann, wenn Wissenschaftler alle wesentlichen Komponenten eines Ereignisses bestimmen können, auch alle potentiellen Folgen vorhersagbar sind. Edward Lorenz, ein Meteorologe vom Massachusetts Institute of Technology, hat entdeckt, daß winzige Datenveränderungen gewaltige Auswirkungen auf Wettersysteme haben können, nicht nur geringfügige, wie man zuvor angenommen hatte. Lorenz nannte das den Schmetterlingseffekt und behauptete anhand von Computersimulationen, daß der Flügelschlag eines Schmetterlings in China das Wetter in ganz Nordamerika wesentlich beeinflussen könne. Er bewies, daß es in der Unordnung eine Art Ordnung gibt.[6]

Die Chaostheorie legt nahe, daß die scheinbare Zufälligkeit einfacher Dinge gar nicht so zufällig ist, wie es den Anschein hat. Der Rauch, der aus einem Schornstein quillt, scheint sich in chaotischer Weise zu ringeln und zu kräuseln, aber die der Bewegung zugrundeliegende Gleichung könnte jeden der scheinbar chaotischen Wirbel erklären, wenn man ihre Komplexität verstünde. Wenn wir als Kinder kegelförmige Sandberge aufhäuften, rieselte jedesmal, wenn wir wieder eine Handvoll obendrauf schütteten, etwas Sand nach unten. Dieselbe mathematische Formel, die die Bewegung der Rauchsäule erklärt, kann Aktivität jeglicher Art erklären: die der Sandkörner, das Zusammentreffen von Elektronen mit Atomen in einem elektrischen Widerstand, die Entstehung von Sonnenflecken, das Steigen und Fallen von Aktien- oder Wechselkursen oder die Art, wie sich Menschen in Unternehmen verhalten. Laut Dr. Per Bak vom Brookhaven National Laboratory in New York versucht der Sandberg ständig, sich zu organisieren, daher der Begriff »selbstorganisierte Kritikalität«. In diesem Beispiel haben die Sandkörner nach der Definition von Physikern »eine hohe Anzahl von Freiheitsgraden«.[7] Und doch scheinen nur wenige Kräfte am Werk zu sein: Eine Handvoll Sand nach der anderen wird aufgehoben und in unterschiedlichen Zeitabständen an etwa derselben Stelle fallen gelassen.

Neugegründete Unternehmen sind Zwitter. Sie weisen viele Merkmale der maschinenähnlichen Newtonschen Modelle wie auch der Chaostheorie auf. Die wenigen Schlüsselfaktoren ihres Erfolges sind: Durchschlagskraft, Enthusiasmus, Innovation, Risikobereitschaft, Kampf ums Überleben, Wachstum, konzentrierte Strategien, Dienst am Kunden, straffe Verfahren, Mangel an Komplexität. Auf den ersten Blick spielen nur diese und ein paar wenige andere, scheinbar einfache und sehr leicht meßbare Dinge eine Rolle, aber in Wirklichkeit ist die Komplexität, und daher das Chaos unter der Oberfläche, nahezu unendlich. Ein solches Unternehmen hat nicht die notwendige Fähigkeit oder Erfahrung, um ein Befehls- und Kontrollmodell vom Typ »Sammle alle Fakten und sag die Zukunft voraus« einzuführen, das mechanistische Unternehmen kennzeichnet. Ich nenne diesen Typ daher das chaotische Unternehmen.

Trotz mancher Beschränkungen mischen chaotische Unternehmen in ihrem Kampf ums Überleben und in ihrem Streben nach Wachstum unbewußt die Züge mechanistischer Praxis (autokratisches, zielorientiertes, zweckgerichtetes, lineares Verhalten) und einer die Seele beflügelnden Praxis (Spaß haben,

Belohnungen bekommen, im Fluß sein, lernen und wachsen, integer vorgehen, Freundschaften und Kameradschaft aufbauen, Können schätzen und beim Geldverdienen noch den gewissen Unterschied machen). Die Energie und das Vergnügen, die sich daraus ziehen lassen, wenn man mit minimalen Ressourcen Kunden zufriedenstellt und rentabel arbeitet, werden in mechanische, jedoch die Seele erfüllende und daher chaotische Arbeit umgesetzt. Sind Kontrolle und Macht die bestimmenden Charakteristika mechanistischer Unternehmen, dann sind Spaß und Spontaneität die Merkmale chaotischer Unternehmen. Zu diesen völlig unterschiedlichen Unternehmenstypen fühlen sich auch ganz unterschiedliche Persönlichkeitstypen hingezogen und sind dort in ihrem Element.

Deine höchste Befriedigung ziehst du nicht aus der Fähigkeit, Dinge anzuhäufen oder oberflächliche Macht zu erringen, sondern aus deiner Fähigkeit, dich mit anderen zu identifizieren und uneingeschränkt ihre Bedürfnisse und Hoffnungen zu teilen. Kurz gesagt, Erfüllung suchen wir in der Identifizierung statt im Erwerb.

Norman Cousins

Das chaotische Unternehmen kann, zumindest in den ersten Jahren, die Seele beflügeln wie wenige andere. Microsoft ist ein solches chaotisches Unternehmen. Von den nahezu 20 000 Mitarbeitern sind die meisten, die der Firma länger als sechs Jahre angehören, zu beträchtlichem Wohlstand gelangt, und über 2000 sind Millionäre – sie haben aufgrund ihrer Bezugsrechte Aktien für 50 Millionen Dollar erworben, die heute über 3 Milliarden Dollar wert sind. Dennoch ist für die meisten Geld nicht die Hauptmotivation. Mike Maples, der eine leitende Position bekleidet, meint dazu: »Wir können sie [die Angestellten] halten, weil sie bei uns einer sinnvollen Tätigkeit nachgehen, nicht weil sie Geld brauchen.« Und Stewart Konzen, der schon seit 14 Jahren bei Microsoft arbeitet, sagt: »Wer will denn schon in den Ruhestand gehen? Welchen Sinn soll das haben? Ich tue ja schon Dinge, die mir Spaß machen.« Und die Software-Legende Charles Simonyi, der Multiplan, das Vorgängerprogramm von Excel, entwickelt hat, fügt hinzu: »Die Möglichkeiten, die Welt zu verändern, sind heute sogar noch größer als in den achtziger Jahren.«[8] Das Gefühl, etwas Bedeutsames zu tun, gehört zu den stärksten Antriebskräften des Menschen, und in chaotischen Unternehmen ist es häufig vorhanden.

Möglichkeiten und Leere

Während in der Wissenschaft das Newtonsche Modell allgemein durch die neuen Gesetze der Quantenphysik ersetzt wird, klammert sich die Geschäftswelt noch immer an das alte, an der Maschine orientierte Paradigma. Das Newtonsche Modell steht schon lange nicht mehr an vorderster wissenschaftlicher Front; in den naturwissenschaftlichen Studiengängen der führenden Universitäten wird es nicht einmal mehr gelehrt, weil man der Meinung ist, daß es besser in einen historischen Grundkurs passe als in ein naturwissenschaftliches Studium.

Aber die Führungstheorie muß erst noch aufholen. Folgendes Beispiel sei zur Veranschaulichung angeführt: Nach Newton besteht die Welt aus Materie, und diese wiederum besteht aus einzelnen Teilchen – Atomen –, die einander wie Billardkugeln anziehen, abstoßen oder sich neutral zueinander verhalten. In der Quantenphysik ist die Materie jedoch entweder eine Welle (wenn sie in Bewegung ist, wie bei Licht oder Schall) oder ein Teilchen (wenn sie ruht), und zu den seltsamen Begriffen der Quantenphysik gehört, daß Atome zu jeder Zeit beides sind. Die von Werner Heisenberg in die Quantenphysik eingeführte Unschärferelation beinhaltet, daß man entweder die genaue Position oder die Geschwindigkeit von etwas messen kann, nicht aber beides zugleich. Elektronen und andere subatomare Gebilde sind weder Teilchen noch Wellen, sondern eine Kombination aus beidem, die man »Wellenpaket« nennt. Heisenberg und andere, wie etwa Niels Bohr, haben daher postuliert, daß es keine Wirklichkeit gebe, sondern nur Möglichkeit. Dieses Konzept ist an die Stelle des Newtonschen Determinismus getreten.

Wenn alle Materie aus Wellen und Teilchen besteht, einschließlich Menschen, Märkten, Kunden, Gewerkschaften, Regierungen, Zinssätzen usw., wie können wir dann mit alledem so umgehen wie mit Billardkugeln? Wie können wir Vertrauen in Forschungs- oder Strategiepläne setzen? Verlassen können wir uns lediglich darauf, daß es Möglichkeiten gibt, nicht Wirklichkeiten. Nichts ist sicher, alles ist nur möglich. Das gesamte Universum, von dem moderne Unternehmen nur ein kleiner Teil sind, funktioniert so. Wenn wir beginnen, diese uns fremde Vorstellung zu begreifen, werden wir auch anfangen, unsere Einstellung zu den Menschen und zur Arbeit zu überdenken – und daher auch zur Seele.

Eine neue wissenschaftliche Wahrheit pflegt sich nicht in der Weise durchzusetzen, daß ihre Gegner überzeugt werden und sich als belehrt erklären, sondern vielmehr dadurch, daß die Gegner allmählich aussterben und daß die heranwachsende Generation von vornherein mit der Wahrheit vertraut gemacht ist.

Max Planck

In der Quantenfeldtheorie nennt man die wesentliche, allen Dingen zugrundeliegende Wirklichkeit ein Quantenvakuum. Dieses könnte man sich als ein Meer von Möglichkeiten vorstellen, die auf ihre Verwirklichung warten. Tritt sie ein, werden sie zu Teilchen, dann zu Atomen und schließlich zur Wirklichkeit allen Seins im Universum. Ehe etwas existieren kann, ist es nur eine Möglichkeit, die darauf wartet, sich zu verwirklichen. Das Quantenvakuum ist das Gefäß für alle diese Möglichkeiten. Man könnte daher vermuten, daß das Bewußtsein aus diesem Quantenvakuum geboren wird, und daher auch, daß die Seele am selben Ort ihren Ursprung hat – tief in uns allen auf der subatomaren Ebene der Quantenphysik. Diese Vorstellung ist der Philosophie der Leere im Buddhismus nicht unähnlich. Da das Quantenvakuum lediglich aus Möglichkeiten besteht, birgt es genügend Raum in sich, um alle religiösen, mystischen und wissenschaftlichen Theorien unterzubringen, die den Anspruch erheben, den Ursprung der Seele zu erklären.

Carl Gustav Jung hat das Konzept der Synchronizität als geeignete Erklärungsmöglichkeit für bestimmte Ereignisse entwickelt. Synchronizität ist nach seiner Auffassung eine Beziehung zwischen Ereignissen oder Möglichkeiten, die nicht auf Kausalität, sondern auf ihrer Teilhabe an einem Muster von Ereignissen beruht – das Muster setzt sie zueinander in Beziehung. Dasselbe gilt für unsere Seelen. Das Internet ist ein eindrucksvolles modernes Beispiel dafür.

Wenn mehrere Möglichkeiten zusammenkommen, beginnen sie Form anzunehmen. Daraus resultieren Ideen, Handlungen, Raum und Zeit. Solche Gedanken sind für die meisten von uns schwer zu begreifen, weil wir mit dem Cartesianischen Reduktionismus groß geworden sind – wir suchen die Dinge gewohnheitsmäßig dadurch zu begreifen, daß wir sie in ihre kleinsten Bestandteile zerlegen. Unser Kopf ist nicht daran gewöhnt, eine Welt ohne Namensschilder zu betrachten, geschweige denn eine Welt, in der es keine Wirklichkeit, keinen Raum und keine Zeit gibt, sondern nur Möglichkeiten. Doch wenn wir so denken, eröffnet sich uns eine Welt, in der nichts vorgegeben und alles möglich ist. Das erlaubt uns, freie Entscheidungen zu treffen.

Das »Heiligtum«: Eine Seelengemeinschaft

Eine solche Entscheidung könnte darin bestehen, unsere alten, menschlichen Strukturen durch »Heiligtümer« zu ersetzen. Ein »Heiligtum« ist ein besonderer Ort, der sich von unserer sonstigen Umgebung unterscheidet. Ein »Heiligtum« ist keine Ansammlung von Teilen, sondern ein integriertes System von

Seelen – weniger ein Ort als eine Geistesverfassung, die ein Aufblühen der Seele ermöglicht. Ein »Heiligtum« ist ein Bewußtseinszustand und beinhaltet die in *Soul-Management* dargelegten und von einer Seelengemeinschaft getragenen Konzepte. Es ist ein einladender Ort, und schon die bloße Vorstellung, ihn einmal aufsuchen zu können, weckt große Vorfreude. Das »Heiligtum« erneuert unsere Seele und erfrischt uns, denn es ist mehr als ein Ort – es ist eine Haltung. »Heiligtümer« werden oft von Gruppen gleichgesinnter Menschen gebildet, die sich selten begegnen, jedoch gemeinsame Werte haben; Menschen, die einander lieben, vertrauen und respektieren und sich an einem gemeinsamen Kodex orientieren – wie Clubs, Stämme oder Gemeinschaften. Die Synchronizität zieht sie zu einem »Heiligtum« hin. »Heiligtümer« werden geleitet und bewohnt von Menschen, die den Durchbruch gewagt haben und durch ihre Seele befreit wurden.

In Unternehmen erkennen diese Bewohner von »Heiligtümern«, daß drängende Probleme wie der Verlust von Moral und von Marktanteilen, veraltete Verfahren, sinkende Profite, Resignation bei den Beschäftigten und Neurosen nicht allein dadurch zu lösen sind, daß man sich auf Kontrolle und Kostendämpfung konzentriert. Sie schaffen »Heiligtümer«, weil sie relevante Fragen zu den Themen stellen wollen, die den Menschen und Unternehmen heute Sorgen machen, und wissen, daß diese ebensogut aus dem Herzen kommen können wie aus dem Kopf oder ebensogut aus der Seele wie aus der Persönlichkeit. Wer einem »Heiligtum« angehört, hat keine Angst, loszulassen – die Kontrolle abzugeben und Schwächen ebenso ehrlich einzugestehen wie Stärken zu zeigen. Ein »Heiligtum« befaßt sich gleichermaßen mit menschlichen wie technischen Lösungen. Die Mitglieder eines »Heiligtums« fangen nicht mit Reengineering an und setzen die Menschen an die letzte Stelle, sie erarbeiten neue Entwürfe, sorgen für Regeneration und stellen die Menschen an die erste Stelle. In einem »Heiligtum« ist es weniger

wichtig, die Unterschiede in Hautfarbe, Rasse, Religion, Lebensart, Glauben usw. hervorzuheben und zu respektieren, als vielmehr den Wert der Einheit zu verstehen. Wir sind alle Teil des Universums, wir sind Teil der einen, interdependenten, universellen und ewigen Seele.
In vielen Unternehmen, die nach dem Überlebensmodus funktionieren, meint man wohl, die Idee, sich gegenseitig zu fördern, habe nur in Kalifornien Gültigkeit, aber ebendiese Art der Hilfe ist das Kennzeichen für ein »Heiligtum«. In einem »Heiligtum« ist der altmodische Mythos vom krassen Individualismus und heroischen Führungsgeist durch einen umfassenderen Wertekanon ersetzt worden, der das, was gut für *dich* ist, ebenso betont wie das, was gut für *mich* ist. (Diese Werteverschiebung vom Ich zum Du wird ausführlicher im nächsten Kapitel erläutert.)

Die Rolle des demokratischen Unternehmens bei der Befreiung der Seele

Nach dem Fall der Berliner Mauer und der Demokratisierung des Ostblocks glauben manche, daß die westliche Unternehmensoligarchie die letzte noch verbliebene undemokratische Einrichtung sei. Viele denken bei dem Wort Demokratie nicht an organisatorische Hierarchie. Dennoch kommt immer mehr Menschen zu Bewußtsein, daß es im Leben noch etwas anderes gibt, als für eine Maschine zu arbeiten, die einem das Gefühl gibt, selbst eine zu sein. Das mechanistische, an der Uhr ausgerichtete Bild des Menschen und seiner Arbeit ist veraltet und führt zu Entfremdung, und Entfremdung ist eine der schlimmsten Krankheiten der Seele. Es wird Zeit, daß wir ebenso aufmerksam auf unser Herz hören, wie wir bisher auf unseren Verstand gehört haben.
Das moderne Unternehmen – unsere mächtigste und einflußreichste Organisation – geht mit ziemlicher Sicherheit seinem

Untergang entgegen, wenn wir nicht bewußt unsere spirituellen Ressourcen mobilisieren. Ben Cohen, Mitbegründer von Ben and Jerry's Homemade Ice Cream, hat gesagt: »Die Wirtschaft ist der einzige Bereich der Gesellschaft, der in der Lage ist, die Probleme der Gesellschaft und der Umwelt zu lösen. Die Wirtschaft ist die mächtigste Kraft im Lande, sie kontrolliert das Land. Mit dem Geld der Wirtschaft und der Geschäftsleute werden politische Kampagnen finanziert und die meisten Lobbyisten im Kongreß bezahlt. Die Wirtschaft ist der Motor des Landes. Nahezu alle unsere täglichen Interaktionen haben etwas mit dem Wirtschaftsleben zu tun. Die Wirtschaft hat die meisten Probleme in Gesellschaft und Umwelt geschaffen. Würde sie statt dessen versuchen, diese Probleme zu lösen, wären sie in kürzester Zeit gelöst.«[9]

Rom ging unter, weil ihm der Sinn abhanden kam und weil es den Glauben verlor.

Lewis Mumford

Nach einer Untersuchung des Public Agenda Forum stimmen vier von fünf Befragten der Aussage zu: »Ich habe das innere Bedürfnis, meinen Job so gut zu machen, wie ich irgend kann, ohne Rücksicht auf die Bezahlung.« Dieselbe Untersuchung brachte jedoch noch etwas anderes ans Licht: Die Menschen haben nach eigener Überzeugung durchaus Einfluß darauf, wieviel Mühe sie für ihre Arbeit aufwenden, aber dennoch nutzt nicht einmal jeder fünfte diese Freiheit dazu, sein inneres Bedürfnis zu befriedigen und möglichst gute Arbeit zu leisten. Achtundvierzig Prozent gaben an, sie würden fleißiger und gewissenhafter arbeiten, wenn sie an den Entscheidungen, die ihre Tätigkeit betreffen, stärker beteiligt würden. Auf die Frage, warum sie das nicht schon jetzt täten, antworteten sie, daß jede Leistungssteigerung nur anderen zugute käme – dem Management, den Kunden, den Aktionären. Dazu der Meinungsforscher Daniel Yanklevich: »Die Führungskräfte in unseren Unternehmen verstehen im Grunde die heutigen Beschäftigten nicht, jene zig Millionen gut ausgebildeter Amerikaner, die stolz auf ihre Leistungen sind, ihre Freiheit schätzen und sich durch neue Werte motivieren lassen, Arbeitnehmer, die erheblichen Einfluß auf das Produkt ihrer Arbeit haben und bereit sind, ihre Anstrengungen zu erhöhen, wenn sie den nötigen Anreiz erhalten.«[10]

Die Wirtschaft hat mehr dazu beigetragen, Kultur und ideelle Werte auf unserer Erde zu verbreiten, als Kirchen oder Regierungen. Mit Werten, die von der Seele geprägt sind, ist das moderne Unternehmen am ehesten in der Lage, die Welt zu verändern. Es ist durchaus vorstellbar, daß eines Tages Wirtschaftsstaaten die Nationalstaaten ersetzen – wenn sie sich zu Nationalstaaten entwickeln, die den Bedürfnissen der Seele Rechnung tragen.

Ein »Heiligtum« schaffen

Heute haben die Menschen am Arbeitsplatz Angst, und sie haben eine tiefe Sehnsucht nach Sicherheit. Wir alle suchen nach einem »Heiligtum« – einem Zufluchtsort, an dem die Angst keinen Platz hat. Manager, die ein »Heiligtum« schaffen möchten, verbannen daher zunächst einmal die Furcht vom Arbeitsplatz. Ein Unternehmen, dessen verängstigte Belegschaft von Downsizing, Konkurrenz, Verlust von Marktanteilen, niedriger Moral und anderen Bedrohungen eingeschüchtert wird, kann nicht seine kollektive Seele erheben.

Ein »Heiligtum« zu schaffen ist ein mühseliger und langwieriger Prozeß, und er wird von Führungskräften in Gang gesetzt, die an der Unternehmenskultur systematisch jene Veränderungen vornehmen, von denen in den nächsten Kapiteln die Rede sein wird. Andere Unternehmen wundern sich einfach nur über solche Konzepte und tun sie als »New-Age-Unsinn« ab. Die Dinosaurier-Unternehmen klammern sich an ihre alten, mechanistischen Überzeugungen und verteidigen in einem vergeblichen Kampf ums Überleben noch ein letztes Mal ihre Bastion.

Die Persönlichkeit ist ein guter Diener, aber ein sehr schlechter Herr. Das persönlichkeitsbezogene Unternehmen, das sich auf die fünf Sinne und das Newtonsche Modell verläßt, wartet lediglich auf seinen Tod oder darauf, in einen neuen konzeptuellen Rahmen hineinzuwachsen, in dem es für die Seele und von der Seele her geführt wird. Das evolutionäre Unternehmen beschreitet mutig einen neuen Weg in die Zukunft, indem es »Heiligtümer« für Angestellte, Kunden und Zulieferer schafft. Mit der Einrichtung solch sicherer Orte verfolgen wir nicht die naive Absicht, die ganze Welt zu verändern, sondern nur unser unmittelbares Umfeld. Die größere Aufgabe können wir später in Angriff nehmen. Den Anfang machen wir am besten bei uns selbst, und wenn wir dazu bereit sind, können wir eine zweite Person hinzuziehen. Dann können wir gemeinsam ein Abkommen schließen, in dem wir uns dazu verpflichten, nach einem vereinbarten Kodex zu leben, einem Wertekanon, auf dem wir eine vertrauensvolle Beziehung aufbauen. Allmählich werden wir so weit kommen, daß wir einen weiteren Seelenverwandten dazunehmen können, und dann wieder einen, bis wir schließlich ein Team bilden, das ein »Heiligtum« darstellt. Andere tun dasselbe, und wir helfen ihnen, so daß mit der Zeit in unseren Unternehmen viele »Heiligtümer« entstehen. Schließlich verwandelt sich das gesamte Unternehmen in einen natürlichen und heiligen Ort – ein »Heiligtum«.

Auf diese Weise schaffen wir einen sicheren Ort in einer ansonsten unsicheren Welt – einen so einzigartigen Ort, daß wir morgens voller Eifer aus dem Bett springen, um in diesem Schutzraum zu weilen. Ein »Heiligtum« ist ein Ort der Heiterkeit, Inspiration, Liebe und persönlichen Entwicklung. Ein Ort, der uns einlädt, weil er direkt die Seele anspricht. In einem persönlichkeitsbezogenen, mechanistischen Unternehmen verabscheuen 80 Prozent der Angestellten ihre Arbeit und mißtrauen ihren Chefs, weil der Betrieb seine Seele verloren hat. In einem »Heiligtum« sind Arbeit und Leben heilig. Das ist die Umgebung, in der die Seele das ihr eigene, elementare Geburtsrecht ausüben kann, das darin besteht, sich auszudrücken – wirklich zu sein.

2 Kultur und Werte

An den Wänden meiner Bibliothek reihen sich Hunderte von Büchern, die von den größten Management-Theoretikern der Welt geschrieben wurden. Viele stammen noch aus einer früheren Lebensphase, nämlich meiner Zeit als Professor an einer Wirtschaftshochschule. Die meisten werde ich nie mehr lesen, weil sie für die brennenden Fragen des Arbeitslebens praktisch irrelevant sind. Als eingefleischter Büchernarr bringe ich es aber nicht fertig, sie wegzuwerfen, obschon sie intellektueller Müll aus einer früheren Ära sind und zugleich die Verwirrung symbolisieren, die derzeit die Führungskräfte in Unternehmen lähmt.

Da wir die alte Ära der moralisch fragwürdigen und redundanten Unternehmensphilosophien hinter uns lassen wollen, brauchen wir ein neues Paradigma. Ungezügelter Materialismus, Konsum und Rationalismus weichen allmählich einem neuen, humanistischen Ansatz, der in anderen Werten verankert ist. Wenn wir allerdings mit wachsendem Entsetzen beobachten, welche Schwächen unsere Politiker, Kirchenoberen und Wirtschaftsbosse an den Tag legen, drängt sich doch der Verdacht auf, daß keiner von ihnen das Format hat, die moralische Renaissance herbeizuführen, nach der wir uns alle sehnen. Dennoch haben gerade die Führungskräfte in Unternehmen, mehr als jede andere Berufsgruppe, das Potential, die Wunden zu heilen, die uns zu schaffen machen. Und die Anzeichen mehren sich, daß ein neuer Typ von Manager bereit ist, den alten Methoden zu entsagen und sich dieser großen Herausforderung zu stellen.

Die persönlichkeitsbezogene Philosophie, die auf Egoismus und

Gier beruht, sieht im Kunden lediglich jemanden, den man ausnutzen kann. In der neuen Unternehmensphilosophie werden Kunden, Zulieferer und Angestellte als Menschen betrachtet. Diese Menschen kommen nicht nur des Geldes wegen täglich zur Arbeit. Sie kommen auch, um sich inspirieren zu lassen, um Freundschaften zu schließen, zu lernen, Spaß zu haben – kurz, sie sehnen sich nach positiven Erfahrungen. Daher sind Führungskräfte heutiger Unternehmen dazu aufgerufen, die neuen Hüter des menschlichen Geistes zu werden. Und wir alle sind Wegbereiter der Erneuerung.

Welche Gefühle hegen Kunden und Zulieferer für das persönlichkeitsbezogene mechanistische Unternehmen? Bringen sie den traditionellen Managern Respekt und Vertrauen entgegen? Oder knirschen sie mit den Zähnen, rümpfen die Nase und zählen sorgfältig ihr Wechselgeld nach, wenn sie mit ihnen Geschäfte machen? Und wie fühlt sich heute ein Angestellter, der zum unfreiwilligen Kollaborateur dieser modernen Freibeuter wird? Fürchtet er im stillen, daß seine Chefs mit ihm genauso übel umspringen könnten – daß er Opfer eines ähnlichen Zynismus werden könnte? Eine Antwort darauf gibt vielleicht die jährliche Umfrage des Gallup-Instituts, aus der hervorgeht, daß 80 Prozent aller Angestellten Angst haben, wenn sie am Montagmorgen an ihren Arbeitsplatz zurückkehren; in einigen europäischen Ländern liegen die Zahlen sogar bei 90 Prozent. Eine Untersuchung, die das Meinungsforschungsinstitut von Princeton in New Jersey kürzlich unter 30 000 Arbeitnehmern durchführte, ergab, daß 47 Prozent der Befragten die Firma, in der sie arbeiten, entweder nicht mögen oder ihr mit zwiespältigen Gefühlen gegenüberstehen. Weitere umfangreiche Untersuchungen brachten an den Tag, daß die meisten Herzinfarkte und Schlaganfälle am Montagmorgen um neun Uhr zu verzeichnen sind. Manche Menschen hassen ihre Arbeit so, daß sie auf den Montagmorgen warten, um zu sterben! Diese statistischen Zahlen sind kein Zufall. Der Risikofaktor Nummer eins für Herzinfarkt ist die Frage, wie wohl sich ein Mensch am Arbeitsplatz fühlt – wieviel Befriedigung er in der Arbeit findet.

Der derzeitige Bankrott auf der Managerebene ist darauf zurückzuführen, daß wir geradezu versessen auf schnelle Patentlösungen sind. Charismatische Seminarleiter, die eher Hitzköpfe als Aufklärer sind, wollen uns glauben machen, daß es rasche Allheilmittel in Form moderner Mantras gibt, als da sind Downsizing, Umstrukturierung, Reengineering, Empowerment, TQM (Total Quality Management), Werbung, Fusion und Umschuldung. Die Liste derer, die modische Schlagwörter anpreisen, ist unerschöpflich. Die Wirklichkeit sieht ganz anders aus. Das Management wird seine gegenwärtige Krise nur dann überwinden, wenn es für Werte eintritt, die gut für den Menschen und unseren Planeten sind.

Gib mir Keuschheit
und Enthaltsamkeit,
nur gib sie nicht schon jetzt.

Augustinus,
Bekenntnisse, VIII,7

Ein weiterer Grund für den Bankrott auf der Führungsebene ist, daß viele traditionelle Manager und die Theorien, denen sie anhängen, moralisch korrupt sind. Traditionelle Manager untergraben ihre Glaubwürdigkeit, wenn sie von den Angestellten verlangen, den jeweils neuesten ethischen Firmenkodex zu begrüßen und gleichzeitig ihre Kunden zu täuschen. Wir können uns nicht zu Kundenservice und Qualität bekennen und es gleichzeitig an Respekt, Vertrauen und Zuneigung gegenüber unseren Angestellten, Kunden oder Zulieferern und an Ehrfurcht vor unserem empfindlichen Ökosystem fehlen lassen. Wir können keine Belohnung von außen erwarten, ohne zuerst die nötige innere Arbeit zu leisten.

Was ist hier schiefgegangen? Offensichtlich müssen wir Veränderungen vornehmen. »Mehr desselben« wird nicht viel bewirken. Der »Mikrowellenansatz« in Sachen Management, bei dem man die Optionen Qualität, Dienst am Kunden oder Führungsstärke einstellt und dann auf »Start« drückt, wird unsere Probleme nicht beheben. Ebensowenig können wir uns moralischen Fragen gegenüber weiterhin taub stellen. Qualität und Zielsetzung eines Unternehmens werden fast ausschließlich von den Werten derer bestimmt, die es führen. Im Laufe der Jahre habe ich ein Modell entworfen, das ich das »Werte-Fahrrad« nenne. Es richtet die qualitative Schubkraft von Individuen und Unternehmen neu aus und eröffnet so die Möglichkeit, uns auf die wichtigsten Aufgaben zu konzentrieren, die wir täglich im Berufs- und Privatleben zu bewältigen haben. Das Modell sieht einfach aus und ist es auch – *aber es in die Tat umzusetzen ist nicht leicht!*

Das Werte-Fahrrad – ein Modell für Arbeit und Leben

Das Bild für mein Modell ist das Fahrrad. Wenn Ihr Team* ein Fahrrad wäre, würde seine Schubkraft vom Hinterrad bestimmt und seine Richtung vom Vorderrad. Vom Hinterrad beziehen wir die Werte, die etwas mit Lebenskunst zu tun haben und Individuen, Teams und Organisationen mit Energie versorgen. Ich nenne sie *Primärwerte.* Sie helfen uns, persönliche Entwicklungen in Gang zu setzen und Einstellungen zu ändern. Die meisten von uns kennen diese Primärwerte und suchen sie jeden Tag zu leben, aber wir müssen sie in der Praxis noch stärker berücksichtigen. Diese Werte sind:

Könnerschaft: Könnerschaft heißt, daß man alles, was man im privaten und beruflichen Leben tut, auf dem höchstmöglichen Niveau tut. Das bedeutet, daß wir uns innerlich verpflichten, alles Erforderliche zu tun, um bei jeglichem Tun der Beste zu sein, daß wir unermüdlich daran arbeiten, uns auf persönlicher und beruf-

* Mit dem Terminus »Team« bezeichne ich jedes beliebige Team – ein Unternehmen, eine Regierung, ein Ministerium, eine Kirche, Schule, Familie oder ein Ehepaar.

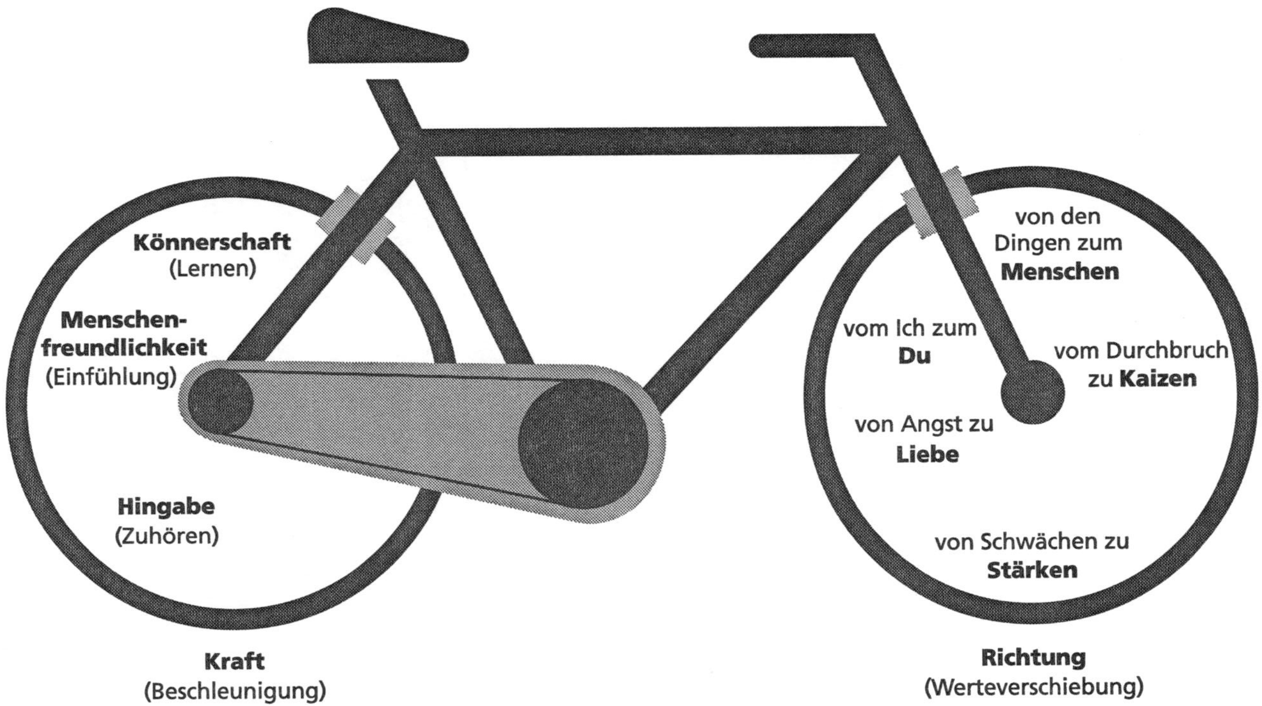

Abb. 2 Das Werte-Fahrrad – ein Modell für Arbeit und Leben.

licher Ebene zu verbessern, uns Normen für die persönliche Entwicklung setzen, unsere Fertigkeiten und Praktiken vervollkommnen, Experten werden sowie Wissen und Weisheit respektieren. *Könnerschaft* beinhaltet das Streben nach einer überragenden Leistung in allem, was man tut. Walt Disney pflegte seinen Angestellten zu sagen: »Tun Sie das, was Sie tun, so gut, daß andere kommen, um Ihnen dabei zuzusehen.« Sollten wir das nicht alle tun, in jedem Bereich unseres Lebens? Können Sie sich vorstellen, daß Leute, die für Disney arbeiten, morgens aufstehen, sich an Disneys Spruch erinnern und dann schludrige Arbeit abliefern? Wir alle haben dieselbe Aufgabe: Das, was wir tun, so gut zu tun, daß andere kommen, um uns dabei zuzusehen – ganz gleich, was wir tun.

Menschenfreundlichkeit: Menschenfreundlichkeit heißt, sich mit anderen auf persönlicher wie beruflicher Ebene so gut zu verstehen, daß sie aktiv den Kontakt zu einem suchen. Der Menschenfreund hat Eigenschaften und Einstellungen, die das Eingehen intensiver Beziehungen begünstigen. Er legt großen Wert auf harmonische Interaktionen, ergreift die Initiative, um Freundschaften zu knüpfen, zu pflegen und gegebenenfalls wieder zu kitten, und geht bei seinen Beziehungen in die Tiefe, statt sich mit den üblichen Oberflächlichkeiten zu begnügen. Zu den Eckpfeilern der *Menschenfreundlichkeit* gehört es, die Wahrheit zu sagen und Versprechen zu halten, denn das führt zu emotionalen Bindungen, die auf Vertrauen beruhen. Der Menschenfreund genießt die Gesellschaft anderer ebenso wie das Alleinsein, da er im Orchester ebenso spielen kann wie als Solist.

Hingabe: Kunden finden, intern wie extern, feststellen, welche Bedürfnisse sie haben, und diese Bedürfnisse befriedigen (Kunden sind nach dieser Definition alle Menschen, die mit einem Bedürfnis zu uns kommen). *Hingabe* heißt, den Bedürfnissen anderer mit Respekt zu begegnen und eine Leidenschaft dafür zu entwickeln, sie zu befriedigen. Diese Betonung der Bedürfnisse anderer ist durch ein aufgeklärtes Eigeninteresse und durch

Altruismus motiviert. *Hingabe* stellt die Befriedigung der Kundenbedürfnisse über das reine Profitmachen. Sie gründet sich auf Geschäfte und Beziehungen, von denen alle einen Gewinn haben sollen und bei denen Kunden, Angestellte und Zulieferer als Partner statt als Gegner behandelt werden. *Hingabe* heißt, daß man sich eher darum bemüht, das Rechte zu tun, als die Dinge richtig zu machen.

Wir scheren uns um nichts. Das brauchen wir auch nicht. Wir sind die Telefongesellschaft.
Lily Tomlin

Fassen wir die drei *Primärwerte* noch einmal zusammen: *Könnerschaft* besteht darin, das, was wir tun, so gut wie möglich zu tun, und zwar in allen Lebensbereichen; *Menschenfreundlichkeit* besteht darin, gute Beziehungen zu knüpfen und sich dabei immer wie ein Freund zu verhalten; und *Hingabe* ist die Bereitschaft, für die Bedürfnisse anderer stets ein offenes Ohr zu haben und sie auch zu befriedigen. Wenn wir uns mit Gusto nach diesen drei Werten richten, werden wir auf persönlicher wie betrieblicher Ebene vortreffliche Ergebnisse erzielen und Führungsqualitäten erlangen – und die Seele wird sich freuen.

Die Beschleuniger

Wenn wir einen hohen Grad an *Könnerschaft*, an *Menschenfreundlichkeit* und an *Hingabe* erreichen wollen, müssen wir uns zuerst drei andere Haltungen und Gewohnheiten zu eigen machen, die ich als *Beschleuniger* bezeichne, weil sie uns schneller ans Ziel bringen:

1. Könnerschaft erlangen wir durch *Lernen:* Das Wörterbuch definiert »führen« als »jemandem den Weg irgendwohin zeigen« und »lehren« als »zeigen, wie man etwas macht«. Daher ist führen gleich lehren, und Lehrer müssen ihren Schülern zeigen, wie man

lernt. Will man *Könnerschaft* erlangen, muß man von Könnern lernen – von ihnen persönlich oder durch ihre Lehren. *Könnerschaft* ist nie vollkommen, so wie es auch kein vollkommenes Wissen und keine vollkommene Weisheit gibt. Wissen und Weisheit sind immer unvollständig, und daher ist unablässiges Lernen – das heißt lebenslanges Lernen – unverzichtbar, wenn dauerhafte *Könnerschaft* in allen Bereichen des Privat- und Berufslebens erreicht werden soll. Beachten Sie, daß der Wert »lernen« heißt und nicht »dressieren«: Dressieren ist etwas für Hunde – Lernen ist eine Haltung.

2. Menschenfreundlichkeit hängt vom *Einfühlungsvermögen* ab. Wenn wir jemandem ein Freund sein wollen, müssen wir in seine Haut schlüpfen, denn wenn wir uns gut mit ihm vertragen wollen, müssen wir ihn zuerst einmal verstehen. Das erreichen wir oft am leichtesten, wenn wir uns vorstellen, was er denkt und was er empfindet, wenn wir darüber nachdenken, wie wir uns an seiner Stelle fühlen würden, und uns dann nach Möglichkeit so verhalten, wie wir es uns von ihm wünschen würden. Unser Ziel ist also, uns ständig in die Lage des anderen zu versetzen und uns so zu verhalten, daß wir zu einem Menschen werden, den wir, wenn die Rollen vertauscht wären, selbst gern zum Freund hätten.

3. Hingabe wird gefördert durch *Zuhören:* Wir können die Bedürfnisse der anderen nicht befriedigen, wenn wir uns nicht die Zeit nehmen, uns anzuhören, welche Bedürfnisse sie haben. Zuhören heißt nicht einfach »nicht sprechen«. Wenn wir wahrhaft zuhören wollen, müssen wir unser »inneres Geplapper« abstellen und dem anderen ernsthaft und unvoreingenommen Gehör schenken. Dann, und nur dann, erfahren wir, welche Bedürfnisse er hat, und nur dann sind wir in der Lage, geeignete Schritte zu unternehmen, um diese Bedürfnisse zu

> **Die erste Pflicht der Liebe ist das Zuhören.**
> ***Paul Tillich***

befriedigen. Von allen menschlichen Fähigkeiten ist Zuhören vielleicht die schwierigste.
Bei einer Übung in meinen Seminaren werden die Teilnehmer gruppenweise dazu aufgefordert, nicht zu sprechen, sondern den anderen nur zuzuhören.
Hinterher sagen sie mir stets, daß es sehr anstrengend sei, einen ganzen Tag lang zu schweigen. Das kommt daher, daß sie das Zuhören nicht gewohnt sind. Und eben weil wir Zuhören als anstrengend empfinden, tun wir es vermutlich auch so selten – es hat seinen guten Grund, daß wir nur einen Mund, aber zwei Ohren haben!

Wir leiden unter einem wachsenden gesellschaftlichen Übel – dem Gefühl, daß uns niemand zuhört. Es beginnt schon in der Jugend, im Elternhaus und im Freundeskreis und zieht sich durch unser ganzes Leben. Bedingungsloses und aufmerksames Zuhören ist ein wunderbares Geschenk an die Seele eines anderen. Streitigkeiten und Konflikte entstehen, wenn die Menschen einander nicht mehr zuhören und nur noch darauf aus sind, die anderen von ihrem Standpunkt zu überzeugen, indem sie ihn auf alle möglichen Arten darlegen, bis sie schließlich »gewonnen« haben. Umgekehrt lassen sich Streitigkeiten immer lösen, sobald beide Seiten darin übereinkommen, nur noch Fragen zu stellen, keine Behauptungen mehr aufzustellen und zuzuhören.

Die Werteverschiebung

Die im Hinterrad angesiedelten Werte geben unserem Leben und unseren Unternehmen Schubkraft und sorgen für Beschleunigung. Aber unsere Motive sind möglicherweise nicht ganz lauter, sofern sie nicht durch die im Vorderrad angesiedelten Werte gelenkt werden, die unsere Richtung bestimmen. Die meisten von uns sind mit den Werten des Hinterrades mehr oder weniger vertraut, wir müssen einfach stärker üben, sie in die Tat umzusetzen. Von den Werten des Vorderrades läßt sich das nicht sagen, denn sie sind qualitativ anderer Natur. Die meisten von uns sind keine glühenden Anhänger der Werte im Vorderrad – tatsächlich müssen wir erst von »alten« Werten auf diese »neuen« umsteigen. Deshalb sprechen wir von einer Werteverschiebung. Gemeint ist damit eine Verlagerung von der Persönlichkeit zur Seele:

1. **Erst du, dann ich.** Wir verabschieden uns gerade von einer Epoche der menschlichen Geschichte, in der das Ich wie in kaum einer anderen im Mittelpunkt stand. Die persönlichkeitsbezogene Weltsicht ist gefährlich egozentrisch. Im Modell des Werte-Fahrrads wird hingegen das Du in den Mittelpunkt gerückt. Es geht davon aus, daß wir dann, wenn wir anderen gewinnen helfen, alle gewinnen und daß ein Vorschlag, der gut für mich, aber schlecht für dich ist, letztlich schlecht für uns beide ist. Das Modell vermeidet egozentrische Strukturformen, wie etwa »selbstgesteuerte Teams«, und favorisiert statt dessen einen holistischen, systemischen Ansatz, bei dem sich die Mitglieder jedes Teams ihrer Wirkung auf alle anderen Teile des Systems bewußt sind. Die Verlagerung vom Ich zum Du bedeutet, daß man im Kunden mehr sieht als nur eine wandelnde Kreditkarte.

Wir alle haben die Aufgabe, die Bedürfnisse der Angestellten, Kunden und Zulieferer zu befriedigen, und wenn uns das jederzeit hervorragend gelingt, werden wir zur Belohnung ein Team von einsatzfreudigen und loyalen Mitarbeitern bekommen, die ihre Arbeit nicht mehr fürchten, sondern ihre Früchte genießen und Freude an ihr haben – dazu gewinnen wir einen großen und stets wachsenden Kreis hochzufriedener Kunden und ein stützendes Team von Zulieferern, die gerne mit uns Geschäfte machen. Noch wichtiger ist, daß eine Verlagerung des Schwerpunktes vom Ich zum Du einen dringend nötigen Ausgleich bietet. Statt uns ausschließlich darauf zu konzentrieren, wie wir unsere Marktanteile vergrößern, unsere Umsätze steigern und unsere Macht ausbauen können, werden wir zum Nachdenken darüber angeregt, wie wir anderen und unserem Planeten dienen können.

2. **Erst die Menschen, dann die Dinge.** Helmsley, Milken und Trump haben die Wissenschaft vom Streben nach den Dingen perfektioniert. Das Genie des westlichen Managements bestand in seiner unübertroffenen Fähigkeit, Dinge zu erwerben, zu messen, zu analysieren und zu zählen. Aber vor lauter Bewunderung für Analyse und Erwerb haben wir vergessen, daß Unternehmen aus der Summe der in ihr arbeitenden Menschen bestehen, nicht aus der Summe der Dinge.
Das müssen wir jetzt korrigieren, indem wir uns die sanften Techniken des Werte-Fahrrades zu eigen machen. Der von den Dingen beherrschte Ansatz gehorcht der Politik, den Verfahren, Taktiken, Handbüchern, formalen Systemen und Lohnniveaus. Er veranlaßt Einzelhändler dazu, ihren Kunden zu verbieten, daß sie mehr als drei Kleidungsstücke zur Anprobe in die Kabine mitnehmen. Den auf den Menschen ausgerichteten Ansatz, den zum Beispiel der Textilkaufmann Don Cooper in Toronto praktiziert, verkörpert ein Schild mit der Aufschrift: »Bitte nehmen Sie so viele Kleidungsstücke mit in die Kabine, wie Sie möchten.« Der an den Dingen orientierte Ansatz unterstellt, daß den Menschen nicht zu trauen ist und daß folglich Systeme eingerichtet werden müssen, die den Kaufmann vor der Unehrlichkeit der Kunden schützen. Der am Menschen orientierte Ansatz erkennt den universellen Wunsch der Menschen an, daß man ihnen Vertrauen, Respekt und Liebe entgegenbringt. In Unternehmen neuen Stils ist der Satz »Menschen sind unser wichtigstes Kapital« ein ernstgemeintes Konzept. Traditionellen Managern in mechanistischen Unternehmen ist diese Einsicht bislang versagt geblieben. Wären sie tatsächlich so sehr vom Wert der Menschen überzeugt, würden diese in der Bilanz erscheinen. Goodwill als Finanzbegriff reicht nicht aus, er ist ein unhandlicher und ungeeigneter Maßstab für das kostbarste Gut jedes Unternehmens. Solange wir in den

Menschen nicht ein höheres Gut sehen als in den Dingen, sind wir nicht glaubwürdig, wenn wir verkünden: »Menschen sind unser wichtigstes Kapital.«

3. **Kaizen** und **Durchbruch**. Die Lieblingshelden der Management-Gurus sind Durchbruchspezialisten: große Erfinder, Unternehmer, Firmengründer und Anbieter. Sie sind gewissermaßen die Hasen, die ihren innovativen Durchbruch in persönlichen Reichtum ummünzen. Aber wir müssen auch die Schildkröten feiern – und zwar ebenso stürmisch. Schon Äsop hat gesagt: »Wer langsam und stetig voranschreitet, macht das Rennen.« Es gibt zwei Möglichkeiten zu wachsen: durch Innovation (indem man einen *anderen* Weg findet) und durch *kaizen* (indem man einen *besseren* Weg findet).

Die Fähigkeit, dasselbe jeden Tag ein wenig besser zu machen, mag keine Gabe sein, die kurzfristig zu spektakulären Leistungen führt, langfristig aber sehr wohl. Die Japaner nennen das *kaizen* – stetige Verbesserung im persönlichen, häuslichen, sozialen und beruflichen Leben, zu der alle beitragen. *Kaizen* ist ein japanisches Wort, das wörtlich übersetzt »besserer Weg« bedeutet. Und die Idee, die dahintersteckt, ist sehr intelligent.

Ein *kaizen*-Team in einer Kugellagerfabrik stieß auf ein kleines Problem am Fließband. Kugellager unterschiedlicher Größe fielen aus einem Trichter in die Kartons auf dem Fließband und gelangten später in diesen Kartons in den Handel. Herstellung und Verpackung waren vollautomatisiert. Nur klagten die Kunden, daß sie ab und zu einen Karton bekamen, der kein Kugellager enthielt. Das kam ungefähr alle 100 000 oder 200 000 Kartons einmal vor (ein Qualitätsstandard, von dem die meisten Firmen nur träumen können). Obwohl die Kosten für den Ersatz der leeren Kartons nach der Auslieferung minimal waren, überzeugte das *kaizen*-Team die Firmenleitung davon, daß ein leerer Karton dem Ruf der Firma ernstlich schaden könne.

Das Team schlug zunächst vor, zum Aufspüren der leeren Kartons

ein Röntgensystem zu installieren, verwarf die Idee aber wieder, weil die Kosten zu hoch waren. Es machte zahlreiche andere Vorschläge, aber keiner erfüllte die Kosten-Nutzen-Kriterien. Nach weiteren Diskussionen fand das Team schließlich die Lösung: Es brachte neben dem Fließband einen kleinen, billigen Ventilator an, der die leeren (und deshalb leichteren) Kartons einfach vom Band blies. Jetzt arbeitete die Firma bei minimalem Aufwand absolut fehlerfrei, dank einer maximalen, vom Herzen angestoßenen Denkleistung des *kaizen*-Teams.
Ein solches Bemühen um ständige Verbesserung verhilft Firmen zu Spitzenleistungen und hebt das Selbstwertgefühl des einzelnen und des Teams. Zwar erkennt auch das Modell des Werte-Fahrrades an, wie wichtig es ist, ein Neuerer von Weltniveau zu sein (indem man einen *anderen* Weg findet), gleichzeitig aber betont es, daß es ebenso wichtig ist, *kaizen* zu praktizieren (also einen *besseren* Weg zu finden.) Dieser kleine Unterschied bringt herausragende Individuen, und daher auch Unternehmen, an die Spitze.

4. **Stärken vor Schwächen.** Forscher behaupten, daß bei einer durchschnittlichen Geschäftsbesprechung jede neue Idee neunmal kritisiert wird. Nach Aussagen von Dr. Marylin L. Kourilsky, der früheren Dekanin des Fachbereichs Lehrerausbildung am Pädagogischen Institut der University of California in Los Angeles, denken 97 Prozent der amerikanischen Kindergartenkinder kreativ, und nur bei 3 Prozent ist das Denken bereits angepaßt und strukturiert. Wenn die Schüler ihren Abschluß an der High School machen, hat sich diese Verteilung bereits verschoben – 46 Prozent denken kreativ, während 54 Prozent eine rigidere, strukturiertere Denkweise bevorzugen. Dieser Verlust an Individualität, Leidenschaft und Kreativität vollendet sich am Arbeitsplatz: Mit dreißig Jahren genießen nur noch 3 Prozent der Menschen die Freiheit, sich an holistischen, originellen Gedankengängen zu erfreuen, während 97 Prozent ihr Denken an einer

Struktur ausrichten, die nach Orthodoxie und gesellschaftlicher Korrektheit aussiebt – es kommt zum »Gruppendenken«.
Mit anderen Worten, wir sind wie Parzival – zu Beginn unseres Lebens erliegen wir noch dem Zauber des Fragens, aber mit der Zeit vergessen wir das Fragen und sind nur noch für Antworten offen. Wir geraten in den Bann geistiger Impotenz. Wir denken nicht von Anfang an wie traditionelle Manager, wir lernen es erst. Wir kritisieren, verurteilen, verhöhnen – und saugen dadurch den Seelen der Individuen, und mithin auch den Unternehmen, die Selbstachtung aus. Wenn wir Jahresabschlüsse auf den Tisch bekommen, suchen wir sofort nach den roten Zahlen, den Klammern, den negativen Leistungsdaten. Zu selten feiern wir unsere Stärken oder nehmen unsere Erfolge unter die Lupe und geben ihnen den letzten Schliff. Da wir fälschlicherweise der aristotelischen Vorstellung anhängen, daß wir Ideen stärken, indem wir sie angreifen, haben wir unsere mechanistische Fähigkeit zu rationalem Denken und Kritisieren vervollkommnet. Aber man stelle sich einmal vor, jeder Mensch und jedes Unternehmen würde genausoviel Zeit und Leidenschaft darauf verwenden, auf die eigenen Stärken zu bauen: Unsere Seelen würden so gesund werden, daß man eine heilige Scheu vor uns haben müßte.
So hat zum Beispiel der Psychologe James Loehr am Training des Tennisstars Martina Navratilova mitgewirkt. Loehr hat untersucht, was die besten Tennisspieler bei einem Match in der Pause zwischen den Ballwechseln tun. Er hat festgestellt, daß mittelmäßige Spieler sich in diesen zwanzig Sekunden mit dem letzten Punkt beschäftigen – sich etwa wegen eines verschlagenen Balls Vorwürfe machen. Die Topspieler hingegen bereiten sich in dieser Zeit auf den nächsten Ballwechsel vor – sie entspannen sich, tanken Energie, planen ihre Strategie und konzentrieren sich.

5. **Liebe vor Konkurrenz, Feindseligkeit und Angst.** Unter »gewinnen« versteht man heute gemeinhin, seinen Gegner zu besiegen – es sieht so aus, als müsse es immer einen Verlierer geben.

Das Vokabular des modernen Managements ist mit Kriegsmetaphern gespickt. Zu den höchstbezahlten Referenten, die in Prominentenkreisen herumgereicht werden, gehört Ex-General Norman Schwarzkopf, der jedesmal 75 000 Dollar einstreicht, wenn er Führungskräften erzählt, daß es keinen Unterschied mache, ob man ein Unternehmen führt oder eine Kriegsmaschine befehligt.

Starke Männer können es sich immer leisten, sanft zu sein. Nur die Schwachen sind darauf aus, »mit gleicher Münze zurückzuzahlen«.
Elbert Hubbard

Ehrgeizige Führungskräfte verschlingen Bücher wie *Über die Kriegskunst, Marketing Warfare, Die geheime Führungskunst Attilas des Hunnen* oder *Mit den Haien schwimmen.* Das erste dieser Bücher basiert auf den Lehren von Sun Tsu, einem chinesischen General, der vor 2500 Jahren lebte. Er erklärt uns, daß das Geheimnis der Täuschung darin bestehe, die Wahrnehmung des Feindes zu manipulieren, und daß es auf dasselbe hinauslaufe, ob man gegen viele oder gegen wenige kämpft.[1]

Das Leben ist zu einem immerwährenden Konkurrenzkampf geworden, und wir alle sind Gladiatoren, die danach trachten, unsere Gegner (die in Wahrheit unsere Kollegen sind) zu besiegen, sei es in der Schule, am Arbeitsplatz, zu Hause – selbst in unserem eigenen Land.

Das Leben ist kein Schlachtfeld – es ist ein Spielplatz. Menschen lassen sich nicht durch den Kampf oder die Angst vor dem Verlieren motivieren. Spitzenleistungen werden den Menschen abgeschmeichelt, nicht aus ihnen herausgeprügelt. Wenn wir das, was wir tun, mit Liebe tun (*Könnerschaft*), wenn wir die Menschen mögen, mit denen wir es tun (*Menschenfreundlichkeit*), und wenn wir den Grund gutheißen, warum wir es tun (*Hingabe*), würden wir dann noch von Arbeit sprechen? Die Menschen werden durch die Liebe zu ihrem Tun angeregt, das, was sie tun, auch gut zu machen (*Könnerschaft*), ebenso durch die Menschen, mit denen zusammen sie es tun (*Sozialkompetenz*), und durch die Gründe für ihr Tun (*Hingabe*).

Unsere bisherigen Vorstellungen von Führung und Management werden derzeit hinweggefegt. Das Werte-Fahrrad ist ein Modell, das *jeden* dazu befähigt, eine Vorreiterrolle zu spielen und Führungsaufgaben zu übernehmen, ob er nun einen Managerposten bekleidet oder nicht. Beim Werte-Fahrrad wird davon ausgegangen, daß Arbeit nicht Krieg ist, sondern Liebe. Und bei vielen Menschen beginnt der Groschen gerade erst zu fallen: Im Grunde stehen wir auf der Gehaltsliste der Kunden, das Unternehmen ist für den Kunden lediglich ein bequemer Weg, uns sein Geld zukommen zu lassen.

Je stärker wir dezentralisieren, desto mehr werden wir von der Tüchtigkeit und Sozialkompetenz des einzelnen abhängen. Fluggesellschaften lassen uns nicht im Stich, wohl aber diejenigen, die für die Platzreservierung zuständig sind. Autohersteller lassen uns nicht im Stich, wohl aber die Mitarbeiter der Vertragswerkstatt. Wir alle tragen die Last und die Verantwortung und haben unsere Chance. Das gilt ebenso für die Mitarbeiter eines Unternehmens wie für die Angehörigen eines Orchesters, für Krankenhausbedienstete, Lehrer und Schüler, Regierungsmitglieder, ja sogar für die Bürger eines Landes. Und auch für die Mitglieder einer Familie. *Größe erwächst aus der Leistung jedes einzelnen.* Oder einfacher ausgedrückt: Ob eine Firma mittelmäßig oder Spitze ist, hängt davon ab, ob *alle* ihre Mitarbeiter mittelmäßig oder Spitze sind. Ob eine Firma mittelmäßig oder Spitze ist, hängt von der Einstellung jedes einzelnen ab – von seinen Werten und seiner Kultur. Ein Unternehmen ist lediglich die Summe seiner Mitarbeiter.

Wir müssen das Ego nicht amputieren, sondern müssen es transzendieren.
Norman Cousins

Nur wenige Firmen haben eine auf neuen Werten basierende Strategie so rigoros verfolgt wie Levi Strauss. Ihr Vorstandsvorsitzender und Generaldirektor, Dr. Robert D. Haas, sagt dazu: »Wir tun das nicht, weil es uns ein gutes Gefühl gibt – obwohl das sicherlich der Fall ist. Wir tun es, weil wir davon überzeugt sind, daß es dem Geschäft zugute kommt, wenn unsere Leute ihre Fähigkeiten entfalten können.«[2] Und das gilt für das Leben ebenso wie für die Arbeit, denn die Arbeit läßt sich nicht vom übrigen Leben trennen. Arbeit ist ein Teil unseres Lebens.

Gandhi hat gesagt, er habe nur eine Leitlinie: Wahrheit und Gewaltfreiheit. Diese beiden Werte bildeten den sittlichen Maßstab für sein Leben. Gandhi hatte nicht eine Leitlinie für zu Hause und eine andere für die Arbeit. Die meisten Menschen wachen nicht auf und sagen sich: »Ich werde die Wahrheit sagen, bis ich zur Arbeit gehe, und dann fange ich an zu lügen.« Wenn wir weiterhin versuchen, die Konkurrenten am Arbeitsplatz »auszuschalten«, haben wir damit vielleicht sogar Erfolg – allerdings mit tragischen Folgen für unsere Kunden, unsere Freunde, unsere Familien und unsere Gemeinden. Oder noch schlimmer: Einem anderen Unternehmen gelingt es, uns »auszuschalten«. Wir sind Teil einer großen Menschheitsfamilie, und jeder von uns besitzt eine Reihe von Werten, an denen er sich ein Leben lang orientiert – auch bei der Arbeit. Es hängt daher von jedem einzelnen ab, ob er sich die Werte des Werte-Fahrrades zu eigen macht, Werte, die gewährleisten, daß er mit der menschlichen Großfamilie weiterhin auf gutem Fuße steht.

Und das Verblüffende ist, daß wir dabei *alle* reich werden.

Liebe und *kaizen*

Wenn wir zwei Werte aus dem Vorderrad – Liebe und *kaizen* – zusammenfügen, erhalten wir ein Elixier für die Seele. Die Frage, die unsere Seele am liebsten von anderen hören möchte, lautet: »Wie kann ich dich besser lieben?« Der größte Wunsch der Seele ist, daß Partner einander Gelegenheit

Um die Lampe am Brennen zu halten, müssen wir ständig Öl nachgießen.
Mutter Teresa

geben, über dieses Thema zu sprechen, und daß sie einander auch zuhören und sich bemühen, die Liebe zu pflegen, auf der ihre Beziehung beruht. Starke Beziehungen beruhen, ob zu Hause oder in der Firma, auf der erfolgreichen Anwendung von *kaizen* oder der fortwährenden Verbesserung der Liebesfähigkeit.

Der Vektor

	0–10		0–10
Könnerschaft Alles, was man im beruflichen und privaten Leben tut, auf dem höchstmöglichen Niveau tun.	9	**Lernen** Der Bedeutung von Wissen, Lernen und Weisheit großen Wert beimessen.	6
Menschenfreundlichkeit Sich auf beruflicher und privater Ebene so gut mit anderen verstehen, daß sie aktiv den Kontakt zu einem suchen.	4	**Einfühlungsvermögen** Sich mit den Gedanken, Gefühlen und Perspektiven anderer identifizieren.	7
Hingabe Kunden finden, intern wie extern, feststellen, welche Bedürfnisse sie haben, und diese Bedürfnisse befriedigen.	7	**Zuhören** Ein hohes Maß an Aufmerksamkeit darauf verwenden, den anderen zuzuhören.	7
Summe	20	**Summe**	20

Abb. 3 Das Werte-Fahrrad: Der Vektor

Der Vektor stellt die Beziehung zwischen dem Werte-Rad und den Beschleunigern dar. Abbildung 3 veranschaulicht, wie der Vektor funktioniert. Im gezeigten Beispiel liegt der Wert für *Könnerschaft* bei beachtlichen 9 Punkten, während die Wertung für Lernen (dem Beschleuniger für *Könnerschaft*) bei bescheidenen 5 Punkten liegt. Das bedeutet, daß das derzeit hohe Niveau an *Menschenfreundlichkeit* auf Dauer nicht gehalten werden kann, weil es an der nötigen Lernbereitschaft fehlt.

Im Fall der *Menschenfreundlichkeit* ist die Situation umgekehrt. Mit 4 Punkten ist das Niveau derzeit niedrig, wird aber wahrscheinlich bald steigen, weil ein beträchtliches Maß an Einfühlungsvermögen vorhanden ist.

Hingabe wird mit respektablen 7 Punkten bewertet, ebenso die Fähigkeit zuzuhören. Das bedeutet, daß das *Engagement* wahrscheinlich auf dem gegenwärtigen Niveau gehalten werden kann, mit einer signifikanten Steigerung aber nicht zu rechnen ist, weil Zuhören (der Beschleuniger für *Hingabe*) dieselbe Punktzahl aufweist wie *Hingabe*.

Wie Sie sehen, geben die Beschleuniger Auskunft über zukünftige Veränderungen bei den Primärwerten. Wenn man die Summe der Punkte in Abbildung 3 betrachtet, kommt man zu dem Schluß, daß die Person oder die Situation, auf die sie sich bezieht, relativ ausgeglichen ist. Wie aber die vorangehende Analyse zeigt, kann es irreführend sein, allein auf die Summe zu schauen, denn dabei könnten die Unterschiede zwischen den Primärwerten und den Beschleunigern übersehen werden.

Der Vektor ist ein Werkzeug, mit dessen Hilfe man das Verhältnis zwischen den Primärwerten und den Beschleunigern messen kann. Hunderte von Unternehmen und Tausende von Individuen haben das Modell des Werte-Fahrrads schon auf ihre tägliche Praxis angewendet und sich davon bei ihren Entscheidungen leiten lassen. Der Erfolg aller Beziehungen und menschlichen Handlungen hängt von der regelmäßigen Umsetzung der Werte ab, die auf dem Hinterrad angesiedelt sind. Freundschaften beruhen auf ihnen, Rekordleistungen hängen von ihnen ab, Kundenfreundlichkeit wird durch sie definiert, erfolgreiche Konferenzen und Verhandlungen lassen sich von diesen Werten leiten, Ehen werden durch ihre tägliche Anwendung gefestigt.

Bevor Sie Primärwerte und Beschleuniger kombinieren (also den Vektor benutzen), üben Sie die Primärwerte allein, indem Sie die nachstehenden Übungen durcharbeiten.

Das Modell des Werte-Fahrrads läßt sich auf viele Prozesse und Aspekte unserer Arbeitswelt anwenden: Unternehmensplanung, Kunden-Feedback, Festlegung von Service- und Qualitätsstandards, Gehaltspläne, Leistungsbeurteilung, Konsensfindung, Feedback an die Unternehmensleitung, Projektmanagement und anderes mehr.

Zu den größten Vorteilen des Werte-Fahrrades gehört, daß es nicht nur ein Arbeits-, sondern ein Lebensmodell ist, das auf jede beliebige Situation anwendbar und in jedem Kontext brauchbar ist. Es wurde bereits erfolgreich in der Pädagogik eingesetzt (Lehrer-Schüler-Beziehung), im häuslichen Leben (Kommunikation zwischen Eltern und Kindern), in der Politik (Feedback zwischen Wähler und Abgeordnetem), bei Therapien (Verständigung zwischen Therapeut und Patient) und unter Freunden. Es ermöglicht einen integrativen, holistischen Prozeß, der immer dann von Vorteil ist, wenn Individuen oder Gruppen miteinander interagieren müssen, um effektiv arbeiten zu können und dabei Erfüllung zu finden. Nach einiger Übung werden Sie feststellen, daß Ihnen diese Werte zur zweiten Natur geworden sind und daß sie ein ideales Werkzeug zur Erneuerung Ihrer Seele darstellen. (Siehe Kapitel 6, in dem ich schildere, wie man unter Verwendung meines Modells eine persönliche Berufung finden kann.)

Werte sind die treibende Kraft aller menschlichen Interaktionen – keine Ziele. Ziele leiten sich aus den Werten ab. Ein Leben, das sich im Rahmen vernünftiger Werte bewegt, führt zu Harmonie, Ausgeglichenheit und Heiterkeit der Seele.[3] Mit Hilfe von Werten ermöglichen Pioniere anderen Menschen und ihren Unternehmen, sich zu regenerieren.

Ehe Sie eine Besprechung beenden, lassen Sie die Entscheidungen Revue passieren, die Sie getroffen haben, und stellen Sie sich die folgenden drei Fragen:

Könnerschaft: Haben wir die bestmöglichen Entscheidungen getroffen?

Menschenfreundlichkeit: Werden sie den Menschen nützen?

Hingabe: Werden sie die Bedürfnisse der Kunden befriedigen?

Diese drei Fragen nennen wir die drei Tore. Wenn Sie alle Fragen mit »Ja« beantworten können, dürfen Sie eines nach dem anderen durchschreiten, und Sie hatten eine erfolgreiche Besprechung. Wenn Sie nicht alle Fragen mit »Ja« beantworten können, ist Ihre Besprechung noch nicht zu Ende – es bleibt noch unerledigte Arbeit.

Nehmen Sie die nachfolgenden Fragen zur Hand, und bitten Sie einen Kollegen oder eine Kollegin, Sie jeweils auf einer Skala von eins bis zehn einzuordnen. Machen Sie dann dasselbe mit ihm oder ihr, sprechen Sie über die Ergebnisse, und entwickeln Sie einen Plan, der Ihnen beiden helfen wird, ihre Beziehung zu stärken und gemeinsam voranzukommen.

Könnerschaft: Wie würden Sie meine Fähigkeiten und Kompetenzen bewerten?

Und wie meine Lernfähigkeit?

Welche Lernschritte muß ich Ihrer Meinung nach unternehmen, um besser zu werden?

Menschenfreundlichkeit: Wie würden Sie meine Beziehung zu Ihnen und meine Effektivität im Umgang mit Ihnen bewerten?

Und mein Einfühlungsvermögen?

Wie kann ich mehr Einfühlungsvermögen entwickeln (und wem gegenüber?) und dadurch unsere Beziehung verbessern?

Hingabe: Wie gut befriedige ich Ihre Bedürfnisse?

Wie gut kann ich zuhören?

Wie kann ich noch effektiver zuhören, damit ich auf Ihre Bedürfnisse besser eingehen kann?

(Dieser Fragenkatalog eignet sich auch für Ehepartner, die ihre Beziehung vertiefen möchten.)

Entwerfen Sie Entwicklungsprogramme für Angestellte, indem Sie Ziele der persönlichen Entwicklung und Aufgaben in drei Gruppen aufteilen:

Könnerschaft: Für welche Aufgaben, Fertigkeiten und Kompetenzen bin ich hauptsächlich verantwortlich?

Welche kontinuierlichen Lernschritte sind erforderlich, damit ich den angestrebten Grad an Könnerschaft erreichen kann?

Menschenfreundlichkeit: Zu wem muß ich starke Beziehungen aufbauen und pflegen? Welche Möglichkeiten habe ich, die Kommunikation durch Einfühlungsvermögen (Aufrichtigkeit, Vertrauen, Zuverlässigkeit, Engagement, Ehrlichkeit, Integrität, Respekt, Mitgefühl und Liebe) zu verbessern?

Hingabe: Wer sind meine Kunden? Welche Bedürfnisse haben sie? Wie kann ich das Zuhören am effektivsten gestalten, um herauszufinden, welche Bedürfnisse sie haben?

3 Die Wahrheit sagen und Versprechen halten

> Eine Lüge, die eine Halbwahrheit ist, ist die schlimmste aller Lügen.
>
> *Alfred, Lord Tennyson*

Wir leiden darunter, daß immer seltener die Wahrheit gesagt wird. In der Geschichte vieler Unternehmen stoßen wir auf Schritt und Tritt auf Unwahrheiten: Firmen wissen, daß ihre Produkte fehlerhaft, gefährlich oder schädlich sind, und leugnen es; Manager haben die Absicht, den Spielraum eines Angestellten auf ein Minimum zu beschränken, machen ihm aber großartige Versprechungen; Führungskräfte erklären, daß ihre Mitarbeiter das wichtigste Kapital des Unternehmens seien, und entlassen dann fünfhundert Leute. Wenn Angestellte hören, daß sie das wichtigste Kapital ihrer Firma seien, aber gleichzeitig sehen, wie leicht man auf sie verzichten kann, kommen sie zu dem Schluß, daß Wahrheit etwas Kurzlebiges ist, und geraten in eine Vertrauens- und Sinnkrise. Nichts gibt uns mehr das Gefühl, verraten zu werden, als eine Lüge, und verraten zu werden ist die vorherrschende Erfahrung in einem seelenlosen Unternehmen. Der Mangel an Wahrhaftigkeit am Arbeitsplatz hat eine Vertrauenskrise heraufbeschworen, die inzwischen epidemische Ausmaße angenommen hat – wir sind so häufig verraten worden, daß wir uns tief verletzt fühlen. Das wieder in Ordnung zu bringen wird viel Zeit erfordern, aber wir wissen, wie es geht. Und wir wissen auch, daß wir die Probleme auf unserem Planeten nicht durch Unwahrheiten beheben können. Thomas Jefferson hat gesagt: »Anzeigen enthalten die einzigen Wahrheiten, auf die man sich in einer Zeitung verlassen kann«, aber heute stimmt nicht einmal mehr das. Warum fällt es uns so schwer, die Wahrheit zu sagen? Wir führen Kriege, um die Wahrheit zu schützen, und wir verteidigen den Grundsatz der Wahrheit in unseren Kirchen, unserer Literatur und unserer Verfassung, und dennoch sagen wir im Alltag nur selten wirklich die Wahrheit.

Selbst die höchsten Amtsträger geben uns dafür beschämende Beispiele. So machte im amerikanischen Präsidentschaftswahlkampf von 1980 George Bush (dessen letzter Wahlslogan lautete »Wem vertrauen Sie?«) die von Ronald Reagan propagierte angebotsorientierte Wirtschaftspolitik mit dem berühmten Ausspruch lächerlich, das sei »Voodoo-Wirtschaft«. Später arbeitete er in Präsident Reagans Stab und bekannte sich nun ebenfalls zur angebotsorientieren Wirtschaft. Als er die Attacken wegen seines Sinneswandels leid war, versuchte er, die Geschichte umzuschreiben. Laut Christopher Hitchins von *The Nation* rief Bush seine Kontaktleute bei Rundfunksendern an, darunter auch seinen Neffen bei NBC, und erkundigte sich, ob irgendein Band mit seinem »Vodoo-Zitat« existiere. Als man ihm mitteilte, daß es ein solches Band nicht gebe, erklärte er am 9. Februar 1982 auf einer Versammlung in Houston: »Ich habe das nicht gesagt. Alle Sender haben danach gesucht, und keiner kann es finden. Also habe ich es nie gesagt.« NBC sendete die Rede noch am selben Abend, zusammen mit einem plötzlich entdeckten »Voodoo«-Band.[1]

Ich bekam gerade eine wunderbare Nachricht von meinem Grundstücksmakler in Florida. Man hat auf meinem Grund und Boden Land gefunden.
Milton Berle

Was wir denken, stimmt nur selten mit dem überein, was wir sagen. Besonders im Arbeitsleben sind wir von einem Mangel an Wahrheitsliebe umgeben. Einerlei, ob es sich um Warenetiketten, Werbekampagnen, Vertragsverhandlungen, Absatzprognosen oder Stellenbewerbungen handelt – die Wahrheit ist schwer zu finden. Wir haben gelernt, Politikern, Firmenchefs, Gewerkschaftsführern, Zeitungen und allen anderen, die uns ihren Standpunkt nahebringen wollen, nicht zu glauben. In der Bibel heißt es im achten Gebot: »Du sollst nicht falsch gegen deinen Nächsten aussagen.« (Exodus 20,16) Was haben wir mit dem achten Gebot gemacht? Ich stelle diese Frage nicht aus einem Gefühl der Selbstgerechtigkeit heraus – vielmehr aus Trauer und Verwunderung. Warum erwarten wir von anderen, daß sie die Wahrheit sagen, und tun es doch selber nicht? Die besondere Ironie liegt darin, daß wir einen Mythos verbreitet haben, nämlich die irrige Vorstellung, daß starke menschliche Bindungen auf der Grundlage fadenscheiniger Täuschungen gedeihen können. Können Lügen ein guter Nährboden für Harmonie, Respekt, Integrität, Ehrlichkeit, Inspiration, Führungsqualitäten oder Liebe sein? Wie können wir uns mit Konsensbildung, Ethik, mit kulturellem Wandel, Kundenservice oder »Quality-Programmen« beschäftigen, solange wir noch gar nicht die notwendige Grundlage der Integrität geschaffen haben, auf die wir das alles stellen könnten? Wie können wir erwarten, mit unlauteren Mitteln auf eine höhere Ebene zu gelangen? Wenn wir uns nicht einmal gegenseitig vertrauen oder die Wahrheit sagen können, wie können wir dann von Angestellten, Kunden oder Zulieferern etwas Besseres erwarten?

> Wir verachten alle Formen und Gegenstände der Verehrung, die außerhalb der Grenzen dessen liegen, was uns heilig ist. Und dennoch sind wir merkwürdig inkonsequent und schockiert, wenn andere Menschen die Dinge verachten und besudeln, die uns heilig sind.
>
> *Mark Twain*

In modernen Unternehmen ist häufig die Tendenz festzustellen, etwas zu leugnen, anstatt die Wahrheit zu sagen. Wenn Produkte nicht ankommen, Märkte schrumpfen, Verluste drohen oder unsere Chefs fatale Fehlentscheidungen treffen, verschleiern wir oft die Wahrheit, indem wir uns einfach nicht mit dem Problem beschäftigen. Vielmehr leugnen wir es und engagieren manchmal sogar Anwälte, um die Fiktion aufrechtzuerhalten, es sei alles in

Ordnung. Wenn wir das Gefühl haben, daß uns die Kontrolle entgleitet, bekommen wir Angst, und wenn wir Angst haben, flüchten wir uns in Lügen. Mit Lügen erhalten wir die Illusion aufrecht, wir hätten alles im Griff. Das ist ein typischer Konflikt zwischen Persönlichkeit und Seele.

Auf lange Sicht zahlen sich Lügen nur selten aus. Als ein Mathematiker aufdeckte, daß der Pentium-Computerchip der Firma Intel ein falsches Ergebnis liefert, wenn man 4195835 durch 3145727 teilt, wirkte das zunächst wie eine obskure Aussage über Arithmetik. Hätte Intel die Wahrheit über den fehlerhaften Pentiumchip gesagt, wären die meisten Menschen von dem Eingeständnis beeindruckt gewesen, daß bei durchschnittlicher Benutzung des Chips auf neun Milliarden Rechenvorgänge ein Fehler kommen kann – oder daß wir bei der Arbeit mit einem Tabellenkalkulationsprogramm alle 27000 Jahren einmal ein falsches Ergebnis erhalten. Viele Chips haben geringfügige Mängel. Den durchschnittlichen Software-Anwender hätte eine so minimale Fehlerquote kaltgelassen, er wäre jedoch von der Aufrichtigkeit der Firma Intel beeindruckt gewesen.

Doch Intel reagierte zunächst mit eisigem Schweigen. Als die Presse aufmerksam wurde, bestritt das Unternehmen einfach die Existenz des Problems. Und als der Druck zunahm, versuchte es, der Sache eine Wende zum Positiven zu geben. Inzwischen waren selbst diejenigen, die gar kein Interesse an den Fakten hatten, über die Versuche der Firma empört, die Öffentlichkeit zu manipulieren und bewußt irrezuführen. Sechs Wochen nach der Entdeckung des Mathematikers mußte IBM die Auslieferung von Computern mit dem Pentiumchip stoppen, und der Kurs der Intel-Aktie sank um 6,5 Prozent.

Vielleicht ist das alles darauf zurückführen, daß niemand von uns zugeben will, daß wir verletzlich sind. Wir verwechseln Verletzlichkeit mit Schwäche und glauben, daß große Führungspersönlichkeiten niemals Schmerz zeigen oder Unwissenheit erkennen lassen. Angst, so hat Emerson gesagt, erwächst immer aus

Unwissenheit. Wenn uns also Wissen fehlt, spielen wir auf Zeit oder bieten Scheininformationen an. Wenn wir verletzt sind oder in einem schwachen Moment ertappt werden, tun wir so, als seien wir stark und hätten alles unter Kontrolle. Wir befürchten, daß uns jedes Eingeständnis und Zeichen von Unvollkommenheit eine Aura der Inkompetenz und des Mißerfolgs verleihen könnten. Daher halten wir jeden Verdacht, wir seien gescheitert, von uns fern und versuchen, uns ein Image der Unverwundbarkeit zuzulegen.

Das Großgedruckte gibt,
das Kleingedruckte nimmt.
J. Fulton Sheen

Vor kurzem hat der Oberste Gerichtshof der Vereinigten Staaten entschieden, daß Brokerfirmen ihren Anlegern in Schiedsgerichtsverfahren die Zahlung eines verschärften Schadenersatzes nicht verweigern dürfen. Man sollte meinen, das sei selbstverständlich, aber die Wertpapierbranche hat einen schlauen Vorbehalt in das Kleingedruckte des Vertragsformulars eingebaut, das ihre Kunden unterschreiben, wenn sie ein Wertpapierkonto eröffnen. Bis zu dem Gerichtsurteil enthielten nahezu alle Verträge die Klausel, daß bei Schiedsgerichtsverfahren die Gesetze des Staates New York Geltung hätten. Das sah auf den ersten Blick nach einer harmlosen Bedingung aus, nur wußten die meisten Anleger nicht, daß der Staat New York den Schiedsgerichten verbietet, einen verschärften Schadenersatz zuzuerkennen. Der Oberste Gerichtshof war der Meinung, daß die Anleger ohne ihr Wissen um wichtige Rechte gebracht wurden, weil dieser Sachverhalt aus den Vertragsformularen nicht hervorging.

Teams leben von Vertrauen

Täuschung vergiftet das Klima und zerstört das Vertrauen zwischen den Menschen. Der Wunsch, die Bedürfnisse von Kunden zu befriedigen, taucht im Denken von Anwälten, die nach einem

Trick suchen, wie sie Kunden ihrer Rechte berauben können, gar nicht erst auf. Menschen, die so arbeiten, erniedrigen sich und untergraben ihre Selbstachtung. Das belastet die Seele. Lügen zahlen sich in keinem Lebensbereich aus, auch nicht im Beruf. Größe erlangt man durch Harmonie, und erfolgreiche Teams zeichnen sich dadurch aus, daß alle Mitglieder die Wahrheit sagen und sich folglich jeder auf den anderen verlassen kann. Ihr Erfolgsgeheimnis ist Vertrauen, und Vertrauen entsteht, wenn sich jeder peinlich genau an die Wahrheit hält. Wer lügt, verrät seine Kollegen, und Verrat ist keine Basis für eine gute Zusammenarbeit.

Ich suche noch immer nach dem modernen Äquivalent für jene Quäker, die erfolgreiche Unternehmen führten und Geld verdienten, weil sie solide Produkte anboten und ihre Leute anständig behandelten, die hart arbeiteten, ihr Geld auf redliche Weise ausgaben und sparten, einem für sein Geld einen reellen Gegenwert boten, mehr in die Kasse zurücklegten, als sie ihr entnahmen, und nicht logen. Ein solches Geschäftsgebaren scheint betrüblicherweise längst in Vergessenheit geraten zu sein.

Anita Roddick, Mitbegründerin von The Body Shop

Mit Hilfe von Lügen können wir einfach keine Spitzenleistung erbringen, weder als einzelne noch im Team. Ein Team, in dem gelogen wird, ist eigentlich gar kein Team, und kein Mensch hat es bisher fertiggebracht, etwas so Wunderbares wie ein Team auf Lügen aufzubauen. Wenn die Mitglieder eines Sinfonieorchesters einander belügen, spielen sie gräßliche Musik. Wenn die Spieler einer Fußballmannschaft einander belügen, bleiben sie Mittelmaß. Am allerwichtigsten aber ist, daß wir einander nicht *kennenlernen* können, wenn wir nicht die Wahrheit sagen. Es gibt keinen anderen Weg zueinander.

Mehr denn je in der Geschichte sind Unternehmen heute auf ihr intellektuelles Kapital angewiesen. Unternehmen bestehen nicht aus den Gegenständen, die sie in ihren Bilanzen auflisten, sondern aus der Intelligenz, der Motivation, dem Wissen, dem Charakter und den Emotionen *aller* Menschen, die hinter den Zahlen stehen. Wenn wir effektiv zusammenarbeiten wollen, wenn wir aneinander und somit auch an unserer Arbeit wieder Freude haben wollen, müssen wir aufhören, uns gegenseitig etwas vorzumachen. Wenn wir Hollywood-Filmhelden imitieren, statt einfach wir selbst zu sein, versuchen wir ein Bild von Führungsstärke zu vermitteln, das irgendwo zwischen Clint Eastwood, Lee Iacocca und Moses angesiedelt ist. Aber bevor wir effektiv kommunizieren können, müssen wir lernen, ehrlich zu kommunizieren. Nur ein Feigling lügt.

Eine meiner drei Töchter kam mit einem schweren Herzfehler zur Welt. Sie war ein sogenanntes »blue baby« und wurde viermal am offenen Herz operiert. Als sie neunzehn Jahre alt war, waren ihre Kräfte erschöpft, und sie starb während eines verzweifelten Versuchs, ihre Leiden zu lindern. Meine Frau und ich kehrten aus der Klinik nach Hause zurück und versuchten, unsere beiden anderen Töchter zu trösten. Danach flossen in unserem Haus lange Zeit viele Tränen. Doch obwohl ich von so viel Trauer umgeben war, konnte ich nicht weinen. Ein Grund dafür war, daß ich glaubte, Weinen sei unmännlich, ein anderer, daß ich glaubte, ich müsse Stärke beweisen und dürfe keine Schwäche zeigen. Also log ich. Ich weinte nie in Gegenwart anderer, vor allem nicht vor meiner Frau und meinen Töchtern. Ich zeigte nie meine Gefühle – ich sparte meine Tränen für den erlösenden Augenblick auf, in dem ich in meinen Wagen stieg. Das Auto war der einzige Ort, wo ich mich nicht mehr zu beherrschen brauchte, wo ich mich nicht mehr zwingen mußte, meine Verletzlichkeit und meinen Schmerz zu verbergen, wo ich ohne Angst, deshalb verurteilt zu werden, meinem Kummer freien Lauf lassen konnte.

Inzwischen habe ich etwas dazugelernt. Ich habe unter großen Schwierigkeiten gelernt, daß viel Mut dazu gehört, seine Gefühle offen zu zeigen. Viel leichter ist es, seinen Schmerz und seine Verwundbarkeit zu verbergen. Aber es ist ein Akt der Feigheit – und eine Lüge. Wir müssen ehrlich sein, wenn wir andere erreichen wollen, wir müssen ihnen unseren Schmerz eingestehen und sie um Hilfe bitten. Auch im Berufsleben. Wir müssen uns daran erinnern, daß wir alle Menschen mit Schwächen und Fehlern sind. Wir müssen erkennen, daß es keine Schwäche ist, andere um Hilfe zu bitten, sondern ein Zeichen von Reife und Mut. Ein solches Verhalten kann unser Leben erheblich bereichern. Es schafft größeres Vertrauen, weckt Mitgefühl und stiftet Freundschaft. Vor allem ist es wahrhaftig.

Wahrhaftigkeit hilft, drohenden Gefahren gemeinsam zu begegnen und sie dadurch abzuwenden. Und das wiederum eröffnet die Möglichkeit, uns zum Wohle aller zusammenzuschließen. Wahrhaftigkeit führt uns auf eine höhere Ebene und verbessert das zwischenmenschliche Klima. Die Wahrheit ist ein sanftes Ruhekissen für die Seele.

Lügen schaden der Seele

Lug und Trug können selbst die höchsten Ideale untergraben. Die ersten Olympischen Spiele fanden 776 v. Chr. in Olympia zu Ehren des himmlischen Herrschers und Göttervaters Zeus statt. Im Jahr 393 n. Chr. schaffte Kaiser Theodosius I. die Spiele ab, weil das Ausmaß des Betrugs untragbar geworden war. Erst 1896 wurden die Olympischen Spiele wieder eingeführt. Angesichts des Pseudoamateurstatus vieler Sportler, der bei den modernen Spielen offensichtlich ist, und angesichts des zunehmenden Dopingmißbrauchs fragt man sich, ob wir uns ein zweites Mal als unfähig erweisen werden, die Integrität der olympischen Idee zu wahren. Sind wir womöglich bald gezwungen, sie abermals auszusetzen, bis Wahrhaftigkeit wieder zu einem leitenden olympischen Prinzip geworden ist? Wenn wir das Vertrauen verlieren, weil wir der Wahrheit den Rücken gekehrt haben, leidet die Seele. Sie leidet unter dem Verrat, der mit Lügen geübt wird, und sehnt sich nach der tröstlichen Wärme der Wahrheit.

Wahrhaftigkeit und Bürokratie

Die Wahrheit sagen und gegebene Versprechen halten, das ist die Voraussetzung dafür, daß Vertrauen entstehen kann, und die Basis für ein gutes zwischenmenschliches Klima. Erst wenn die Wahrheit gesagt und Versprechen gehalten werden, ist auch Empowerment möglich. Wie ich an anderer Stelle geschrieben habe, bedeutet Empowerment: »Menschen vertrauen und ihnen jede Information, Ausbildung, Ermutigung und Vollmacht geben, die sie benötigen, um die richtige Entscheidung im Interesse des Kunden zu treffen.«[2]

Wahrheitsliebe ist daher eine Eigenschaft, die ich meinen Klienten eindringlich ans Herz lege. Sie führt nicht nur zu einem bisher unbekannten Maß von Anstand und Höflichkeit, sondern hat auch noch einen anderen Vorzug – sie ist effizient. Wir arbeiten heute nach der Devise »mit weniger mehr erreichen«, doch eines der größten Hindernisse auf dem Weg zu leistungsfähigeren Unternehmen ist der bürokratische Wust, der die innerbetrieblichen Kanäle verstopft. Denken wir nur an all die Kontrollen, Berichte, Genehmigungen, obligatorischen Prozeduren und anderen frustrierenden Verwaltungsvorgänge, mit denen die meisten Menschen ganz selbstverständlich zu leben gelernt haben. Dies alles gibt es, weil das Management den Mitarbeitern nicht traut. Aber wie wäre es, wenn ein Großteil dieser Arbeit entfallen könnte, weil wir uns dafür entscheiden, wahrhaftig zu sein, so daß wir einander vertrauen können? Wie wäre es, wenn wir auf die Kontrollen verzichten könnten, weil wir wissen, daß auf Zusagen Verlaß ist und daß Fehler, wenn denn welche auftreten, auch zugegeben werden? Wie wäre es, wenn wir die Zeit, die wir heute für die Beschaffung und Überprüfung solcher Informationen aufwenden müssen, in sinnvolle, erfüllende Arbeit investieren könnten? Wie würden unsere Unternehmen dann aussehen? Welche innere Beziehung hätten die Menschen dann zu ihrer Arbeit?

Die meisten Kontrollen werden eingerichtet, weil wir den Menschen nicht vertrauen und weil wir uns nicht auf ihr Wort verlassen können, wenn sie versprechen, Fehler, die sie in der Vergangenheit gemacht haben, nicht zu wiederholen. Aber paradoxerweise wird das Vertrauen zerstört, wenn wir den Menschen unterstellen, daß sie nicht die Wahrheit sagen und ihre Versprechen nicht halten können. Diese Haltung wird zu einer *self-fullfilling prophecy*. Wenn man den Menschen vertraut, belohnen sie das in sie gesetzte Vertrauen häufig durch vertrauenswürdiges Verhalten. Sie honorieren, daß man eine Art Vertrag mit ihnen geschlossen hat, und erfüllen ihn. Wenn man ihnen jedoch zu verstehen gibt, daß man ihnen nicht vertraut, fühlen sie sich gekränkt und brüskiert.

Ich möchte dazu eine Geschichte von IBM erzählen, die sich in den Jahren ereignete, als das Geschäft mit Großrechnern noch blühte. Eines Tages fuhr im Süden der USA ein geistesgestörter Mann mit seinem Wagen in die Empfangshalle einer regionalen IBM-Niederlassung und verwüstete sie. Das Unternehmen reagierte, wie Unternehmen gemeinhin in einer solchen Situation reagieren: Das Management skizzierte eine neue Politik, der Verwaltungsapparat zog rasch nach und erließ eine Reihe von Vorschriften, die für alle Empfangshallen des Unternehmens auf der ganzen Welt galten. IBM-Mitarbeiter durften hinfort in der Empfangshalle keine Besucher mehr begrüßen – sie wurden durch das Wachpersonal eines privaten Wach- und Sicherheitsdienstes ersetzt. Die uniformierten Wächter saßen gut geschützt hinter Panzerglasscheiben, und Besucher erhielten eine persönliche Einlaßgenehmigung, nachdem sie ihren Namen angegeben und eine Unterschrift geleistet hatten. IBM-Mitarbeiter mußten ihre Besucher persönlich im Erdgeschoß abholen, weil die Empfangshalle hermetisch abgeriegelt war und Außenstehende in keinen anderen Teil des Gebäudes gelangen konnten. Kameras überwachten alle Bereiche. Jede Niederlassung auf der ganzen Welt sah gleich aus – ein wenig wie das Zuchthaus Alcatraz. Wer als Besucher zu IBM kam, fühlte sich als unwillkommener Gast und reagierte mit Beklemmung.

Ich hörte diese Geschichte zum ersten Mal, als ich Jahre später eingeladen wurde, mit dem IBM-Management eine andere Unternehmenskultur zu erarbeiten. Zunächst einmal schlug ich vor, die einschüchternden Vorrichtungen im Empfangsbereich zu entfernen und das Entree ganz neu zu gestalten: Statt Büromöbeln sollte man wohnliches Mobiliar aufstellen, damit sich die Besucher wieder wie zu Hause fühlten. Die uniformierten Wächter wurden durch gewandte, gut ausgebildete Empfangsdamen ersetzt. Bequeme Sessel und Sofas wurden rund um Tische gruppiert, auf denen Blumen standen sowie Tageszeitungen und IBM-Informationsblätter auslagen. Die Böden wurden mit Teppichen ausgelegt, die Wände mit Bildern geschmückt, und oft erhielt der Gast kleine Aufmerksamkeiten wie frisches Gebäck. Telefone für Ortsgespräche wurden installiert, und die Empfangsdamen konnten auch Ferngespräche vermitteln. Die Toiletten wurden elegant ausgestattet, und es gab jederzeit Kaffee, Tee und Fruchtsäfte.

Wir lügen am lautesten,
wenn wir uns selbst belügen.
Eric Hoffer

Den Empfangsbereich umzugestalten war relativ leicht. Schwierig war hingegen, die IBM-Führungskräfte davon zu überzeugen, daß nicht alle Kunden logen oder die Absicht hatten, Möbel oder Firmengeheimnisse zu stehlen oder gar mit dem Auto die Panzerglasscheiben zu durchbrechen. Voraussetzung dafür waren ein ganz neuer Denkansatz und die Einsicht, daß die alte Politik dem Image des Unternehmens schadete, die Mitarbeiter demotivierte und den Kunden negative Eindrücke vermittelte. Es bedurfte mehrerer Anläufe, aber schließlich wurde der neue Stil akzeptiert und trug dazu bei, daß Mitarbeiter, Kunden und Zulieferer ein anderes Bild von IBM bekamen.

Ein solcher Sinneswandel kann nur schrittweise erfolgen, denn jeder einzelne muß zunächst intensiv an sich selber arbeiten und seine persönliche Einstellung ändern. Dabei verlangen wir von der Persönlichkeit und dann auch von der Seele, daß sie ein früheres

Maß an Vertrauen zurückgewinnen, und das läßt sich nur erreichen, wenn wir Wahrheitsliebe vorleben und regelmäßig unter Beweis stellen, daß Versprechen auch eingelöst werden.

Die Ökonomie der Wahrhaftigkeit

Unternehmen sind verblüfft, wenn sie erkennen, wieviel Energie mit unproduktiver Arbeit verschwendet wird und wie viele Möglichkeiten es gibt, sie besser zu nutzen. Nach meiner Schätzung könnten mindestens 20 bis 40 Prozent der menschlichen Tätigkeit im Berufs- und Privatleben in produktivere Bahnen gelenkt werden, wenn sich alle angewöhnten, stets die Wahrheit zu sagen und Versprechen zu halten – erst innerhalb des Unternehmens, dann auch außerhalb.

> Ein Memorandum wird nicht geschrieben, um den Leser zu informieren, sondern um den Verfasser zu schützen.
> *Dean Acheson*

Aus rein ökonomischer Sicht könnte Wahrhaftigkeit von allen ungenutzten Möglichkeiten der Kostendämpfung die wirksamste sein. Die finanziellen Vorteile wären enorm, wenn wir die Kosten für die Kontrollen einsparen könnten, die in einem Umfeld, in dem alle die Wahrheit sagen, überflüssig werden. Zudem entwickeln Menschen, die aufrichtig sind, ein besseres Verhältnis zueinander. Das fördert die Kommunikation und macht sie vertrauenswürdig – und davon träumt die Seele. Nichts wünscht sich unsere Seele mehr als Vertrauen. Auf der Grundlage gegenseitigen Vertrauens können wir zu unseren Kollegen, Mitarbeitern, Kunden und Zulieferern eine Beziehung aufbauen, die uns inspiriert. Wie sich das auf den Umsatz niederschlägt, liegt auf der Hand. Welch ein Geschenk – eine Technik, die die Seele beflügelt und zugleich die Persönlichkeit befriedigt.

Fast jede seelische Mißstimmung ist das Ergebnis einer Enttäuschung, und eine Enttäuschung ist gewöhnlich das Ergebnis eines

Verrats, der sich auf ein gebrochenes Versprechen und eine Unwahrheit zurückführen läßt. Wenn uns jemand belogen hat, sind wir bedrückt und traurig. Demgegenüber empfinden wir eine Umgebung, in der die Wahrheit gesagt und Versprechen gehalten werden, als erhebend und beflügelnd. Eine drückende Last scheint von uns abzufallen, Freude und Vertrauen breiten sich aus, und unsere Zuneigung zu unserer Arbeit und unseren Kollegen wächst. Führungskräfte, die ihre Mitarbeiter motivieren wollen, gehen mit der Wahrheit und mit ihren Versprechen nicht leichtfertig um. Sie wissen, daß man Vertrauen nicht aufs Spiel setzen darf. Mit ihrer Wahrheitsliebe und ihrer Bereitschaft, Versprechen zu halten, schaffen sie ein gutes zwischenmenschliches Klima und großartige Unternehmen, in denen die Menschen sich wohl fühlen. Wenn der Arbeitsplatz in ein »Heiligtum«« der Wahrheit verwandelt wird – in einen sicheren Ort, der anders ist als andere –, gehen wir mit neuem Elan an unsere Arbeit und lernen, sie wieder zu lieben.

»Probleme mit der Wahrheit haben die anderen«

Wenn ich Menschen dabei helfen will, den Weg der Wahrheitsliebe einzuschlagen, beschreiben sie sich fast immer als ein Muster an Aufrichtigkeit – Probleme mit der Wahrheit haben immer nur die anderen. Wenn ich ihnen dann interne Gutachten oder Persönlichkeitsprofile zeige, aus denen hervorgeht, daß ihre Wahrheitsliebe zu wünschen übrigläßt, bestreiten sie die Richtigkeit dieser Bewertung. Das ist so, als würden Sie feststellen, daß der Ölstand in Ihrem Auto niedrig ist, und dann die Kontrollampe für den Ölstand außer Funktion setzen, um das Problem zu lösen.
Im allgemeinen sind wir es nicht gewöhnt, die Wahrheit zu sagen. Die meisten bestreiten dies, bis man ihnen Beispiele aus dem Alltag vor Augen hält – Budgets, Abrechnungen, Presseerklärungen, biographische Details, und sei es auch das gezwungene Lachen über die abgedroschenen Witze unserer Kunden.

In den meisten Bereichen des Arbeitslebens sagen wir deshalb nicht die Wahrheit, weil wir die Erfahrung gemacht haben, daß wir gut zurechtkommen, wenn wir die Unwahrheit sagen. Lassen Sie mich dafür noch ein Beispiel anführen. Viele Menschen bauen in den Ausgabenplan ihres Budgets kleine Reserven ein und verschaffen sich so einen Spielraum für den Fall, daß die tatsächlichen Ausgaben höher ausfallen als geplant. So fühlen sie sich sicherer und können leichter die vorgesehene Ausgabenhöhe einhalten, sich eine Prämie verdienen, Sanktionen vermeiden und eine Kürzung der Mittel für das nächste Jahr verhindern. Ähnlich verfährt man, wenn man eine fundierte Schätzung für die Verkaufsquoten im kommenden Jahr vornimmt. Häufig wird die geschätzte Zahl willkürlich gesenkt, damit man einen Puffer hat, falls die Dinge nicht so gut laufen wie erhofft. Auf diese Weise erreicht man die Quote leichter, erregt in der Chefetage weniger Aufmerksamkeit und erhöht die Chance, daß die Quote für das nächste Jahr in einem vernünftigen Rahmen bleibt. So etwas nennt man tiefstapeln oder frisieren.
Natürlich sind wir davon überzeugt, daß die Ausgaben geringer ausfallen als im Budget vorgesehen und daß mehr verkauft wird als prognostiziert, aber wir sagen es nicht – wir lügen. Manch einer mag einwenden, das sei nur ein bißchen geschwindelt, aber gelogen ist es eben doch, und wenn wir davor die Augen verschließen, verleiten wir auch andere zum Lügen. Wir zeigen damit die allgemeine Richtung an. Wenn wir im Budget lügen können, warum dann nicht auch im Jahresabschluß? Und wenn wir im Jahresabschluß die Unwahrheit sagen, können wir dann nicht auch die Aktionäre belügen? Die Angestellten und Zulieferer? Das Finanzamt? Und bald ist die Wahrheit aus unserer Arbeit und schließlich aus allen Bereichen unseres Lebens verbannt.

Sich für die Wahrheit entscheiden

Aus diesem Grund lohnt es sich, daß wir uns wieder dazu verpflichten, die Wahrheit zu sagen. Wie können wir damit anfangen, ein Umfeld zu schaffen, in dem wir die Wahrheit sagen? Eine Möglichkeit sei hier genannt. Verabreden Sie mit der Person, die Ihr Budget billigen muß, eine Besprechung im Dienste der Wahrheit. Die Tagesordnung könnte dabei folgendermaßen aussehen:

- Stellen Sie fest, daß gegenwärtig nicht in wünschenswertem Maße die Wahrheit gesagt wird, und erläutern Sie die Gründe dafür.
- Einigen Sie sich darauf, daß es erstrebenswert ist, die Wahrheit zu sagen, daß Sie beide ein Interesse daran haben, diese höhere Ebene zu erreichen, und entwickeln Sie einen Plan, wie man die Situation ändern kann.
- Sprechen Sie darüber, wie Budgets im allgemeinen frisiert werden und welche Vorteile das hat; dann überlegen Sie, wie Sie die Vorteile, die aus Lügen gezogen werden, abbauen können.
- Gehen Sie der Frage nach, ob es sicher wäre, ein »ehrliches« Budget vorzulegen, und einigen Sie sich auf Maßnahmen, die verhindern, daß Mitarbeitern aus Ehrlichkeit Nachteile erwachsen.
- Geben Sie sich die Hand, und feiern Sie, daß Sie gemeinsam eine höhere Ebene erreicht haben; die Erneuerung hat begonnen!

Wir können nicht erwarten, daß wir mit einem einzigen Schritt von der Unwahrhaftigkeit zur Wahrhaftigkeit gelangen. Das wäre unrealistisch. Es ist schwierig, ein eingeschliffenes Verhaltensmuster zu korrigieren, und es erfordert Mut, den ersten Schritt zu tun. Unser Ziel ist nicht, auf einen Schlag die ganze Welt zu verändern. Wir wollen unser Unternehmen verändern, indem wir ein »Heiligtum« schaffen, in dem wir uns sicher fühlen und wachsen können, in der Gewißheit, daß unsere Seele beschützt und genährt wird. Wir müssen zunächst einmal ein Bewußtsein dafür schaffen, daß es einen besseren Weg gibt, und dann systematisch alle Arbeitsvorgänge durchkämmen, in denen es an Wahrhaftigkeit mangelt, und alternative Methoden entwickeln. Anschließend müssen wir sicherstellen, daß sich niemand einer Gefahr aussetzt, wenn er die Wahrheit sagt. Nach jedem kleinen Erfolg sollten wir überlegen, wie wir das Erreichte auf andere Bereiche unserer Arbeit, unserer Beziehungen und unseres Unternehmens ausdehnen können.

Anfangen müssen wir natürlich bei uns selbst. Wenn wir nicht bereit sind, als Wegbereiter selbst Verantwortung zu übernehmen, die Wahrheit zu sagen und Versprechen zu halten, ist es wenig wahrscheinlich, daß Kollegen und Mitarbeiter nachziehen werden – geschweige denn Außenstehende wie Kunden oder Zulieferer.

Es ist leicht, über Wahrhaftigkeit zu sprechen, aber viel schwerer, sie zu praktizieren und sich zur täglichen Gewohnheit zu machen. Das Schwierigste ist der Anfang. Am Ende dieses Kapitels finden Sie daher eine ganz einfache Übung, die ein Team dazu ermutigen soll, den ersten Schritt zu tun, damit sich alle nach und nach daran gewöhnen, täglich die Wahrheit zu sagen. Zielgruppe kann ein Arbeitsteam, ein Komitee oder auch Ihre Familie sein.

Setzen Sie die Regeln fest:

- Wir sind die Wegbereiter.
- Es ist ungefährlich, die Wahrheit zu sagen.
- Es wird keine Beschuldigungen geben.
- Wir sagen in einer hilfreichen und konstruktiven Weise die Wahrheit.
- Dies ist der Beginn einer dauerhaften Verpflichtung zu wechselseitiger Aufrichtigkeit und zur Regeneration.

Erstellen Sie einen Plan, wie Sie diese Initiative am Leben erhalten können, versprechen Sie, daß Sie einander von jetzt an die

Wahrheit sagen werden. Feiern Sie Erfolge. Bestrafen Sie niemals jemanden dafür, daß er die Wahrheit sagt. Wenn Sie erst einmal damit angefangen haben, die Wahrheit zu sagen, wird Ihnen jeder neue Vorstoß leichter fallen. Die Wahrhaftigkeit wird immer weitere Kreise ziehen, und nichts wird mehr sein wie früher. Das ist die Aufgabe des Wegbereiters.

Versprechen halten

Zwischen Versprechen halten und Wahrhaftigkeit besteht ein enger Zusammenhang. Wird ein Versprechen gebrochen, hat oft von vornherein die Bereitschaft gefehlt, die Wahrheit zu sagen. Max De Pree, der frühere Verwaltungsratsvorsitzende von Herman Miller, sagte dazu: »Wir sprechen von der Qualität unserer Produkte und unseres Kundenservice. Und wie steht es mit der Qualität unserer Beziehungen, der Qualität unserer Kommunikation und der Qualität der Versprechen, die wir einander geben?« Jede Interaktion beruht auf einem Versprechen. Das gilt in der Wirtschaft ebenso wie in jedem anderen Lebensbereich. Versprechen können explizit oder implizit sein. Wir versprechen unseren Angestellten etwas, wenn wir sie einladen, Mitglieder unseres Teams zu werden, und ihnen vielfältige Chancen und Belohnungen in Aussicht stellen. Wir versprechen unseren Kunden etwas auf den Etiketten unserer Produkte, auf Garantiescheinen, bei Verkaufsgesprächen und in der Werbung. Wir versprechen etwas, wenn wir als Arbeitgeber und Gewerkschaftsvertreter miteinander verhandeln. Wir versprechen jedesmal etwas, wenn wir sagen: »Der Scheck ist bereits unterwegs«, »Ich rufe Sie gleich zurück«, »Wir werden niemanden entlassen«. Wir geben ein Versprechen, wenn wir unserer Ehefrau sagen, daß wir um eine bestimmte Zeit zum Abendessen zu Hause sein werden. Wenn wir diese Zusagen nicht einhalten, brechen wir ein Versprechen und zerstören das in uns gesetzte Vertrauen.

Stellen Sie sich vor, Sie hätten bereits eine höhere Ebene erreicht. Die Voraussetzungen dafür sind Vertrauen und Integrität. Wenn wir jemandem etwas versprechen, müssen wir uns ganz bewußt entscheiden, ob wir auf dieser höheren Ebene bleiben wollen oder nicht. Jedesmal, wenn wir ein Versprechen brechen, machen wir wieder einen Schritt zurück, nach unten, schaffen eine Distanz zu der höheren Ebene des Vertrauens und der Integrität, und es ist schwer, mitunter sogar unmöglich, wieder emporzusteigen. Wenn wir viele Schritte nach unten ins Tal gemacht haben, das heißt, wenn wir vielen verschiedenen Menschen gegenüber wiederholt Versprechen gebrochen haben, ist unsere Glaubwürdigkeit zerstört. Dann sieht unsere Umgebung, daß wir auf der Talsohle stehen, wo es weder Vertrauen noch Integrität gibt. Weil Menschen, die die höhere Ebene verlassen haben, nur äußerst schwer wieder nach oben gelangen, wechseln sie häufig in ein neues Team, denn dort können sie gefahrlos wieder auf dem Gipfel beginnen – es sei denn, die anderen kennen ihre Vergangenheit und wissen, wie sie sich früher verhalten haben.

Der Wahrheit nun kommt unter allen Gütern die oberste Stelle zu, bei Göttern ebenso wie bei Menschen. Ihrer muß, wer ein gesegnetes und glückliches Dasein führen will, von vornherein teilhaftig sein, um so lange als möglich in ihrem Dienste zu leben.

Platon

Als ich noch ein frischgebackenes Mitglied im Management von Office Overload war, trafen wir uns einmal im Jahr in Las Vegas. Jim Shore, einer der Mitbegründer der Firma, war ein leidenschaftlicher Spieler und ein großer, kräftiger Mann, der in den Kasinos bestens bekannt war. Ich dagegen, erst Mitte zwanzig, kannte Las Vegas noch nicht und war vom bunten Geglitzer und Tempo in den Spielsälen eingeschüchtert, vom Risiko des Verlierens gar nicht zu reden. Bei meinem ersten Besuch gestand ich Jim, daß ich aufgeregt sei. »Machen Sie sich keine Sorgen«, sagte er, »ich werde mich um Sie kümmern.« Das faßte ich als Versprechen auf. Jim Shore hatte die Gewohnheit, immer wieder von einem Spieltisch zum anderen zu schlendern und zu schauen, wie es seinen Mitarbeitern erging. Bei diesem ersten Besuch war ich schon nach kurzer Zeit völlig blank und wußte nicht, was ich jetzt tun sollte. Da faßte von hinten eine Hand über meine Schulter und legte einen Stapel Chips im Wert von 25 Dollar neben meine frisch ausgeteilten Karten. Jim hatte sein Versprechen gehalten.

Ich arbeitete hart für diesen Mann, der mein Mentor wurde und den ich zutiefst respektierte. Er hielt seine Versprechen. Einmal bekam ich eine sehr hohe monatliche Provision – ein Versehen der Buchhaltung, wie sich später herausstellte. Zwar hatte mir eine Provision zugestanden, nicht aber in dieser Höhe, und als der Irrtum entdeckt wurde, hatte ich das Geld bereits ausgegeben. »Keine Sorge«, beruhigte mich Jim Shore. »Lassen Sie sich soviel Zeit, wie Sie wollen, und zahlen Sie das Geld zurück, wie es Ihnen möglich ist.« Wieder hatte er ein Versprechen gehalten!

Jedes Jahr lud Jim Shore sechs seiner engsten Mitarbeiter zu einem Angelausflug nach Nord-Ontario ein. Ich hatte das Glück, stets auf diese Ausflüge mitgenommen zu werden. Jim war Pilot und flog sein Wasserflugzeug, eine Widgeon, selbst, was uns ermöglichte, tief in die nahezu unberührte Wildnis vorzustoßen. Bei diesen Ausflügen lernte ich viel darüber, wie wichtig es ist, die Wahrheit zu sagen und Versprechen zu halten – wir waren allein in der Wildnis, und unser Überleben hing davon ab, daß sich einer auf den anderen verlassen konnte. Es waren Lektionen fürs Leben.

Im Herbst 1966 verließ ich Office Overload und übernahm die Leitung von Manpower Limited. Im Mai des darauffolgenden Jahres machten die Angler wieder wie gewohnt ihren Ausflug, diesmal jedoch ohne mich. Als Jims Flugzeug auf dem God's Lake wasserte, bohrte sich eine Eisscholle in einen der Schwimmer. Die Maschine kippte zur Seite und sank in Sekundenschnelle. Einige Insassen konnten sich nicht mehr aus der Kabine befreien, die anderen versuchten, in dem eisigen Wasser ans Ufer zu schwimmen. Alle ertranken, auch mein Freund Jim. Jim Shore hatte ver-

Die Wahrheit in Ihrem Team

(Bitte ergänzen Sie die nachfolgenden Punkte für jedes Mitglied Ihres Teams. Füllen Sie für jede einzelne Person ein separates Blatt aus, und geben Sie ihr das jeweilige Blatt, wenn Sie fertig sind.)

An: ______________________________

Von: ______________________________

Betrifft: Einige Wahrheiten, die ich Ihnen schon immer einmal sagen wollte:

1. Ich hätte gern, daß Sie mehr/häufiger ...

____

____

____

2. Ich hätte gern, daß Sie aufhören ...

____

____

____

3. Ich hätte gern, daß Sie anfangen ...

____

____

____

sprochen, sich um mich zu kümmern. Bis heute vermisse ich ihn und seine Verläßlichkeit, aber das Vermächtnis dieses Mannes, der stets seine Versprechen hielt, lebt fort.
Unsere Persönlichkeit liebt Menschen, die die Wahrheit sagen und ihre Versprechen halten, und unsere Seele wird von ihnen befreit. Die für das menschliche Bewußtsein wegweisenden Gestalten – Buddha, Christus, Lao-tse, Mohammed und in neuerer Zeit Gandhi, Gurdjieff, Krishnamurti und Yogananda – hatten zwei wesentliche Gemeinsamkeiten: Sie glaubten an die Liebe und an die Wahrheit, und das hat sie über die übrige Menschheit erhoben. Ihre Lehren sind zum »Heiligtum« für Millionen geworden: Liebe in Verbindung mit Wahrheit bahnt den Weg zur höheren Ebene.

4 Mut zur Liebenswürdigkeit

Der freundliche Umgang mit Angestellten

Wir leben in einer Welt, in der gutes Benehmen und Eigenschaften wie Liebenswürdigkeit, Charme, Freundlichkeit und Rücksichtnahme immer seltener anzutreffen sind. Das ist bedauerlich, denn liebenswürdige Menschen beflügeln uns. Sie wissen die natürliche Schönheit menschlicher Beziehungen zu schätzen und erfrischen uns mit ihrem Charme. Bei ihnen wird jede Kommunikation und jeder menschliche Umgang so angenehm wie Musik. Mit ihrer Freundlichkeit und Integrität, die tief in ihrem Wesen wurzeln, sorgen sie im Umgang mit anderen für Symmetrie und Schönheit. Auch nehmen sie sich die nötige Zeit, um ihre Beziehungen harmonisch zu gestalten, und wenn ihnen jemand mit Grobheit begegnet, aktivieren sie ihre Reserven an Liebe und Mut, um freundlich zu bleiben.

Denken Sie nur an Ihre Lieblingstante, die Ihnen immer das Gefühl gab, Sie seien der einzig wichtige Mensch auf der Welt, und die es als unvermeidlichen Teil Ihrer Entwicklung hinnahm, wenn Sie ihr mit einem Ball das Wohnzimmerfenster zertrümmerten. Wir lieben charmante Menschen und suchen ihre Gesellschaft. Menschen wie den Schriftsteller Mark Twain. Einmal, nach einer Abendlesung, sprach ihn eine kleine, weißhaarige ältere Dame an und sagte ihm, wie gut ihr sein Vortrag gefallen habe. »Ich wollte Ihnen persönlich danken«, erklärte sie, »weil Sie gesagt haben, daß Sie alte Damen mögen.« Mark Twain lächelte sie an und erwiderte: »Ich mag in der Tat alte Damen, und ich mag auch Damen Ihres Alters.« Mark Twain eroberte mit seinem Charme die Herzen von Millionen.

Charme ist der Leitstern für jeden Menschen und jedes Unternehmen. Sind wir einmal vom Kurs abgekommen, kann uns Charme wieder auf den rechten Weg führen. Ohne Charme gibt es nur Dunkelheit, Entfremdung, Einsamkeit und Verwirrung.
Innerhalb von Unternehmen stellen wir zuweilen einen Mangel an Charme gegenüber folgenden Gruppen fest:

- **Angestellten** und Angehörigen unseres Teams
- **Kunden** – unseren wahren Brötchengebern
- **Zulieferern**, die maßgeblich dazu beitragen, daß unsere Unternehmen funktionieren.

Das Leben als heilig ansehen

Ehrfurcht ist ein wesentlicher Bestandteil der Liebenswürdigkeit. Zur Ehrfurcht gehören Scheu, Respekt, Liebe und Verehrung. Ich erinnere mich noch daran, wie mir meine Mutter beibrachte, nicht über das Wetter zu klagen. Wenn ich als Junge sagte, was für ein scheußliches Wetter heute sei, entgegnete sie: »Das Wetter hat Gott gemacht. Wenn du es kritisierst, kritisierst du ihn. Es ist wichtig, daß wir Ehrfurcht vor Gottes Wetter haben.« Diese Worte haben mich bis zum heutigen Tag begleitet, denn sie haben einen tiefen Eindruck auf mich gemacht und dazu geführt, daß ich viele Dinge in einem anderen Licht sehe.
Vermutlich gehört alles Gott, und wir sollten daher vor allem Ehrfurcht haben. So auch vor Angestellten, Kunden, Zulieferern – vor allen Menschen, vor unserer Arbeit, unseren Produkten und Dienstleistungen, vor den Gebäuden, in denen wir arbeiten, und ihrer Ausstattung und vor der Bedeutung und dem Sinn dessen, was jeder einzelne von uns tut. Die Indianer glauben, daß alles in der Natur mit Geist erfüllt ist – Bäume, Felsen, Säugetiere, Fische, Vögel und natürlich auch die Menschen. Alles Leben ist heilig, und diese Betrachtungsweise ermutigt uns, es zu verehren und zu

respektieren. Niemand von uns ist so niederträchtig, daß er einem »heiligen« Menschen oder einer »heiligen« Sache Schaden zufügt. *Wenn etwas heilig ist, verehren wir es.*

Rückkehr zur Höflichkeit

Schlechte Umgangsformen vergiften das Klima, und die Seele wird krank. Höflichkeit gehört zu den wirksamsten Gegenmitteln, höfliches Verhalten ist Balsam für die Seele.
Maßnahmen wie z. B. Downsizing, Reengineering, Entflechtung, Umstrukturierung und Fusionen (manche nennen das auch »Schrumpfen, bis es kracht«) erzeugen Streß am Arbeitsplatz, setzen die Beschäftigten unter Druck und führen zu Entlassungen. Unternehmen, die solche Maßnahmen durchführen, huldigen gewöhnlich einer Unternehmenskultur, deren Hauptanliegen es ist, die Nummer eins zu werden – um jeden Preis, und sei es auch auf Kosten der brüderlichen oder schwesterlichen Liebe. Wer unter solchen Bedingungen im Unternehmen überleben will, denkt zuallerletzt an die Kunst, mit Charme zu kommunizieren.
Der steigende Giftpegel am Arbeitsplatz führt zu Ärger, Groll, Verrat und einem solchen Grad an Gereiztheit, daß die Menschen einander nur noch anfauchen. Die Zeit ist so knapp bemessen, daß es geradezu Luxus ist, rücksichtsvoll miteinander umzugehen. Menschenfreundlichkeit, zu der so altmodische Tugenden wie Respekt, Höflichkeit, Wahrhaftigkeit, gute Manieren und Charme gehören, erinnert uns an frühere Zeiten, in denen die größte Herausforderung im Leben nicht darin bestand, sich mit allen Mitteln an seinen Job zu klammern.
In einem Unternehmen, in dem das Klima vergiftet ist, wird die Seele zerstört. Wenn jemand anruft, wird nicht zurückgerufen, Memos werden nicht beantwortet, Verabredungen nicht eingehalten, und rüpelhaftes Verhalten ist an der Tagesordnung. Außerhalb der Firma ist eine rote Ampel eine Ausrede dafür, daß

man mit seinem Auto wie ein Besessener über eine Kreuzung rast. Innerhalb der Firma ist ein ähnlich aggressives Verhalten inzwischen akzeptabel geworden.
In einer Umfrage der Society for Human Resource Management gab ein Drittel der Befragten an, daß es in den letzten fünf Jahren in ihrem Büro einmal oder mehrfach zu gewalttätigen Handlungen gekommen sei. Achtzig Prozent der Fälle ereigneten sich in den letzten drei Jahren, und bei drei von vier Fällen schlugen die Kontrahenten mit Fäusten aufeinander ein oder bewarfen sich gegenseitig mit Gegenständen. Wenn man ein solches Verhalten nicht bremst, werden Schikanierung, Einschüchterung, Konfrontation und Handgreiflichkeiten bald an der Tagesordnung sein.
Die New Yorker Firma Accountemps, die Buchhaltungskräfte auf Zeit vermittelt, führte unter den leitenden Angestellten der tausend größten Unternehmen des Landes eine Umfrage durch und fand dabei heraus, daß die Befragten 1992 dreizehn Prozent ihrer Zeit damit zugebracht hatten, Konflikte zwischen Mitarbeitern zu schlichten, während es 1989 nur neun Prozent gewesen waren. 1993 drang ein Mann, der einen Groll gegen eine Anwaltskanzlei in San Francisco hegte, in deren Büroräume ein und schoß mit einem ganzen Arsenal von Waffen wahllos um sich – er tötete acht Menschen und verletzte sechs. Entflechtung, Reengineering und Downsizing werden diesem Mann ebensowenig seine Angst nehmen wie den vielen tausend anderen, die seelisch ebenso leiden wie er. Zwischen Juli 1992 und Juli 1993 wurden allein in den Vereinigten Staaten über tausend Menschen am Arbeitsplatz getötet, und zwei Millionen wurden angegriffen. Zwischen 1980 und 1988 fielen 6956 Menschen an ihrem Arbeitsplatz Mord und Totschlag zum Opfer. Unser extremer Mangel an Lebensart erzeugt Streß und vergiftet die Atmosphäre am Arbeitsplatz in einem solchen Maße, daß die ganze Gesellschaft davon in Mitleidenschaft gezogen wird.
Solche Zustände sind wohl kaum ein günstiger Nährboden für

Harmonie oder die Pflege der Seele. Was für die Familie gilt, gilt auch für den Betrieb: Rüpelhaftes oder gar gewalttätiges Verhalten führt mit der Zeit zur Auflösung der Gemeinschaft. Gute Manieren haben heißt die Kunst beherrschen, uns so zu benehmen, daß andere sich in unserer Gegenwart wohl fühlen.

Berühren erlaubt

Russische Männer umarmen und küssen einander, um ihre Zuneigung zu zeigen. Franzosen und Italiener küssen jeden. Amerikaner nennen das sexuelle Belästigung.

Menschen brauchen Sauerstoff, Nahrung, Information, Fürsorge, Zuwendung und Berührung – wobei die beiden letztgenannten Begriffe ein Ausdruck von Liebe sind. Einige amerikanischen Gerichte und Behörden haben Verfügungen erlassen, die jede Form der Berührung untersagen. In New York beispielsweise ist es einem Lehrer verboten, einen Schüler zu berühren, und das, obwohl die Schüler sich nach Auskunft ihrer Lehrer mehr nach einer freundschaftlichen Umarmung sehnen als nach Wissen. Wo jemand Kummer hat – sei es auf einer Krebsstation, in einem Kriegsgebiet, nach einem Autounfall oder bei einer Beerdigung –, sehen wir nicht im Knigge nach, ob es erlaubt ist, diesen Menschen in den Arm zu nehmen, zu trösten und seine Hand zu halten.

Es ist nicht schwer, die unsinnigen Regeln abzuschaffen, die unserer Seele die Wärme des Körperkontaktes versagen: Behörden, öffentliche Einrichtungen und Unternehmen brauchen einfach nur zu erklären, notfalls ganz offiziell, daß sie ein »Heiligtum« und gleichzeitig eine Zone sind, in der Berühren erlaubt ist. Ein »Heiligtum« ist ein Ort der Begegnung, wo wir uns gegenseitig trösten, wenn wir Kummer haben, und miteinander feiern, wenn wir uns freuen. Es besteht aus Menschen, die lachen, weinen und sich umarmen müssen. Das ist wichtig für die Seele.

Den Mut zur Intimität zurückgewinnen

Ehe wir aber das Ziel ansteuern können, einander mehr zu berühren, müssen wir zuerst einmal dafür sorgen, daß wir gefahrlos die Themen ansprechen können, die uns heute wirklich bewegen. Merkwürdigerweise schrecken wir gerade davor zurück. Michael Novak vom American Enterprise Institute hat dazu geschrieben: »In der viktorianischen Zeit hätten Menschen in vornehmer Gesellschaft ... nicht einmal davon zu träumen gewagt, über Sexualität zu sprechen, aber sie hätten freimütig über das Beten, Meditieren und über Predigten gesprochen, die sie gehört hatten. Heute ist es gerade umgekehrt. Man kann nahezu alles über Sex sagen, und die Zuhörer lachen nur. Aber wenn man anfängt, über Beten oder Meditieren zu sprechen, wird ein deutliches Unbehagen spürbar. Über Ethik zu sprechen empfinden viele Menschen als peinlich, nicht, weil es ihnen an Ethik fehlt, sondern weil sie dieses Thema für ausgesprochen privat halten.«[1]
Es gibt viele Themen, die Menschen peinlich berühren, wenn sie am Arbeitsplatz angesprochen werden – Ethik, Gefühle, Einsamkeit, persönliche Finanzlage, Spiritualität, Wahrhaftigkeit. Tatsächlich wecken die meisten Themen, die zutiefst menschlich sind, und viele Fragen, die in *Soul-Management* erörtert werden, dieses Unbehagen.

In der irrigen Annahme, Machismo sei ein Zeichen von Führungsstärke, tun wir viel zu oft so, als ginge uns keine dieser menschlichen Schwächen etwas an. Daher wirken wir auf andere kalt und distanziert und bleiben ihnen fremd. Wir müssen also menschlicher werden und unserer ganzen Person erlauben, am Arbeitsplatz präsent zu sein und einen Beitrag zu leisten. Wenn wir das unterlassen und Fragen des Herzens ausklammern – Fragen, die den Kern unseres Menschseins betreffen –, beraubt das die Seele ihrer wichtigsten Nahrungsquelle und blockiert unsere schöpferische Energie und unsere Produktivität.

Wenn wir unsere Schwächen leugnen und Intimität mit anderen

meiden, verarmen wir seelisch und werden einsam. Es ist für uns lebenswichtig, daß wir unsere Schwächen in intimen Gesprächen unter vier Augen offenlegen, denn oberflächliche Unterhaltungen, bei denen die Menschen nur flüchtig zueinander in Beziehung treten und mitunter sogar völlig aneinander vorbeireden, können unsere elementaren Bedürfnisse nicht befriedigen. Wenn die Kommunikation auf flache Pseudogespräche beschränkt bleibt, steigt der Giftpegel im Betriebsklima mit alarmierender Geschwindigkeit.

Unternehmen sind Teams, und ob sie ihre Ziele erreichen, hängt von den zwischenmenschlichen Beziehungen ihrer Mitglieder ab. Gutes Einvernehmen führt zu Freundschaften, und die erfolgreichsten Teams bestehen aus erfolgreichen Freunden. Es genügt nicht, die anderen Teammitglieder einfach nur zu respektieren, denn funktionsbedingter Respekt beruht auf der Persönlichkeit. Tiefe Freundschaft hingegen ist eine menschliche Verbindung auf seelischer Ebene. Wenn die Seele darunter leidet, daß die Chemie zwischen den Angestellten nicht stimmt, sinkt die Leistung, und der Geist welkt dahin.

Die Macht des Dankesagens

Wenn jemand »danke« sagt, freuen wir uns darüber, und dennoch tun wir selbst es nur sehr selten, sei es im Betrieb oder zu Hause. Nach einer kürzlich von der Dale Carnegie Foundation durchgeführten Untersuchung hatten in den vorangegangenen sechs Monaten weniger als sieben Prozent aller Amerikaner ein schriftliches Dankeschön von ihrem Vorgesetzten bekommen, in dem er ihnen seine Anerkennung für ihre Arbeit oder Leistung aussprach.

In mechanistischen Organisationen wird das Dankesagen häufig als überflüssiger Firlefanz abgetan. Manche halten diejenigen, die sich über ein Lob oder eine Anerkennung freuen, sogar für unsicher und unreif. Denken Sie nur an die alte Geschichte von der Ehefrau, die sich bei ihrem Mann beklagt, weil er ihr nie sagt, daß er sie liebt. »Hör mal«, erwidert er, »ich habe dir bei unserer Heirat gesagt, daß ich dich liebe. Wenn sich irgend etwas ändert, gebe ich dir Bescheid.«

Dankbarkeit ist eine Frucht sorgfältiger Pflege, bei ungehobelten Leuten ist sie nicht zu finden.

Samuel Johnson

Wenn wir uns nicht beklagen, so glauben wir, sei das ein Signal, daß wir zufrieden sind, aber eine so spärliche und knauserige Anerkennung macht die Seele nicht satt. Ein unsensibler Manager behilft sich häufig mit standardisierten Dankesbriefen und vorgedruckten Dankeskarten. Damit bietet er das traurige Bild eines vielbeschäftigten Menschen, der seinen Computer als Ersatzfreund bemüht. Hier gilt die goldene Regel: Was du nicht willst, das man dir tu, das füg auch keinem anderen zu – falls Sie nicht zufällig Freude daran haben, heuchlerische Dankschreiben aus dem Computer zu erhalten. Die Seele kennt den Unterschied genau.

Wir sind alle voneinander abhängig, jede Menschenseele auf Erden.

George Bernard Shaw

Bei Disney haben die Mitarbeiter ein Geheimzeichen, mit dem sie sich bei Kollegen bedanken, die es verdient haben – sie zeigen mit dem Daumen nach oben. Wenn in den Disneyparks Angestellte sehen, daß ein Kollege sich vorbildlich verhält – ein ängstliches Kind beruhigt, einem älteren Besucher eine steile Treppe hinaufhilft, etwas aufhebt, das einem Besucher hinuntergefallen ist –, dann signalisieren sie ihre Anerkennung mit dem visuellen Dankeschön des nach oben gereckten Daumens, das Außenstehende meist nicht bemerken, das aber die Mitarbeiter immer freut.

Verlassen Sie Ihren Arbeitsplatz nie im Zorn

Viel Mißstimmung in Unternehmen ist auf gedankenlose und schroffe Äußerungen zurückzuführen. Der dadurch verursachte Schaden ließe sich vermeiden: Ein wenig Nachdenken über die Wirkung verletzender Worte und ein Versuch, den Schaden wiedergutzumachen, wären gut für das Betriebsklima.
Als ich kürzlich in einer großen Klinik tätig war, fragte ich eine Krankenschwester, die auf der Krebsstation arbeitete, wie oft sie Menschen sterben sehe. Sie sagte mir, daß es auf ihrer Station jeden Monat sieben bis acht Todesfälle gebe. Diese Schwester pflegte die todkranken Patienten, versuchte, ihre Leiden zu lindern und ihnen die letzten Tage so angenehm wie möglich zu machen, und kümmerte sich darüber hinaus auch um die Angehörigen. Schockiert über die hohe Sterblichkeitsrate, fragte ich sie, ob sie sehr darunter leide, und sie antwortete, daß ihre Arbeit zwar schwierig sei, daß sie jedoch gelernt habe, mit der emotionalen Belastung umzugehen.
Dann forderte sie mich auf zu raten, worunter sie bei der Arbeit am stärksten zu leiden habe. Nachdem ich ein paarmal falsch geraten hatte, sagte sie: »Unter dem gefühllosen Verhalten der Kollegen untereinander, unter ihrer Kleinlichkeit und Rücksichtslosigkeit.« Wir sprachen noch eine Weile darüber, und dann wurde mir klar, wo die Gründe dafür lagen. Die Arbeit verursacht ein hohes Maß an Streß, den die Krankenschwestern in der Ausbildung bewältigen lernen. Aber sie lernen nicht, mit den Auswirkungen dieses Stresses auf ihre zwischenmenschlichen Beziehungen umzugehen, sei es am Arbeitsplatz oder zu Hause. Was wir brauchten, war etwas Zeit, um die Schwestern in dieser Hinsicht besser zu schulen – mit einem Programm, das ich »Wer heilt die Heiler?« nannte.
Menschen, die unter Streß stehen, tragen ihre Frustrationen oft unwillentlich in ihre Beziehungen hinein. Sie stehen häufig unter Zeitdruck und leiden an Erschöpfung. Sie schnauzen einander an, und obwohl sie es fast augenblicklich bedauern, sind sie zu aus-

gelaugt, um noch die Energie für das einzige aufzubringen, was dann noch helfen würde – eine Entschuldigung.

Der weise Rat, den uns unsere Eltern vor der Heirat gaben: »Geh nie im Streit mit deinem Ehepartner zu Bett«, hat noch immer Gültigkeit. Er gilt auch außerhalb des ehelichen Schlafzimmers. Ein Streit oder eine Meinungsverschiedenheit im Büro schwelen so lange unter der Oberfläche, bis sie geklärt sind. Wir haben die Möglichkeit, dieselbe Regel auch im Büro anzuwenden:

Verlassen Sie das Büro nie im Zorn auf Ihre Kollegen.

Natürlich sprechen wir hier über nichts weiter als altmodische Manieren und gutes Benehmen. Aber Höflichkeit steht ja fast schon im Widerspruch zu unserer schnellebigen Zeit. Ein kultivierter Umgang mit anderen erfordert Zeit und Besonnenheit. Höflichkeit beruht auf Einfühlung, also dem Beschleuniger für den Primärwert Menschenfreundlichkeit, und sie verlangt, daß wir alle Wertverschiebungen am Vorderrad unseres Werte-Fahrrades mitmachen. Wird uns bewußt, daß wir gerade jemanden beleidigt oder seine Gefühle verletzt haben, daß wir grob oder kurz angebunden waren, sollten wir uns entschuldigen – es kostet wenig Mühe. Eine sofortige, öffentliche Entschuldigung kann eine durchschlagende Wirkung haben. Am Ende eines jeden Tages haben wir die Wahl, ob wir die Persönlichkeit und die Seele verletzen oder versöhnen wollen.

Unseren Weg mit Anstand gehen

Wie es um die Umgangsformen in unseren Unternehmen bestellt ist, liegt an jedem einzelnen von uns – nicht an den anderen. Durch unser Verhalten setzen wir Maßstäbe, und wenn wir wollen, daß die Mitarbeiter unseres Unternehmens künftig höflicher zueinander sind, müssen wir mit gutem Beispiel vorangehen. Wir alle brauchen Vorbilder. Wir folgen dem Beispiel derer, die wir bewundern, weil wir davon ausgehen, daß sie ihren Erfolg ihrem Verhalten verdanken. Wenn wir sehen, daß schändliches Verhalten zum Erfolg führt, ahmen wir es natürlich nach. Im Sport haben wir die Wahl, ob wir O. J. Simpson, Mike Tyson und Tonya Harding für ihre Vergehen feiern und aufs Siegerpodest stellen wollen oder ob wir uns ein Beispiel an Roger Staubach, Joe DiMaggio, Joe Montana und Wayne Gretzky mit ihrem vorbildlichen Auftreten nehmen wollen. Wenn wir launische, überbezahlte, drogen- und alkoholabhängige, unreife Sportler zu Helden küren, dürfen wir uns nicht wundern, wenn Millionen leicht zu beeindruckender Menschen ihrem Beispiel nacheifern.

Die schwerste Aufgabe, vor der Kinder heute stehen, ist, gute Manieren zu lernen, ohne Beispiele dafür zu erleben.

Fred Astaire

Wir haben Alternativen, und wir brauchen sie. Ein Beispiel ist Grant Hill, der neue Stürmerstar im Basketballteam der Detroit Pistons. Hill wurde als erster Neuling ins All-Star-Team gewählt und schrieb damit Sportgeschichte. Die Fans gaben ihm mehr Stimmen als jedem anderen. Nicht einmal Michael Jordan bekam in seinem ersten Jahr die meisten Stimmen. Hill ist ein guter Spieler, der es durchschnittlich auf achtzehn Punkte, fünf Rebounds und vier Assists pro Spiel bringt. Zwar bewundern die Fans sein Können, vor allem aber sind sie von seinem Charme und seiner Freundlichkeit fasziniert, Eigenschaften, die bei den egozentrischen Superstars im Profisport nur noch selten anzutreffen sind. Joe Dumars, Hills Mentor und Abwehrspieler bei den Pistons, beschreibt die Situation wie folgt: »Die Jungs in der Liga sind außer Kontrolle geraten. Verhalten, das hart an der Grenze ist, wird akzeptiert und manchmal sogar belohnt. Es spricht nicht gerade für die Liga, wenn Grant einfach dafür Anerkennung erntet, daß er ein guter Mensch ist, aber es wird Zeit, daß wir dorthin zurückkehren.«

Nach einer langen Zeit des Darbens sind die Fans – wie wir alle – wieder bereit, Höflichkeit zu honorieren: Hill wird in einem Zeitraum von acht Jahren 45 Millionen Dollar verdienen. Im Sommer organisiert er Ferienlager für Kinder, und trotz seines plötzlichen Reichtums lebt er in einer bescheidenen Drei-Zimmer-Eigentumswohnung in der Nähe der Sporthalle seines Clubs. Don Chaney, der Coach der Pistons, den Hill übrigens mit »Sir« anredet, sagt: »Grant ist auf dem besten Weg, ein Star zu werden. Das kann man nicht herbeireden, und das kann man niemandem beibringen. Die Fans sind hungrig – *hungrig* – und haben allmählich genug von unreifen Sportlern. Sie wollen etwas Besseres.«

Ein allgemeiner Umschwung der Gefühle bahnt sich an. Wir wollen höfliche, freundliche Menschen als Vorbilder, keine Rüpel. Und das nicht nur im Sport, sondern auch am Arbeitsplatz, zu Hause und in jedem Bereich unseres Lebens. Es ist Zeit, daß wir uns in gewinnender Liebenswürdigkeit üben. Und wir selbst müssen den ersten Schritt tun.

Wie bei jeder Seelenarbeit gehört Mut dazu, den ersten Schritt zu tun. Einer meiner Lieblingskunden lacht jedesmal, wenn wir uns treffen und in den Arm nehmen, und sagt: »Kommen Sie, wir umarmen uns, herzinniglich, als wollten wir die Welt erobern!« Bis heute versucht er, seine Unsicherheit und Verlegenheit mit einem Scherz zu überspielen. Wie die meisten hat er von klein auf gelernt, daß Männer, die sich umarmen, Waschlappen sind, daß uns Sanftheit als Schwäche und nicht als Stärke ausgelegt wird. Wer die Seele anderer beflügeln will, hat die Aufgabe, mit gutem Beispiel voranzugehen und anderen das erwünschte Verhalten vorzuleben.

Liebenswürdigkeit gegenüber Kunden

Zum Teil haben wir es Tom Peters' vehementer Forderung nach einer kundenbezogenen Unternehmenskultur zu verdanken, daß es heute kaum noch ein Unternehmen gibt, das die Vorrangstellung des Kunden nicht akzeptiert hätte. Fast alle Führungskräfte haben in irgendeiner Art die Kundenfreundlichkeit gefördert oder Quality-Programme eingeführt. Aber nur wenige Unternehmen haben diese Haltung so internalisiert, daß sie zu einem wesentlichen Bestandteil ihrer Philosophie wurde. In schweren Zeiten wird gerade beim Dienst am Kunden häufig zuerst der Rotstift angesetzt. Wir glauben an den Kunden und investieren auch in ihn – *solange wir es uns leisten können*. Unsere Bereitschaft, die Kunden anständig und zuvorkommend zu behandeln, ist häufig nur oberflächlich und gerät angesichts anderer Prioritäten nur allzu leicht ins Wanken.

Die Mutter-Teresa-Theorie

Wir bekommen das, was wir erwarten. Zu meinen Klienten gehört eine Firma, die Chemikalien für die Landwirtschaft herstellt. Zu Beginn jeder Pflanzzeit steht den Bauern nur eine sehr kurze Zeitspanne für den Einsatz von Unkrautvernichtungs- und Düngemitteln zur Verfügung. Wenn bei ihren Bestellungen also irgendwelche Probleme auftreten, müssen sie rasch geklärt werden. Unter diesen Umständen ist nach landläufiger Erfahrung damit zu rechnen, daß die Vertreter sich häufig aufgebrachten Bauern gegenübersehen: *Also wurden sie dazu ausgebildet, mit zornigen Bauern fertig zu werden.*

Aber diese Annahme kann man in Zweifel ziehen. Ich bat meinen Kunden, sich vorzustellen, Mutter Teresa arbeite bei ihm als Vertreter. Nachdem ein aufgebrachter Bauer bei der Firma angerufen hat, fährt Mutter Teresa mit ihrem Lieferwagen zu seinem Hof. Als sie aus dem Wagen springt, kommt der Bauer über das Feld auf sie zu und erkennt, daß »der Vertreter« Mutter Teresa ist. Wird er nun mit Schimpfworten über sie herfallen? Wird er seinem Zorn Luft machen? Natürlich nicht. Es ist derselbe Bauer mit denselben Problemen, aber *wir* haben uns verändert, und dadurch haben wir den Bauern veranlaßt, sein Verhalten zu ändern.

Das Verhalten anderer ist weder eine feste Größe, noch ist es unabhängig von unserem eigenen. Wir können mehr tun als lediglich auf das Verhalten anderer reagieren: Wir können es entscheidend zum Positiven hin beeinflussen und verändern. Dieses Phänomen nennen wir Motivation. Mein Klient bildet seine Handelsvertreter nicht mehr dazu aus, mit aufgebrachten Bauern fertig zu werden. Er hat seine Haltung geändert, indem er seine Vertreter dazu ermächtigt hat, Entscheidungen zu treffen, die den Bedürfnissen der Kunden entsprechen – und zwar an Ort und Stelle. Der daraus resultierende Motivationsschub war beträchtlich – dasselbe Vertreterteam hat seine Verkaufszahlen in den letzten drei Jahren verdreifacht, obwohl die Mitglieder dieselben geblieben sind.

Qualität ist Pflicht

Warum entwickeln wir Programme für mehr Kundenfreundlichkeit und Total-Quality-Programme? Doch wohl deshalb, weil wir das sinkende Niveau von Service oder Qualität wieder anheben wollen. Wäre das Niveau zufriedenstellend, bräuchten wir ja keine solchen Programme.

Wir haben die Pflicht, den Menschen Qualität und Kundenfreundlichkeit zu bieten – sowohl innerhalb als auch außerhalb unserer Unternehmen. Das ist keine Frage des Gutdünkens, sondern unsere heilige Pflicht. Es geht darum, Versprechen zu halten – wir haben versprochen, einen vorher vereinbarten Lei-

stungsstandard zu erfüllen. Total-Quality-Programme und Initiativen für mehr Kundenfreundlichkeit stellen unseren verzweifelten Versuch dar, das zerrissene Band wieder zu knüpfen und das Vertrauen unserer Kunden, Angestellten und Zulieferer zurückzugewinnen. Wenn wir unsere Verpflichtungen von vornherein einhalten, erübrigen sich solche Reparaturprogramme.
Wie im letzten Kapitel dargelegt, ist es billiger, sofort Qualität zu liefern; Sparen am falschen Ende und Mogelpackungen erhöhen letztlich nur die Kosten. Ebenso wird sich zeigen, daß es auf lange Sicht gewinnträchtiger ist, wenn wir von vornherein ehrlich und gewillt sind, unsere Versprechen halten. Wenn wir unsere Praxis in dieser Richtung überdenken, werden wir unsere Gewinne steigern und unsere Seele stärken.

Der Kunde kommt an zweiter Stelle

Ich definiere einen Kunden als jemanden, der mit einem Bedürfnis zu uns kommt. Damit wird nahezu jeder, mit dem wir im Berufs- und im Privatleben zu tun haben, zu einem Kunden. In den letzten fünfzehn Jahren haben Unternehmen ihre Haltung gegenüber den Kunden mit einer Reihe von Kampagnen und Programmen korrigiert, und Unternehmensberater haben viel geschrieben und gelehrt. Das hat das allgemeine Bewußtsein nachhaltig verändert. Aber solange wir die seelischen Bedürfnisse der Angestellten nicht ebenso befriedigen wie die Bedürfnisse ihrer Persönlichkeit, werden wir nicht in der Lage sein, die ähnlich gearteten Bedürfnisse der Kunden zu befriedigen.
Schlechter Service und schlechte Qualität, definiert als schlechte Beziehung zwischen Kunde und Anbieter, beginnt mit einem Mangel an Liebenswürdigkeit unter den Mitarbeitern, die für den Service zuständig sind. Wenn wir nicht gelernt haben, innerhalb unseres Unternehmens freundlich miteinander umzugehen, wie sollen wir dann lernen, unsere Kunden freundlich zu behandeln?

Herrscht in unserer Firma dagegen ein freundliches Klima, wird sich das auch in unseren Beziehungen nach außen niederschlagen. Wir haben uns so auf den Kunden konzentriert, daß wir den Angestellten vernachlässigt haben. Wir haben gewissermaßen von der falschen Seite in das Fernrohr geschaut.
Hal Rosenbluth hat eine der erfolgreichsten Reisebüroketten der Vereinigten Staaten aufgebaut, und er hat ein Buch geschrieben, dessen Titel meine Gefühle genau zum Ausdruck bringt: *The Customer Comes Second and Other Secrets of Exceptional Service* (Der Kunde kommt an zweiter Stelle und andere Geheimnisse eines außergewöhnlichen Service).[2] Jahrelang haben wir Angestellte dazu angetrieben, mehr Kundenfreundlichkeit an den Tag zu legen und eine höhere Qualität zu bieten, und wir waren damit unglaublich erfolgreich. Nach fast allen Maßstäben sind die Vereinigten Staaten in puncto Kundenfreundlichkeit und Qualität heute führend oder teilen sich die Spitzenposition mit Japan. Allerdings hat dieser Erfolg auch eine Kehrseite: Die meisten Menschen hassen inzwischen ihre Arbeit, haben Angst vor ihren Chefs und mißtrauen ihnen. Sie suchen andernorts nach wirklicher Erfüllung. *Sie sind vielleicht mit ihrer Arbeit verheiratet, aber ihr wahrer Wunsch ist, sie zu lieben.* Solange wir damit beschäftigt waren, Kundenservice und Qualität auf ein Niveau zu heben, das viele Schwarzseher für unmöglich hielten, haben wir die seelischen Bedürfnisse unserer Mitarbeiter vernachlässigt, und ohne diese Mitarbeiter würden unsere Unternehmen einfach stillstehen.

Ein Total-Quality-Programm für die Mitarbeiter

Zur Zeit ist eine Revolution im Gange. Immer mehr Menschen sind nicht länger bereit, sich ständig um eine Verbesserung von Kundenservice und Qualität zu bemühen, ohne selbst ein entsprechendes Plus an Service und Qualität geboten zu bekommen – ein Total-Quality-Programm für Angestellte. Ihre Botschaft lautet, daß der Angestellte an erster Stelle und der Kunde erst an zweiter Stelle kommen sollte, und wenn es uns gelingt, diese Reihenfolge durchzusetzen, werden wir eine Regeneration erleben und die erfolgreichsten Unternehmen der Welt schaffen, weil wir die Seele der dort arbeitenden Menschen beflügeln können. Diese Unternehmen werden »Heiligtümer« sein – Orte höchster Inspiration –, weil ihre Führung gelernt hat, wieder die Seele ihrer Angestellten und Kunden anzusprechen.

Die Hotelkette Marriott verliert, wie nicht wenige andere Unternehmen auch, jedes Jahr 60 Prozent ihres Servicepersonals, davon 40 Prozent in den ersten drei Monaten. Nach Einschätzung des stellvertretenden Personalchefs Richard Bell-Irving kostet es rund 1000 Dollar, eine Ersatzkraft zu finden und auszubilden. »Wenn jemand kündigt«, sagt er, »bringt das die Teams durcheinander, senkt die Produktivität und beeinträchtigt den Service, den man den Gästen bietet.«[3] Aber warum laufen Marriott die Mitarbeiter weg? Einen Hinweis liefert die folgende Gepflogenheit: Bei Marriott werden neue Mitarbeiter zunächst einmal für drei Monate, wie es betriebsintern heißt, »auf Bewährung« eingestellt – so wie ein überführter Straftäter »auf Bewährung« freigelassen wird. Eine solche Bezeichnung ist ganz gewiß nicht dazu angetan, die Seele zu beflügeln.

Und doch ist dieser Stil typisch für mechanistische Unternehmen, in denen die Menschen nur als Funktions- oder Produktionseinheiten betrachtet werden und nicht als Seelen. Das genannte Beispiel zeigt, wie unser respektloser Umgang mit den Angestellten der Seele schaden und sich dadurch negativ auf Kundenservice und Qualität auswirken kann. Wie gering der Respekt vor den Menschen im Einzelhandel ist, zeigt sich daran, daß ein Viertel der Beschäftigten keine Krankenversicherung hat und daß 40 Prozent weniger als 14 764 Dollar im Jahr verdienen, was in den USA der offiziellen Armutsgrenze für eine vierköpfige Familie entspricht. Kein Wunder, daß ihre Freundlichkeit zu wünschen übrigläßt.

Unser mangelnder Respekt vor Mitarbeitern hat manchmal Folgen, über die man lachen könnte, wenn sie nicht so traurig wären. Vor einigen Jahren speckte das Unternehmen Kmart kräftig ab und forderte die Angestellten gleichzeitig dazu auf, den Kunden beim Einkaufen zu sagen: »Thank you for shopping at Kmart« (Danke, daß Sie bei Kmart eingekauft haben). Die Verkäuferinnen, die sich bemühten, mit weniger mehr zu erreichen, gerieten so unter Druck, daß sie diesen Gruß zu einer Kurzformel zusammenzogen und der verdatterten Kundschaft ein »TYFSAK« entgegenschleuderten, wenn sie sie im Eiltempo durch die Kassen schleusten.

Ehe Unternehmen die Seele ihrer Kunden ansprechen können, müssen sie ihre Haltung von Grund auf ändern. Viele Manager halten die jüngst erfolgte Entdeckung des Kunden für einen Beweis ihres aufrichtigen Bestrebens, Service und Qualität zu verbessern. Total-Quality-Management, Dienst am Kunden und andere wohltönende Modeformeln der letzten Zeit hatten mehr mit dem Überlebenskampf der Firmen als mit Kundenfreundlichkeit zu tun. Wenn die Autoindustrie, die so lange den Schutz von Importbeschränkungen genoß, ihre Qualitätsstandards nicht korrigiert hätte, gäbe es sie vermutlich heute gar nicht mehr. Irreführende Produktbeschreibung und Werbung, beschränkte Garantien, Umweltverschmutzung – das alles leisten sich Unternehmen, die sich als »kundenfreundlich« ausgeben.

Hal Rosenbluth schreibt zu diesem Thema: »Unsere Mitarbeiter sind diejenigen, die den Kunden bedienen. Und am besten bedienen sie ihn, wenn sie mit ganzem Herzen dabei sind. Folglich wird das Unternehmen, das die Herzen seiner Mitarbeiter erreicht, auch den besten Service bieten. Unseren Kunden könnten wir keinen größeren Gefallen tun. Sie werden lernen, daß sie dann am besten wegkommen, wenn sie an zweiter Stelle stehen ... Wenn wir unsere Mitarbeiter an die erste Stelle rücken, werden sie unseren Kunden den Vorrang geben.«[4]

Aus der Masse herausragen

Alle Fluggesellschaften kaufen ihre Flugzeuge bei denselben wenigen Herstellern, benutzen dieselben Computertypen, arbeiten mit denselben Fluglotsen und demselben Gepäckverladepersonal, fliegen dieselben Städte an und landen auf denselben Flughäfen. Wodurch unterscheiden sie sich dann voneinander? Der erste strategische Versuch, sich von den anderen abzuheben, war das Programm für Vielflieger der American Airlines. Die Gesellschaft durfte sich über diesen Wettbewerbsvorteil ganze drei Wochen lang freuen, dann zog ein Konkurrent nach, und bald darauf machten alle Fluggesellschaften ein solches Angebot. Damit waren American Airlines wieder genauso wie alle anderen. Die nächste Strategie bestand in starken Preisnachlässen. Die Folge war der größte finanzielle Aderlaß in der Geschichte der Luftfahrt: Allein die Verluste im Jahr 1992 waren so hoch wie sämtliche Gewinne aller Fluglinien in ihrer gesamten Geschichte. Nun sahen sie wieder alle gleich aus – und machten obendrein alle Verluste.
Wir leben in einer Zeit, in der jeder die Technologie des anderen in drei Wochen nachmachen kann. Der Dienst am Kunden ist nicht mehr eine Frage des Verstandes – er ist zu einer Frage des Herzens geworden, bei der es entscheidend darauf ankommt, in welchem Maße wir die Menschen und unseren Planeten respektieren. Individuen und Unternehmen werden nicht mehr allein nach ihrer technischen Leistung zu unterscheiden sein, sondern am Niveau ihres spirituellen Engagements für die Kunden. Die Fluggesellschaften werden sich erholen, und eine oder zwei werden sich von den anderen abheben, wenn sie etwas tun, das sie bisher noch nie getan haben: sich in ihrer Politik von der Seele statt von der Persönlichkeit leiten lassen. Von dem Tag an, an dem sie sich das zur Gewohnheit machen, werden die Fluggäste sie bevorzugt benutzen, vernünftige Preise bezahlen und die Branche wieder lebensfähig machen. Die Menschen fühlen sich zu »Heiligtümern« hingezogen. Was gut für die Seele ist, ist auch gut fürs Geschäft.

Liebenswürdigkeit gegenüber Zulieferern

Ich verbringe einen Großteil meines Lebens damit, zu reisen und vor Publikum zu sprechen. Das Arrangement ist einfach: Gegen ein Honorar fliege ich in eine Stadt, übernachte dort, falls erforderlich, halte meinen Vortrag und fliege wieder ab. Im allgemeinen fliege ich in der Touristenklasse, ob meine Klienten mich darum bitten oder nicht, manche sind überrascht, die meisten entzückt. Manche Kunden buchen für mich einen Flug bei einer No-name-Fluglinie, bringen mich in einem unsäglichen Motel unter und überlassen es mir selbst, den Veranstaltungsort zu finden und mit den audiovisuellen Geräten zurechtzukommen. Andere Kunden geben sich große Mühe, mich zu verwöhnen.

Vor kurzem kam ich spät abends in dem Hotel an, in dem ich am folgenden Morgen einen Vortrag halten sollte. Ich wurde am Flughafen abgeholt und ins Hotel gebracht, wo mich eine VIP mit einem Glas Champagner empfing und für alles sorgte, was ich brauchte, während mein Gepäck auf mein Zimmer gebracht wurde. Als ich zu meinem Zimmer kam, öffnete ich die Tür und stand in einer wunderschönen Suite, die geschmackvoll eingerichtet und komfortabel ausgestattet war. Das luxuriöse Badezimmer verfügte über einen riesigen Jacuzzi-Whirlpool, und auf einer Anrichte standen eine Schale mit Obst und eine Vase mit frischen Blumen.

Ich bedankte mich am nächsten Tag bei meiner Auftraggeberin und fragte sie, warum sie sich soviel Mühe gegeben habe, mich zu verwöhnen. Sie antwortete: »Sie sind der Redner, und Sie verdienen ein besonderes Zimmer. Bei der Reservierung habe ich für Sie das beste Zimmer des Hotels verlangt. Wir möchten, daß Sie frisch, entspannt und zufrieden sind und sich freuen, bei uns zu sein. Wir möchten, daß Sie unsere Zuhörer so mitreißen, daß sie Ihnen stehende Ovationen darbringen.« Ich schätze, daß meine Kundin rund 150 Dollar mehr als den üblichen Zimmerpreis bezahlt hatte, also rund 25 Cents für jeden der 600 Zuhörer im

Saal. Habe ich mich für diese 25 Cents ganz besonders angestrengt? Und ob!

Die traditionelle Beziehung zwischen Zulieferer und Einkäufer beruht auf dem Denken mechanistischer Unternehmen. Beide Seiten betrachten den anderen als Gegner, der nur seinen Vorteil im Auge hat. Beide sind auf der Hut, damit sie dem anderen nicht in die Falle gehen oder ein wichtiges Detail übersehen. Im traditionellen Denken stehen sich Einkäufer und Zulieferer als Kontrahenten gegenüber, und das ist eine unwürdige Beziehung, in der beide entgegengesetzte Ziele verfolgen. Der Einkäufer will das beste Produkt, die beste Qualität und den besten Service für den niedrigsten Preis, der Zulieferer strebt die höchstmögliche Gewinnspanne an, damit er überlebt und Profit macht. Ein Freund erzählte mir einmal mit kaum verhohlener Freude, daß er bei einem Vertrag mit einem Kunden einen Preis ausgehandelt hatte, der das Doppelte von dem betrug, was mein Freund für angemessen hielt. Die Firma unterschrieb den Vertrag und meldete zwei Jahre später Konkurs an, nicht zuletzt deshalb, weil sie an diesen unvorteilhaften Vertrag gebunden war. Im Rahmen des Refinanzierungsprogramms bat der neue Eigentümer meinen Freund, noch einmal über den Vertrag zu verhandeln und ihm günstigere Bedingungen einzuräumen, was mein Freund notgedrungen tun mußte. Aber als der Vertrag auslief, wurde er nicht aufgefordert, ein Angebot für eine weitere Zusammenarbeit zu machen.

> Die Aufgabe des Kunden ist es, den Unternehmen beizubringen, wie sie mit ihm Geschäfte machen sollen.
>
> *Peter Block*

Wer hat dabei das beste Geschäft gemacht? Am Ende ist ein Geschäft, das gut für mich, aber schlecht für den anderen ist, für beide schlecht. Ein Wettbewerb, bei dem eine Partei gewinnt und die andere verliert, ein sogenanntes Nullsummenspiel, ist unwürdig und schadet der Seele. Wie können wir uns über den Abschluß eines unfairen Vertrags freuen, der möglicherweise dazu führt, daß der Zulieferer Verluste macht und vielleicht sogar bankrott geht? Wie kann man die Verantwortung für so viel menschliches Leid als »Gewinn« bezeichnen? Der theoretische Gewinner – der Kunde, dem es gelingt, mit dem Zulieferer einen unrealistisch niedrigen Preis oder unzumutbare Bedingungen auszuhandeln – trägt einen Pyrrhussieg davon, bei dem er zwar kurzfristig finanzielle Vorteile genießt, auf lange Sicht aber moralischen Bankrott macht und spirituelle Verluste erleidet. Und was den Zulieferer angeht, so fühlt er sich betrogen und demoralisiert. Es gibt keinen Gewinner, auf der spirituellen Ebene verlieren beide. Auf den ersten Blick mag es scheinen, als profitiere der Kunde von einem solchen Handel, doch bei näherer Betrachtung zeigt sich, daß keine Seite profitiert – es gibt nur Verlierer. Das alte Gesetz »Auge um Auge« – um mit Martin Luther King zu sprechen – führt dazu, daß am Ende alle blind sind. In Wirklichkeit sind Zulieferer Teil Ihres Teams, sie stehen nur nicht auf Ihrer Gehaltsliste. Im Idealfall haben Zulieferer und ihre Kunden eine gemeinsame Vision, bringen unterschiedliche Stärken in das Geschäft ein und tun sich zusammen, um ein gemeinsames Ziel zu erreichen. Wenn ein Zulieferer und sein Kunde sich darauf einigen, Bedingungen auszuhandeln, die zum größtmöglichen Wohle beider Seiten sind, ehe sie die Details besprechen, werden sie traumhafte Ergebnisse erzielen und einen Handel abschließen, bei dem beide gewinnen.

Es gibt nur wenige Branchen, in denen die Verbraucher so preisbewußt sind wie in der Computerindustrie. Finis Conner hat beim Aufbau der Firmen Shugart Associates und Seagate Technology mitgewirkt, die beide Diskettenlaufwerke herstellten. Seagate wurde Marktführer. Schließlich beschloß Conner, sich selbständig zu machen und seine eigene Firma für Diskettenlaufwerke zu gründen. Im Gegensatz zu vielen anderen Unternehmen, die ihre Teile selbst herstellen, beschloß er, sie von Zulieferern zu kaufen, und statt Fabriken zu kaufen, beschloß er, sie zu pachten. Zunächst einmal ging er zu Compaq, einem der größten Computerhersteller, und erkundigte sich, welche Anforderungen man dort an Diskettenlaufwerke stellte. Im Geist einer echten Partnerschaft beschloß Compaq, das neue Unternehmen zu finanzieren, damit die kontinuierliche Lieferung von Diskettenlaufwerken gewährleistet war. Compaq war Conners einziger Kunde, aber dank der symbiotischen Beziehung zu diesem Unternehmen erzielte er schon im ersten Quartal einen Gewinn. Conner arbeitete auch weiterhin eng mit seinen Kunden zusammen, um in der unbeständigen Computerbranche Geschäfte zu beiderseitigem Nutzen machen zu können. Um plötzliche Engpässe zu vermeiden, mietete Conner zusätzliche Montagehallen an. Dazu William Almon, der Direktor der Firma Conner: »Wir haben zwei Gebäude in Singapur, komplett ausgestattet und mit sauberen Räumen, wenn auch ohne Beschäftigte, damit wir jederzeit loslegen können.« Dank dieser Partnerschaft konnte Conner ein führender Zulieferer für die Computerindustrie und Marktführer für Laptop- und Notebook-Diskettenlaufwerke werden.[5] 1995 schlossen sich Seagate und Conner zusammen.

Thomas T. Stallkamp, Einkaufschef der Chrysler Corporation, sprach dem großen kanadischen Autoteilehersteller Magna International Inc. seine höchste Anerkennung aus, da das Unternehmen im Laufe der letzten beiden Jahre 148 verschiedene Vorschläge zur Kostensenkung gemacht habe, die nach Stallkamps Einschätzung zu jährlichen Einsparungen von 93 Millionen Dollar geführt haben. Ein solches Potential steckt in jeder Partnerschaft, die Kunden eingehen können, wenn sie bereit sind, in die Beziehung mit ihren Zulieferern zu investieren.

Ob Angestellter, Kunde oder Zulieferer – alle streben nach Ganzheit. Schließlich sind sie in erster Linie Menschen, die eine menschliche Erfahrung suchen, und erst in zweiter Linie Angestellter, Kunde oder Zulieferer. Auf unserer Suche nach der Ganzheit vergessen wir das häufig. Wir alle leben in der Hoffung, daß wir in jeder Beziehung die Bedürfnisse der Persönlichkeit mit unserer Suche nach spirituellem Sinn in Einklang bringen können

– das Intime mit dem Unendlichen. Oft glauben wir fälschlicherweise, wir könnten, wenn wir erfolgreich die kurzfristigen Bedürfnisse der Persönlichkeit befriedigt haben, unsere Aufmerksamkeit den Bedürfnissen der Seele zuwenden – wir könnten, wenn wir erst unsere Persönlichkeit gefüttert hätten, unsere Seele füttern. Aber das eine läßt sich nicht vom anderen trennen. Wenn lieblose Taten uns enttäuschen, einerlei ob wir gerade in der Rolle des Angestellten, Kunden oder Zulieferers sind, dringt der Mangel an Charme in unser Leben und zerstört unsere Seele.

Wenn du Profit machen willst, lerne zu gefallen.
Winston S. Churchill

Lieblosigkeit vereitelt unsere Versuche, Ganzheit zu erlangen. Die daraus resultierende spirituelle Armut ruiniert die Gesundheit von Leib und Seele. Wir stehen daher vor der Aufgabe, alle unsere Beziehungen am Arbeitsplatz durch Charme zu bereichern. Unsere Arbeit besteht aus vielen kleinen Aufgaben, die, wenn sie mit Liebe ausgeführt werden, unsere Seele beflügeln. Dazu ein Zitat von Mutter Teresa: »Wir können keine großen Dinge tun, sondern nur kleine Dinge mit viel Liebe.« Wenn wir uns als Angestellte, Kunden und Zulieferer wohl fühlen, können wir uns regenerieren und unsere Unternehmen erneuern, und Arbeit wird kein häßliches Wort mehr sein.

5 Die Alchemie der Seele

Wenn du mit einem Bären sprichst, der einen sehr kleinen Verstand hat, dann denk daran, daß ihm lange Wörter Angst einjagen. Es macht mehr Spaß, mit jemandem zu sprechen, der keine langen, schwierigen Wörter benützt, sondern eher kurze, leichte Wörter wie etwa: »Wie wäre es mit einem Lunch?«

Pu der Bär (A. A. Milne)

Es ist mir klar, daß meine Leser nicht Pu der Bär sind, aber mir ist ebenso klar, daß dieses Kapitel einige lange Wörter enthält. Ich bitte um Entschuldigung und möchte den Leser bitten durchzuhalten, denn ich glaube, daß der Inhalt der Mühe wert ist.

Warum macht uns Arbeit krank?

Die Vereinigten Staaten haben weltweit die höchste Rate an Herzerkrankungen und geben einen größeren Anteil ihres Bruttosozialprodukts für das Gesundheitswesen aus als jedes andere Land. Im letzten Jahr benötigte General Motors mehr Geld für medizinische Versorgung als für den Einkauf von Stahl, was den Preis jedes verkauften Autos um 900 Dollar erhöhte.

Bei Gesprächen über Unternehmensstrategien oder -führung verwenden viele Leute Kriegsmetaphern. In ihrem Buch *Marketing Warfare* (Marketing-Kriegführung) erklären uns die Autoren Al Reis und Jack Trout: »Das wahre Wesen des heutigen Marketing besteht darin, die Konkurrenz zu überlisten, ihr in die Flanke zu fallen und sie zu besiegen. Kurz, Marketing ist Krieg, wobei der

Feind Ihr Konkurrent und das Kriegsziel die Eroberung des Kunden ist.«[1]

Wir stellen das Geschäftsleben häufig als Krieg dar und erklären »der Truppe«, daß die Konkurrenz vernichtet und unser Territorium verteidigt werden muß. Wenn die Lage ernst wird, beklagen wir, daß uns die Konkurrenz umbringt, und entwickeln offensive, aggressive Strategien, die uns ermöglichen, Märkte zu erobern und zu beherrschen. Bei unserem Vormarsch gehen wir über Leichen, verfolgen eine Politik der verbrannten Erde und fühlen uns verpflichtet, den Feind zu vernichten und keine Gefangenen zu machen. Wir gefallen uns in der Rolle des gefährlichen Gegners, der seine Waffen dazu benutzt, die Konkurrenten aus dem Feld zu schlagen, und reden uns ein, wir hätten den Sieg errungen und die Kontrolle erlangt, wenn sie tot sind.

Wir genießen die Sprache des Krieges und glauben, daß sie uns zu besseren Leistungen anspornt. Aber in Wahrheit spornen wir die Menschen mit Kriegsmetaphern ganz und gar nicht an – wir machen sie krank. Der ständige Gebrauch einer martialischen Sprache vergiftet die Menschen. Und da Unternehmen die Summe der in ihnen arbeitenden Menschen sind, bleiben auch sie von diesem Gift nicht verschont.

Gewalt und Aggression sind heute allgegenwärtig – in der Werbung, in den Medien, in der Unterhaltungsbranche, in unseren Strategien. Ja, wir nennen sogar einen Golfklub »Dicke Berta« nach einem im Zweiten Weltkrieg eingesetzten Geschütz. Wir sind gegenüber Gewaltmetaphern so unsensibel geworden, daß wir jedes Geschütz auffahren.

Unsere Einstellung zur Gewalt läßt sich vielleicht durch Vince Lombardis berühmten Ausspruch kennzeichnen: »Gewinnen ist nicht alles, es ist das einzige.« Das heißt, daß alles tragbar ist, solange man dabei gewinnt. Daher glauben wir fälschlicherweise, daß die furchterregenden Klischees von Krieg,

Krieg ist das Geschäft von Barbaren.

Napoleon Bonaparte

Gewalt und Einschüchterung die Menschen inspirieren und motivieren. Wir haben uns heroische Führerfiguren zum Vorbild genommen: knallharte, machohafte Draufgänger und Teufelskerle wie Rambo. Aber das klappt nicht. Von Heiligen, Mystikern und Gurus lernen wir mehr über die Qualitäten moderner Menschenführung als von dem Hunnenkönig Attila, denn sie wird ebenso mit unserer weiblichen wie unserer männlichen Energie gespeist.

Wir sind Alchemisten

Obwohl wir es nur selten erkennen, ist jeder einzelne von uns ein Alchemist. Die Alchemie ist eine Kombination von Chemie, Philosophie und Mystik. Sie wurde im Mittelalter von Menschen praktiziert, die oft ihr ganzes Leben der Suche nach dem »Stein der Weisen« widmeten, einer Substanz aus Salz, Schwefel und Quecksilber, die man Elixier nannte und die angeblich unedle Metalle in Gold verwandeln und ewige Jugend verleihen konnte. Jetzt ist ein neues Zeitalter der Alchemie angebrochen, und Sie und ich sind die Alchemisten. Der philosophische Anteil heißt heute Motivation, und die Mystik besteht in dem unerschütterlichen Glauben an die Größe des Individuums. Moderne Wissenschaftler nennen den chemischen Anteil Psychoneuroimmunologie, abgekürzt PIN.

Jeden Tag beeinflussen wir die Biochemie unserer Mitmenschen, und folglich lösen wir bei unseren Kommunikationspartnern Glück oder Trauer, Freude oder Depression aus, fördern Mittelmäßigkeit oder Größe. Wir haben alle die Macht, die Seele der anderen zu heilen oder zu verletzen – mit jedem Wort, das wir sagen.

Der Körper ist eine Apotheke

Werfen wir zunächst einen Blick auf den menschlichen Körper. Rein körperlich sind wir im Grunde nichts anderes als eine hochkomplizierte Apotheke. Wir sind eine komplexe Mischung chemischer Substanzen, und jede Sekunde passen wir uns neu an unsere Umgebung an und erneuern uns durch unsere Gefühle, unsere Ernährung und jede menschliche Interaktion. Unser Körper durchläuft einen ständigen Erneuerungsprozeß. Wir bilden alle neunzig Tage ein neues Skelett aus, alle sechs Wochen eine neue Leber (was für manche Menschen von großem Vorteil ist), alle fünf Wochen eine neue Haut, alle fünf Tage eine neue Magenschleimhaut und alle fünf Minuten neue Zellen für die Außenwand des Magens.

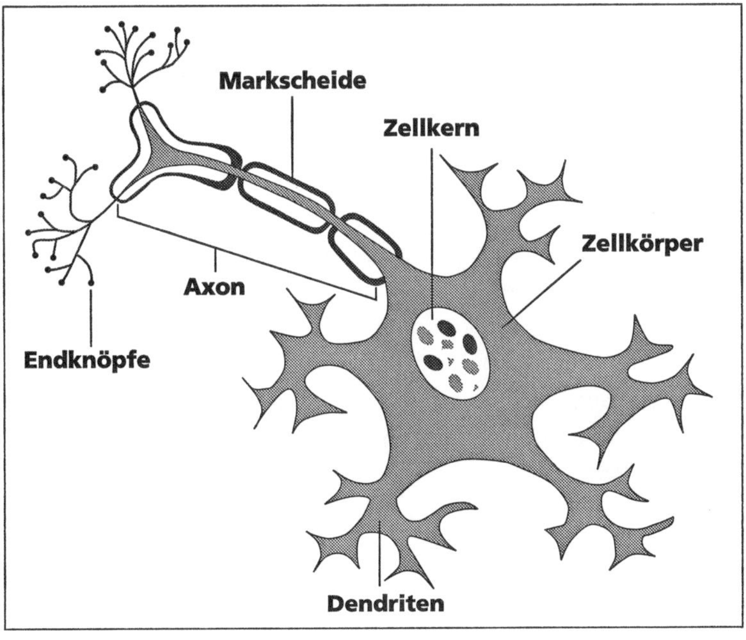

Abb. 3 Das Neuron

Manche Veränderungen im biochemischen System führen zu einer Vergiftung der Seele. Jon Franklin hat darauf hingewiesen, daß ständig nahezu ein Drittel der Bevölkerung an chemisch verursachten Krankheiten leidet. Er schreibt: »... zwei von hundert Menschen sind schizophren, zwei weitere schizoid, acht sind phobisch, sieben sind süchtig, sechs sind depressiv und vielleicht fünf sind kriminell. Ungefähr weitere fünf sind so irrational, daß sie jederzeit destruktiv werden können ...«[2] Jede dieser chemisch verursachten Krankheiten setzt sich schließlich in der Seele fest.

Das Neuron

Das Gehirn besteht aus über 100 Milliarden Zellen, die Neuronen heißen, und jedes Neuron kann mit Zehntausenden von Nachbarzellen Signale austauschen. Jedes Neuron ist ein winziges Datenverarbeitungszentrum, und obwohl keine zwei Nervenzellen identisch sind, haben doch alle einen ähnlichen Aufbau: Sie bestehen aus einem Zellkörper, mehreren Dendriten und einem Axon. Ein Dendrit ist ein winziger Zellplasma-Ausläufer, durch den die Zelle Signale von anderen Zellen erhält. Das Axon ist ein Fortsatz des Zellkörpers und hat knopfförmige, verdickte Enden. Alle menschlichen Emotionen und Empfindungen sowie unser körperliches Wohlbefinden werden durch elektrochemische Kommunikation zwischen den Neuronen gesteuert.

Das Gehirn produziert oder aktiviert über sechzig verschiedene chemische Substanzen und ist daher in der Lage, Wirkstoffe herzustellen, die fortwährend den emotionalen und physiologischen Zustand des Körpers verändern. Dieser läßt sich auf vielfältige Weise beeinflussen, eine Möglichkeit ist die Ernährung. Wenn Sie zum Beispiel Ihre Stimmung aufhellen wollen, können Sie das erreichen, indem Sie Milch, Hähnchen, Bananen oder Blattpflanzen zu sich nehmen – denn von diesen Nahrungsmitteln weiß man, daß sie die Produktion von Dopamin stimulieren, das zu jenen Stoffen gehört, die den Körper anregen. Wenn Sie sich deprimiert fühlen, kann das durch den Verzehr von Zucker oder Fett verursacht sein, die beide die Bildung von Acetylcholin begünstigen, das eher dämpfend wirkt. Tiere streicheln, mit Kindern spielen und humorvolle Unterhaltung genießen – all dies kann unseren biochemischen Haushalt beeinflussen und daher unsere Stimmung verbessern.

Hand oder Faust

Wir können auf zweierlei Weise kommunizieren: mit der offenen Hand oder mit der geballten Faust. Manche Führungskräfte glauben, daß Angst stark motiviert. Das mag unter bestimmten Umständen auf die Persönlichkeit zutreffen, auf die Seele jedoch fast nie. Wir mögen zwar dankbar sein, daß wir überhaupt noch einen Arbeitsplatz haben, und diese Dankbarkeit motiviert uns vielleicht auch, den minimalen Einsatz zu bringen, der notwendig

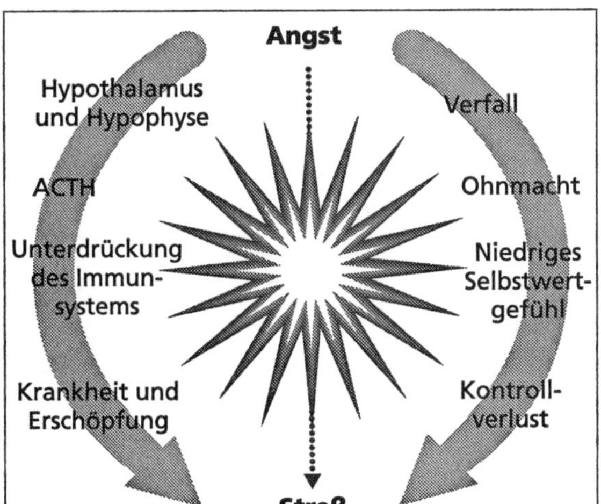

Abb. 4 Der Angst- und Streßzyklus

ist, damit wir die Stelle auch behalten, aber unsere Seele wird sich dennoch danach sehnen, nach Feierabend in die Freiheit zu gelangen.

Die biochemischen Auswirkungen des Angst- und Streßzyklus

Abbildung 4 illustriert, wie Einschüchterung und Angst Streß hervorrufen. Die linke Seite des Angst- und Streßzyklus stellt die biochemischen oder physiologischen Auswirkungen der Angst dar, die rechte Seite zeigt ihre emotionalen oder psychischen Folgen. Wenn wir Angst haben, werden der Hypothalamus, das emotionale Zentrum des Gehirns, und die Hypophyse aktiviert. Die Hypophyse stimuliert die Ausschüttung eines Streßhormons namens adrenocorticotropes Hormon (ACTH) in den Blutkreislauf. Das ACTH gelangt zu den Nebennieren, die bei Angst oder Wut das Hormon Adrenalin ausschütten. Dieses wiederum löst durch die Freisetzung von Glukose einen raschen Energiestoß aus, der das Herz anregt und die Blutzufuhr zu den Muskeln erhöht, und führt außerdem dazu, daß die Nebennieren über dreißig verschiedene Hormone produzieren. Manche beeinflussen den Stoffwechsel, indem sie die Geschwindigkeit steigern, mit der beispielsweise Fett in Zucker umgewandelt wird, und erhöhen damit den Brennstoffvorrat, der dem Körper für aktives Handeln zur Verfügung steht. Cortisol, ein natürliches Cortison, wird freigesetzt, um Entzündungen im Gewebe zu hemmen.
Wenn die Nebennieren Adrenalin und Noradrenalin ausschütten, schlägt das Herz schneller, um den Transport von Streßstoffen in die verschiedenen Systeme des Körpers zu beschleunigen, der Blutdruck steigt, und die Pupillen weiten sich, um das Sehvermögen zu verbessern. Der Anstieg des gesamten Hormonpegels weitet die Bronchien und ermöglicht so eine verstärkte, tiefere Atmung, die eine bessere Sauerstoffversorgung mit sich bringt.

Der höhere Hormonspiegel baut den Blutzucker so weit auf, daß ein Höchstmaß an Energie verfügbar ist, verlangsamt den Verdauungsprozeß, um Energie zu sparen, und beeinflußt die Zusammensetzung des Blutes dahingehend, daß es schneller gerinnen kann, falls der Körper eine offene Wunde davonträgt.
All das geschieht innerhalb von Sekunden. Der Körper gerät unter Spannung und stellt sich durch eine gesteigerte Sekretion von Wirkstoffen auf die aktuellen, über das Normalmaß hinausgehenden Anforderungen ein. Diesen Zustand nennen wir Streß. Er ist in höchstem Maße toxisch für den Körper und außerordentlich zerstörerisch für die Seele. Solange der Organismus sich auf die Bewältigung der aktuellen Streßsituation einstellt, blockiert er das Immunsystem, damit die verfügbaren biochemischen Substanzen zur Versorgung des Überlebensmechanismus verwendet werden können. Wenn das Immunsystem unterdrückt wird, macht dies den Körper anfällig für Krankheit. Auf der Suche nach Linderung wendet sich die streßgeplagte Bevölkerung an die Ärzte. Das ist der Grund dafür, daß die Kosten der medizinischen Versorgung bei General Motors und im ganzen Land derart in die Höhe schießen.
Der Zusammenhang zwischen Streß und Krankheit kann nahezu als erwiesen gelten. Zahlreiche Untersuchungen deuten darauf hin, daß Streß zu einer Verringerung des gesunden Zellwachstums und zu Depressionen führt. Depressionen entstehen durch die Freisetzung biochemischer Stoffe, die zu Hyperaktivität führen. Wissenschaftler haben festgestellt, daß bestimmte Medikamente die chemischen Reaktionen verändern und damit Depression lindern können. Aber diese Interventionen zielen auf die Symptome des Leidens, nicht auf seine Ursache ab. *Valium heilt nicht die Seele.*

Die psychischen Auswirkungen des Angst- und Streßzyklus

Nach den biochemischen Auswirkungen von Streß können wir uns jetzt den psychischen und emotionalen Auswirkungen zuwenden – der rechten Seite des Angst- und Streßzyklus. Wenn wir Angst bekommen, gilt unsere Hauptsorge dem Überleben. Wenn der Körper das Überleben sichern muß, kann er nicht wachsen, weil er damit beschäftigt ist, die aktuelle Gefahrensituation zu bewältigen. Wenn wir nicht wachsen, können wir unsere Fähigkeiten nicht verbessern, also nehmen sie ab. Dies führt zu einem Verlust an *Könnerschaft* und daher zu einer Beeinträchtigung unseres Selbstwertgefühls. Dieser wiederum führt zu Kontrollverlust und daher zu vermehrtem Streß.

Wenn wir die Situation nicht mehr unter Kontrolle haben, verspüren wir Angst. Denken Sie nur an das letzte Mal, als ein naher Angehöriger von Ihnen schwer krank war: Ihre Angst wuchs immer dann, wenn Sie nichts unternehmen konnten, um die Lage irgendwie zu verbessern.

Die biochemischen Auswirkungen des Liebes- und Hochstimmungszyklus

Nun wollen wir einen Blick auf den Liebes- und Hochstimmungszyklus werfen, der in Abbildung 5 dargestellt ist. In meinen Seminaren bitte ich die Teilnehmer häufig, an jene Zeit ihres Berufslebens zu denken, in der sie am stärksten motiviert waren und sich mit Begeisterung in die Arbeit stürzten. Die meisten denken dabei zuerst an einen Menschen – einen Mentor, einen Vorgesetzten, der sie förderte, einen Lehrer, den sie liebten und der sie liebte. Mit anderen Worten, sie fanden die elektrochemischen Reaktionen und folglich die Gefühle am angenehmsten, die ein Vorbild bei ihnen auslöste, das mit Liebe

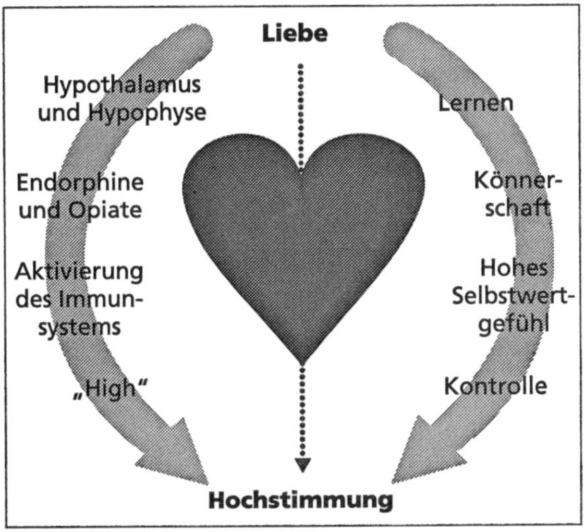

Abb. 5
Der Liebes- und Hochstimmungszyklus

kommunizierte und lehrte – und ihnen keine Angst machte. Diese Lebensphasen waren für ihre persönliche Entwicklung von größter Bedeutung. Als Mentor jemanden unter die Fittiche zu nehmen, das ist nicht nur ein Geschenk an den anderen, sondern ebenso ein Geschenk an sich selbst. Es ist ein Akt der Selbstheilung.

Jeder, der schon einmal mit einem Menschen zusammengearbeitet hat, den er mochte – mit einem großartigen Lehrer oder Mentor –, kann sich an die Begeisterung und Hochstimmung erinnern, die er dabei empfand. Beachten Sie, hier ist von Hochstimmung die Rede, nicht von Streß. Die biochemischen Abläufe bei Streß und bei Hochstimmung sind radikal verschieden. Die Vorstellung, es gebe einen »guten Streß«, ist ein Mythos: Guten Streß gibt es genausowenig wie gutes Gift. Wenn wir etwas tun, weil wir Angst haben, geraten wir unter Streß. Wenn wir etwas tun, weil wir den Menschen gern haben, für den wir es tun (*Menschenfreundlichkeit*), weil wir bei unserem Tun ein gutes Gefühl haben (*Könnerschaft*) oder weil wir den Grund mögen, aus dem heraus wir es tun (*Hingabe*), dann kommen wir in Hochstimmung. Wie die linke Seite des Diagramms zeigt, wird der Hypothalamus aktiviert, aber diesmal nicht durch ACTH, sondern durch Endorphine, Opiate und Interleukin-2, die den Körper auf natürliche Weise anregen und so das Hochgefühl auslösen, das wir empfinden, wenn wir etwas gerne tun. Die Folge ist, daß das Immunsystem gestärkt wird – Menschen, die ihre Tätigkeit lieben, sind nur selten krank.

Die psychischen Auswirkungen des Liebes- und Hochstimmungszyklus

Auf der anderen Seite des Diagramms sind die psychischen und emotionalen Auswirkungen der Liebe dargestellt, und sie ergeben ein völlig anderes Bild als die Auswirkungen des Angst- und Streßzyklus. Wenn wir das, was wir tun, gerne tun – zum Beispiel Geige spielen –, was tun wir dann zuallererst? Nun, wir nehmen Geigenunterricht. Wenn wir uns dem Lernen verschreiben, verbessern wir unsere Fähigkeiten, und *Könnerschaft* stärkt unser Selbstwertgefühl. Wenn wir unser Selbstwertgefühl stärken, bekommen wir unsere Situation besser in den Griff, fühlen uns den Dingen gewachsen und daher insgesamt wohler. Diese Gefühle versetzen uns in Hochstimmung, und Hochstimmung erleuchtet die Seele.

Lektionen einer Maus

Streß ist tödlich. Untersuchungen haben die drastischen Auswirkungen von Streß auf Mäuse gezeigt. Mäuse leben durchschnittlich zwei Jahre, aber wenn man eine Maus im Labor in einen Käfig setzt und alle paar Stunden eine Katze in den Raum läßt, stirbt die Maus innerhalb von sechs Wochen an einer natürlichen

Ursache – sie wird ein Opfer von Streß und Erschöpfung. Wenn eine Labormaus hingegen cholesterinarmes Futter erhält, liebevoll behandelt und gestreichelt wird, genügend Bewegung hat und freundlichen Zuspruch bekommt, lebt sie sechs Jahre.
Bei der Untersuchung aller drei Mäuse – der gestreßten Maus, die sechs Wochen alt wird, der Durchschnittsmaus mit einer Lebenserwartung von zwei Jahren und der gehätschelten Maus, die es auf sechs Jahre bringt – stellten die Forscher fest, daß ihre inneren Organe alle im gleichen Stadium der Alterung waren. Wie diese Versuche mit Mäusen zeigen, richten wir uns durch die Produktion toxischer Stoffe zugrunde. Mit anderen Worten: Wir bringen wir uns gegenseitig durch Streß um. Daher haben Angst und Streß für die Persönlichkeit ebenso fatale Folgen wie für die Seele.

Die Biochemie der Sprache

Nun wollen wir noch sehen, was geschieht, wenn wir eine aggressive Sprache verwenden oder von feindseligen Menschen beschimpft werden. Wenn wir in eine Streßsituation geraten, wie etwa bei einer Drohung oder einer Beleidigung, schickt der Körper über seine Kommunikationskanäle eine Information an den Kortex und macht ihn auf die Gefahr aufmerksam. Signale werden an den hinteren Teil des Hypothalamus weitergegeben (wo die Streßreaktionen »Fliehen oder Kämpfen« verankert sind), der seinerseits Botschaften an die Hypophyse sendet. In der Forschung tätige Mediziner haben festgestellt, daß depressive Patienten unfähig sind, eine ausreichende Anzahl von T-Zellen (dem Thymus entstammende Helfer- und Suppressorzellen, die durch Viren, Pilze oder Bakterien verursachte Infektionen bekämpfen), B-Zellen (Helferzellen, die im Knochenmark produziert werden) und NK-Zellen (natürliche Killerzellen, die spontan tumor- und virenbefallene Zellen erkennen und abtöten) zu bilden und zu erhalten. Dadurch wird der Körper noch anfälliger für Krankheiten, und die Folge sind noch schwerere Depressionen.

> ... Worte sind wirksam nur insofern, als sie einen Sinn oder eine Bedeutung haben. Es ist ihr Sinn, der wirksam ist. Aber der „Sinn" ist mitunter geistiger oder spiritueller Natur ... Sogar die biochemischen Prozesse des Körpers werden von ihm beeinflußt ... und es ist der Sinn, der mich krank werden oder genesen läßt.
>
> *Carl Gustav Jung*

Die Wirkung der elektrochemischen Aktivität unseres Gehirns wird durch die Art und Weise unserer Kommunikation ebenso bestimmt wie durch ihren Inhalt – durch die Worte ebenso wie durch die Musik. In seinem Buch *Head First* hat der verstorbene Norman Cousins geschildert, welche Wirkung es hat, wenn wir auf unsensible Weise mit einer schlechten Nachricht konfrontiert werden. Er schrieb über Patienten, die nach der Mitteilung, daß sie an multipler Sklerose litten, plötzlich in eine schwere Depression fielen. In einem Fall brachte ein Vater seinen sechsundzwanzigjährigen Sohn von der Praxis des Arztes nach Hause und erinnerte sich später: »Bis wir nach Hause kamen, hatte ich das Gefühl, mein Sohn sei zwanzig Jahre älter geworden. Er ging wie ein alter Mann.«

Ein weiteres Beispiel: In einem Footballstadion fühlten sich einige Zuschauer plötzlich unwohl, worauf ein Arzt den Verdacht äußerte, die Getränke aus einem bestimmten Automaten seien möglicherweise die Ursache. Die Durchsage an die Zuschauer, daß dieser Automat gesperrt worden sei, weil jemand nach dem Genuß eines dort gekauften Getränkes eine Lebensmittelvergiftung erlitten habe, wurde so ungeschickt formuliert, daß sich die Menschen im Stadion anschließend reihenweise übergaben und in Bauchkrämpfen wanden. Über hundert Menschen mußten ins Krankenhaus eingeliefert werden, obwohl sich später herausstellte, daß die Getränke vollkommen in Ordnung waren.[3]

Wie schon beschrieben, stimulieren Signale, die Angst übermitteln, den Hypothalamus und lösen verstärkte biochemische Prozesse aus. Unter Umständen werden wir krank, einfach weil die in einem Gespräch gebrauchten Worte aggressiv sind und ihr Gift in uns hineingetragen wird. Der Pädagoge Joseph Chilton Pearce meint, daß unser Lernverhalten nicht nur von inhaltlichen Kriterien, sondern auch vom Kontext bestimmt wird. Wenn etwa jemand eine natürliche Vorliebe für das Fach Geschichte hat, aber seinen Geschichtslehrer nicht ausstehen kann, assoziiert er nun vielleicht den Lehrer mit diesem Fach und empfindet künftig eine Abneigung gegen Geschichte.

Neuere Studien haben gezeigt, daß humorvolle Unterhaltung und sogar ein Video über Mutter Teresa zu einem signifikanten Anstieg des Immunglobulins A (ein Antikörper, der die Schleimhautoberflächen schützt), der spontanen Blastogenese (Immunzellenvermehrung) und des Cortisols (eines Hormons, das das Immunsystem hemmen kann) im Körper führen kann. Andere Studien haben ergeben, daß die Konfrontation mit abstoßendem Material, wie etwa einem Film über die Nazis im Zweiten Weltkrieg, der Wut und Angst auslöste, die entgegengesetzte Wirkung hatte.

Ärzteteams, die nach ganzheitlichen Methoden Krebspatienten behandeln, haben überwältigende Beweise für folgende These vorgelegt: Wenn man die Depression eines Patienten mildern kann, produziert der Körper mehr Immunzellen für die Abwehr der Krankheit. Die Berührung eines Tarantelbeines auf der Haut und die Berührung einer geliebten Hand lösen gänzlich verschiedene elektrochemische Reaktionen im limbischen System, im Hypothalamus und daher auch im gesamten Körper aus. Tadel, Drohungen und Strafen bewirken andere elektrochemische Reaktionen als Ermutigung, Lob, Dank und Freundlichkeit.

Jede menschliche Kommunikation läßt sich auf einer Skala einordnen, die von negativ bis positiv, von Angst bis Liebe reicht. Welche biochemischen Substanzen vom Gehirn freigesetzt werden, hängt davon ab, was ein Mensch erlebt und empfindet. Bei Angst und Schmerz werden Streßhormone ausgeschüttet, das limbische System wird aktiviert, der Körper in einen Streßzustand versetzt; Liebe und Freude setzen Wohlbefinden auslösende Stoffe frei, senken den Blutdruck, verlangsamen den Herzschlag und drosseln den Sauerstoffverbrauch. Da Leib und Seele eins sind, beeinflußt es uns bis ins Innerste, ob wir Furcht erleben oder Liebe erfahren.

All das macht deutlich, daß feindselige oder aggressive Beziehungen die Entstehung von Depressionen fördern, die das Immunsystem schwächen. Wenn wir solche Beziehungen unterhalten, sei es bei der Arbeit oder zu Hause, sind körperliche und seelische Krankheit die Folge.

In meinen Seminaren demonstriere ich mit zwei Experimenten, wie Worte unsere Biochemie verändern können. Zuerst suche ich mir einen Freiwilligen, der gerade Kopfschmerzen, Migräne oder irgendeine andere Art von Schmerzen hat, die mit Streß zusammenhängen. Mit Hilfe einer Behandlungsmethode, die sich auf taktile Techniken, Visualisierung, Autosuggestion und Liebe stützt, *sind wir stets in der Lage, Schmerzen sofort zu lindern und meist auch ganz zum Verschwinden zu bringen.** Um den Kontrast deutlich zu machen, suche ich dann noch einen Freiwilligen und bitte ihn, sobald ich bis drei gezählt habe, mit mir zusammen die Nationalhymne zu schmettern, so laut er kann! Kurz bevor ich bei drei ankomme, »erlöse« ich meinen Freiwilligen. Anschließend beschreibe ich ihm die Veränderungen, die er soeben in seinem biochemischen System erfahren hat und die man gemeinhin als Streß bezeichnet. Dann bitte ich den Freiwilligen, meine Schilderung zu bestätigen. *Das tut er immer.*

> Verflucht ist Furcht vor allen schnöden Trieben.
> *William Shakespeare*

* Leser, die eine Tonbandkassette mit einer Beschreibung dieser Methode und einem Do-it-yourself-Ansatz zur Linderung von Kopfschmerzen möchten, können sich gerne im World Wide Web des Internet an den Autor wenden, und zwar unter der Adresse http://www.secretan.com

Anhand dieser Experimente kann ich zeigen, daß wir die Fähigkeit besitzen, uns durch die Anwendung moderner Alchemie gegenseitig zu beflügeln oder zu demotivieren, zu schwächen oder zu heilen. Wir kontrollieren und bestimmen einen Großteil der biochemischen Prozesse in uns selbst und in anderen. In Anbetracht der Tatsache, daß Konflikte Streß und Ängste auslösen, sind wir viel zu schnell bereit, Angst als Motivationshilfe einzusetzen, obwohl wir doch wissen, daß wir mit Liebe viel mehr erreichen können. Unsere Entscheidung ist wichtig, denn sie bestimmt, welche biochemischen Substanzen freigesetzt werden und welche Stimmungen und Reakionen wir daher auslösen. Jeder einzelne von uns hat die Macht, die Seele zu verwunden oder zu beflügeln.

Liebe statt Furcht

Auch diejenigen, die unsere Signale empfangen, haben die Wahl. Sie können sich von der Angst einschüchtern lassen oder sich über sie erheben, indem sie die biochemischen Stoffe freisetzen, die sie brauchen, um den seelischen Schmerz zu lindern und mit Liebe zu reagieren. Nur der Geist kann Angst manifestieren. Die getroffene Wahl entscheidet über die biochemischen Reaktionen im limbischen System und daher über die Qualität von Arbeit und Leben. Im allgemeinen verstehen wir unter Quellen der Inspiration nur etwas Psychisches oder Emotionales – das ist die Sprache der Persönlichkeit. Aber eine vollkommen neue Dimension kommt hinzu, wenn wir bedenken, daß jede menschliche Kommunikation das limbische und das endokrine System aktiviert und die Seele beeinflußt. Wenn wir davon sprechen, daß wir die Konkurrenz vernichten oder ausschalten wollen, dann sollten wir uns an das alte Sprichwort erinnern: »Sei vorsichtig mit deinen Wünschen, sie könnten in Erfüllung gehen.«

Was Vince Lombardi wirklich gesagt hat

Wir sind getäuscht worden. Vince Lombardi hat nie gesagt: »Gewinnen ist nicht alles, es ist das einzige.« Dieser Ausspruch, der ihm häufig zugeschrieben wird, stammt in Wahrheit von einem Zeitungsreporter. Tatsächlich hat Vince Lombardi gesagt: »Gewinnen ist nicht alles, aber gewinnen wollen ist alles.« Das verrät eine ganz andere Haltung. Mit dem fälschlicherweise Lombardi zugeschriebenen Zitat haben wir etwas gerechtfertigt, das Lombardi selbst nie im Sinn hatte und woran er nie glaubte. Er war kein Freund von Einschüchterung. Er führte sein Team mit Liebe und konnte es begeistern. Das richtige Zitat geht weiter: »Geistige Stärke ist Demut, Einfachheit, Spartanertum und noch etwas: Liebe. Ich muß meine Angestellten nicht unbedingt mögen, aber als Menschen muß ich sie lieben. Liebe ist Loyalität. Liebe ist Respekt vor der Würde des Individuums. Die Macht des Herzens ist die Stärke Ihres Unternehmens.« Vince Lombardi hat seine Mitarbeiter nicht angespornt, indem er ihnen angst machte, er hat sie durch Liebe zur Größe geführt.

Die Macht des Denkens

Die Alchemie der Seele hängt nicht von der persönlichen Gegenwart anderer Menschen ab. Im Jahr 1987 hat Randolph Bird, ein Kardiologe von der University of California in San Francisco, ein Forschungsprojekt durchgeführt. Er machte einen Doppelblindversuch an vierhundert Patienten, die einen Herzanfall erlitten hatten und starke Schmerzen in der Brust verspürten. Für eine Hälfte der Patienten betete eine Gruppe von Menschen außerhalb des Krankenhauses, für die andere nicht. Keiner der Betenden kannte einen der Kranken, und von den Forschern, Patienten, Ärzten, Schwestern und Pflegern wußte niemand, welche Patienten in welcher Gruppe waren.

Nach Abschluß des kontrollierten Experiments zeigte sich, daß keiner der Patienten, für die gebetet worden war, nach einem Beatmungsgerät verlangt hatte, während zwölf Patienten aus der anderen Gruppe eines benötigt hatten. Die Gruppe, für die gebetet wurde, verzeichnete weniger Todesfälle und eine bessere Genesungsrate. Zahlreiche Forscher haben das Experiment inzwischen wiederholt, und viele haben erfolglos versucht, seine Ergebnisse zu widerlegen. Hätte man den Patienten ein neues Medikament verabreicht, statt für sie zu beten, so wäre es als neues Wundermittel gefeiert worden.

Gehörte Melodien sind süß,
aber die ungehörten
sind noch süßer.
John Keats

Wenn sich unsere Gedanken aus der Ferne positiv auf die Gesundheit von zweihundert Menschen auswirken können, ohne daß sie davon wissen oder mit uns kommunizieren, gibt es dann irgendeinen Grund, daran zu zweifeln, daß wir das Wohlbefinden anderer auch negativ beeinflussen können? Noch offensichtlicher ist, daß wir die Biochemie anderer Menschen direkt verändern können, wenn wir persönlich mit ihnen zusammenkommen – im guten wie im schlechten Sinne. Wir sind Alchemisten und führen durch unsere Art der Kommunikation Veränderungen in der Biochemie der anderen herbei, und dabei haben wir die Fähigkeit, Seelen zu verletzen oder zu heilen. Wir beginnen gerade erst zu erkennen, welche Macht das menschliche Gehirn hat, nahezu alles auf diesem Planeten zu verändern. Jon Franklin meinte dazu: »Wenn in tausend Jahren unsere Nachfahren auf unsere Zeit zurückblicken, wird ihnen nicht der Name Albert Einsteins in den Sinn kommen. Denn obwohl die Kräfte, die im Atomkern enthalten sind, wahrhaft gewaltig sind…, verblassen sie doch im Vergleich zur Energie des menschlichen Geistes.«[4]

Die Wissenschaft der Psychoneuroimmunologie steckt noch zu sehr in den Anfängen, als daß wir die Prozesse, die dabei eine Rolle spielen, schon genau verstehen könnten, auch wenn jedes Jahr eine halbe Million wissenschaftlicher Arbeiten der Erforschung des Gehirns gewidmet sind. Ich bin jedoch überzeugt, daß in Zukunft Wissenschaftler den Nobelpreis für Entdeckungen auf diesem Gebiet erhalten werden.

> **Wie gut ist des Menschen Leben, des Lebens schiere Fülle! Wie geschaffen, Herz und Seele und alle Sinne auf ewig vor Freude überquellen zu lassen**
> *Robert Browning*

Bis dahin können wir alle unsere Kommunikation und unsere Führungsqualitäten kultivieren, indem wir uns die Prinzipien bewußt machen, die dabei im Spiel sind, und erkennen, daß Inhalt und Form unserer Kommunikation sowie die Worte, die wir wählen, die neue Alchemie unserer Zeit darstellen. Unsere Worte sind gleichsam biochemische chirurgische Instrumente, mit denen wir die Chemie anderer in Ordnung oder durcheinanderbringen können. Durch Worte können wir die Stimmung anderer heben oder drücken. Wir können unsere Unternehmen so gestalten, daß sie die Seele beflügeln oder krank machen. Wir können Seelenfreunde finden oder uns anderen entfremden. Wir können Einfluß darauf nehmen, ob unsere Mitmenschen froh oder traurig, freundlich oder ärgerlich, beflügelt oder niedergeschlagen sind. Unsere Worte bestimmen unsere Biochemie und somit auch unser seelisches Befinden.

Wir müssen unsere Worte mit Sorgfalt wählen.

6 Ein heiteres Gemüt

Wir haben »Arbeit« zu einem negativ besetzten Wort gemacht. Wir arbeiten mehr und haben weniger Freude daran.
Nach Erkenntnissen des Soziologen John P. Robinson von der Universität von Maryland haben wir heute fünf Stunden mehr Freizeit in der Woche als vor dreißig Jahren.[1] Wir machen weniger Hausarbeit, haben weniger Kinder und gehen früher (und wohlhabender) in den Ruhestand als je zuvor. Aber was fangen wir mit dieser gewonnenen Zeit an? Spielen wir, widmen wir uns unseren Beziehungen, frönen wir unseren Hobbys, oder faulenzen wir einfach? Nein, wir *arbeiten* mehr. Stephan Rechtshaffen hat auf den Punkt gebracht, in was für einer Zeit wir leben: »Wenn Sie drei kreisende Teller auf drei Stäben balancieren können, werden Sie mit einem vierten belohnt. Und dann mit einem fünften.«[2]
Unser Tag beginnt gewöhnlich mit einer lieblosen Morgenroutine, einer nervtötenden Fahrt zur Arbeit, einem hastig getrunkenen Kaffee, ehe wir in letzter Sekunde ins Büro stürzen. Zehn Stunden bleiben wir auf Trab, bis es Zeit ist, uns wieder durch das Nadelöhr des Berufsverkehrs zu quälen – diesmal in der Gegenrichtung. Wir versuchen sogar, mehrere Dinge gleichzeitig zu tun, wir fahren Auto, trinken Kaffee, essen einen Berliner, hören Kassetten oder Radio und benutzen unser Mobiltelefon. Wenn der Tag dem Ende zugeht, treiben wir rasch noch etwas Sport, holen

> Die Welt ist uns zu nahe; früh und spät;/ In Tausch und Kauf ist unsre Kraft geschwunden./ Nichts haben wir in dir, Natur, gefunden,/ Wie feile Mitgift unser Herz verschmäht!
> *William Wordsworth*

oder kochen uns ein Abendessen, führen abgehackte Gespräche mit den Kindern, gehen zur Bürgerversammlung und zum Elternabend, lesen ein paar Fachzeitschriften, rufen Freunde an, lesen im Eiltempo einen Roman, stellen den Wecker und atmen auf... Es ist geschafft, bis wir am nächsten Morgen wieder von vorne anfangen. Wir vervielfachen die Zahl unserer Aktivitäten, ohne sie zu erleben.

Diese unentwegte Geschäftigkeit und das Übermaß an Verpflichtungen sind zu unserer Religion geworden, geben unserem Leben einen pseudoreligiösen Sinn und dienen uns als Mittel, unser Selbstwertgefühl zu stärken. Statt den Sinn von innen zu beziehen (aus dem Bereich der Seele), versuchen wir, ihn von außen zu bekommen (aus dem Bereich der Persönlichkeit) – durch mehr Aktivitäten und eine Steigerung unserer Leistung. Aber all das hat einen Nachteil: Es macht keinen Spaß, und wir sollten nicht darauf vertrauen. Die Japaner haben dieser chronischen Arbeitssucht, die uns auf Dauer umbringt, sogar einen eigenen Namen gegeben: *karoshi*, Tod durch Überarbeitung, dem jedes Jahr 10 000 Menschen zum Opfer fallen. Arbeit soll uns beflügeln, nicht abstumpfen. Sie soll uns beleben, nicht umbringen.

Ein interessantes Phänomen ist in den letzten Jahrzehnten aufgetaucht: Da wir mit unseren Gefühlen nicht umgehen können und uns schämen, sie anderen zu zeigen, haben wir uns in die Arbeit geflüchtet. Mehr als je zuvor in der Geschichte definieren wir uns über die Arbeit: »Ich bin leitender Angestellter«, »Ich bin Schriftsteller«, »Ich verkaufe Autos«. Wir fragen: »Was macht die Arbeit?«, wenn wir meinen: »Wie geht es dir – bist du zufrieden?« Es ist, als gäbe es in unserem Leben nichts anderes, über das wir uns definieren könnten, und tatsächlich trifft das auch auf eine wachsende Zahl von Menschen zu.

Wie wir »Arbeit« zu einem Unwort gemacht haben

»Work«, das englische Wort für Arbeit, ist ein relativ neues Wort. Als unsere Vorfahren ihr Land bestellten, sind sie nicht »arbeiten gegangen«, es gab keine Trennung von Haus und Arbeit. Ich beschäftige mich seit über dreißig Jahren mit der Herkunft des Wortes »work«, und soweit ich feststellen konnte, ist seine Verwendung erst im 16. Jahrhundert belegt – Shakespeare hat es erstmals 1599 verwendet. Griechen und Europäer des Mittelalters hatten kein Wort für Arbeit, jedenfalls nicht in unserem heutigen Sinn. Die Indianer haben in ihrem Wortschatz keinen entsprechenden Begriff. Die Griechen der Klassik und später die Römer hielten manuelle Arbeit, die dem Lebensunterhalt oder dem Handel diente, ausschließlich für Sklavenarbeit.

Lohnarbeit, zu der die Arbeit heute geworden ist, war in früheren Zeiten ein Zeichen von Armut – und ist es für viele noch heute. Wir hetzen in einem aberwitzigen Tempo von Termin zu Termin und versuchen, uns abends zwischen sieben und acht eine Stunde Zeit für die Kinder zu nehmen. Wir führen ein Leben nach dem Terminkalender und werden zur Eile angetrieben durch Digitaluhren, Mobiltelefone, Piepser, Faxgeräte und Computer, die alles überwachen, von unseren Autos bis zu unseren Sicherheitssystemen, und alles wird in Nanosekunden gemessen.

Arbeit macht viel mehr Spaß als Spaß.
Noël Coward

Wir verherrlichen diesen hektischen Lebensstil, feiern unsere manischen Unternehmer als Helden und bewundern ihre wortreichen Appelle an die Persönlichkeit, auch wenn zerstörte Seelen ihren Weg säumen. *Wir sind nicht mehr vom Sein, sondern vom Tun bestimmt.*

Der Kapitalanteil des siebzigjährigen Pierre Péladeau, 58 Prozent an der Firma Quebecor Inc., ist nahezu 350 Millionen Dollar wert. Dieser Fünf-Milliarden-Gigant stellt Printmedien her, betätigt sich als Verlagshaus und unterhält einen forstwirtschaftlichen Zweig; er ist das zweitgrößte Druckereiunternehmen in Nordamerika. Péladeau war dreimal verheiratet und lebt jetzt mit einer Lebensgefährtin zusammen. Über seine Arbeitssucht sagte er einmal: »Als ich zum ersten Mal heiratete, hatte ich eine wunderbare Frau, die bildschön war. Eines Tages – wir hatten gerade ein Haus gekauft – fragte sie mich: ›Meinst du nicht, wir haben jetzt genug?‹ Und ich sagte: ›Es geht nicht darum, ob ich genug habe oder nicht. Es geht darum, ob ich aufhören kann oder nicht. Und ich kann nicht aufhören, das ist der Haken.‹«[3]

Vor zwanzig Jahren holte Michael Cowpland, Gründer und Chef des Software-Giganten Corel Corp., seinen Tennistrainer Ed Hladkowicz in sein Unternehmen, und mit der Zeit stieg Hladkowicz zum Verkaufsleiter der Systemabteilung von Corel auf. Zwanzig Jahre lang spielten die beiden zusammen Tennis, bis Hladkowicz im November 1991 entlassen wurde. Cowpland hatte ihn weder über die bevorstehende Schließung seiner Abteilung informiert, noch hatte er ihn persönlich angerufen. »Es war ein völlig unerwarteter Schock für mich«, erklärte Hladkowicz. Eine Woche später rief Cowpland dann doch an – um seinen entgeisterten Partner zu fragen, wann sie wieder zusammen Tennis spielen würden. Das war der Augenblick, in dem sein alter Freund und Tennispartner zu seinem Ex-Tennispartner wurde.[4]

Peter Newman, der frühere Herausgeber und Journalist der Zeitschrift *Maclean's*, stand gewöhnlich um 4 Uhr morgens auf und schrieb bis 9 Uhr, dann ging er in sein Büro und erledigte seine Aufgaben als Herausgeber. Heute sagt er, daß sein Terminplan schon aus den Fugen geriet, wenn der Aufzug auf dem Weg zu seinem Büro im siebten Stock zweimal anhielt.[5]

Ted Rogers, Geschäftsführer von Rogers Cables, plant jede Minute seines Tages von 7 Uhr morgens bis 11 Uhr abends, und das für sieben Tage in der Woche und auf ein Jahr im voraus; und auch die beiden folgenden Jahre plant er bereits, wenn auch nicht ganz so genau. Er hat sich, wie so viele von uns, das Ziel gesetzt, seine Zeit immer effektiver zu nutzen. *Die Folge ist, daß wir gelernt haben, produktiv zu sein, aber dafür vergessen haben, einfach dazusein.* Diese zeit- und zielorientierte Einstellung zur Arbeit übertragen wir auch auf unser Privatleben. Merrily Orsini, eine alleinerziehende Mutter von zwei Jungen und Gründerin eines Betreuungsdienstes für Senioren im texanischen Louisville, kann sich noch gut daran erinnern, wie es bei ihr war. Sie klebte Pläne und Diagramme an die Kühlschranktür, auf denen man ablesen konnte, wer gerade Geschirr spülen, den Müll hinaustragen und andere Pflichten im Haushalt erledigen mußte. Es gab auch Fristen: »Vor 17 Uhr mit dem Hund spazierengehen.« Aber ein Leben nach einem festgelegten Tagesplan beflügelt nicht alle Teenager, und so kam es, daß Merrily Orsini den Hund meist selbst ausführen mußte.[6] Je irrsinniger unser Arbeitsprogramm wird, desto größer wird die Wahrscheinlichkeit, daß wir im Irrenhaus landen.

Vieles, was uns im Leben Freude bereitet, bereitet uns deshalb Freude, weil es unsere Persönlichkeit anspricht. Dazu gehören materielle Güter, Unterhaltung, Freizeitvergnügungen, gesellschaftliches Ansehen, Akzeptanz und vieles andere. Aber ein heiteres Gemüt ist auch durch Lachen, Liebe, Geben, Teilen, Gespräch, Lernen, Glauben, Schönheit und Frieden zu erlangen – die Gaben der Seele. Das Lebensglück kann in den Dingen, im Leben selbst oder in unserem Inneren liegen. Wir haben die Wahl, wir brauchen nur unsere Persönlichkeit und unsere Seele zu betrachten und uns fragen: »Was fehlt dir?«

Der Verlust der Gemeinschaft

»Eine Sache besser machen« ist inzwischen gleichbedeutend mit »eine Sache schneller machen«. Die Menschen geraten zunehmend unter Zeitdruck und spüren, daß in ihrem Leben etwas fehlt. Sie selbst sagen, sie sehnen sich nach mehr Freizeit, doch was ihnen im Grunde genommen fehlt, ist das verlorengegangene Gemeinschaftsgefühl. Die Menschen, mit denen wir die meiste Zeit verbringen – unsere Arbeitskollegen –, sind für uns kaum noch mehr als Aktennotizen, Titel, Telefongespräche und E-Mail-Botschaften. Vielbeschäftigte Leute kommen zu ihren dicht aufeinanderfolgenden Besprechungen immer häufiger zu spät und gehen dafür früher wieder weg, haken die einzelnen Punkte in ihrem vollgepfropften Terminkalender routinemäßig ab oder vertagen sie auf später. Was sie voneinander wissen – von den Themen, um die es geht, ganz zu schweigen –, ist geradezu grotesk oberflächlich. Dann eilen sie zu ihrem nächsten Termin oder an ihren Schreibtisch, weil sie irgendeine Frist einhalten müssen. Die daraus resultierende Oberflächlichkeit der persönlichen Beziehungen erzeugt in uns allen ein Gefühl der Leere.

Die Informationsflut eindämmen

Einer meiner Kunden, der Direktor eines mittleren Unternehmens, hat mir erzählt, daß er jeden Tag vier bis fünf Stunden damit zubringt, E-Mail zu versenden und zu beantworten. Somit bleiben ihm nur drei bis fünf Stunden für die Erledigung anderer Aufgaben. Ein übereifriger Bankmanager, der seine Kinder abends im Büro bis zu zwei Stunden warten ließ, während er seine Akten vollends durcharbeitete, starb kürzlich an seinem Schreibtisch – mit einundfünfzig Jahren. Solche Beispiele sind nicht untypisch in einer Zeit, in der wir stets noch einen Zahn zulegen und unentwegt dazu aufgefordert werden, mit weniger mehr zu erreichen. Überall stöhnen Führungskräfte unter der Informationsflut.

Die Technik hat in puncto Umfang und Tempo des Informationsflusses wahre Wunder bewirkt, aber die Qualität der produzierten Daten hat damit nicht Schritt gehalten. Auf die Bedürfnisse des Benutzers wird keine Rücksicht genommen. Mit Hilfe eines PC kann praktisch jeder Daten produzieren, aber es gibt nur sehr wenige Richtlinien für die Anwender. Die Folge ist, daß moderne Unternehmen an der Informationsflut fast ersticken, und Führungskräfte fühlen sich bei der ständigen Suche nach einem Vorteil gezwungen, alles durchzuforsten, weil sie fürchten, ein obskures, aber vielleicht sehr wichtiges Detail zu übersehen. Da bleibt keine Zeit für Kontemplation. Disziplin in einigen wenigen Punkten würde der Übermittlung von Informationen wieder zu mehr Qualität verhelfen und die Datenschwemme unter Kontrolle bringen: kurzer und bündiger Stil, knappe Zusammenfassungen, kleinere Umlauflisten, Offline-Rohentwürfe, redaktionelle Bearbeitung, häufigeres Aussortieren überholter Mitteilungen und vor allem größere Rücksichtnahme auf den Empfänger – eine Werteverschiebung auf dem Vorderrad vom Ich zum Du –, davon würden alle profitieren. Müßten die Verfasser ihre Botschaften in Stein meißeln, würden sie sich kürzer fassen – oder sich die Mühe überhaupt sparen.

Ich halte einen 1379 Seiten starken Leitfaden zur Vereinfachung von Steuererklärungen in der Hand.
Delbert L. Latta

E-Mail bringt zwei Probleme mit sich. Das erste ist ihre Oberflächlichkeit – die Worte werden vermittelt, aber selten die Musik. Oft begreifen wir erst nach langem Hin und Her, was uns der andere eigentlich sagen will. Wir verwechseln Häufigkeit mit Tiefe. Der Direktor eines Unternehmens glaubt, er stehe über E-Mail in einem »intensiven« persönlichen Kontakt mit seinem Sohn, der irgendwo Vizepräsident ist. Betrüblicherweise ist das fast ihre einzige Form der Interaktion.

»High tech, high touch« funktioniert am besten, wenn wir persönliche Kontakte verstärken und lernen, die Technik effektiver zu nutzen. Das heißt, wir müssen uns die Mühe machen, zu den Menschen zu gehen, ihnen zuhören und die anstehenden Themen in einer Weise besprechen, daß eine persönliche Beziehung entstehen kann. Zuhören und Diskutieren spielen bei E-Mail kaum eine Rolle. Wenn wir die Zahl der persönlichen Kontakte in Unternehmen erhöhen und uns maßvoll der Technik bedienen, können wir die Kommunikation entscheidend vertiefen. Solange das nicht geschieht, hat die Seele freilich keine Chance, über »control/delete« hinauszugelangen.

Das zweite Problem besteht darin, daß wir E-Mail (und die meisten anderen Datentechniken) für unsere eigenen Interessen mißbrauchen – zur Stärkung des Cyber-Ego. Viele Führungskräfte produzieren Unmengen von Daten, um in bestimmten Fragen ihre Position zu stärken und die eigene Karriere zu fördern. Der daraus resultierende Informationswust wird zur Zeitfalle für alle anderen.

Was für E-Mail gesagt wurde, gilt auch für Voice Mail und alle anderen Formen von Datenproduktion. Wir müssen rasch auf die Datenüberflutung reagieren, denn der Mißbrauch der Technik schafft die Probleme, die sie ursprünglich lösen sollte, keineswegs aus der Welt, sondern vergrößert sie noch. Der Mißbrauch von Kommunikationstechnologie beeinträchtigt die Leistung und Produktivität auf persönlicher und betrieblicher Ebene, führt zur Verschwendung von Ressourcen, verwirrt die Menschen, beeinträchtigt die Kommunikation, kompliziert Entscheidungsprozesse, erzeugt Streß und schwächt die Seele. Wenn die Seele der Menschen in dieser Weise geschwächt wird, werden in der Folge auch die Unternehmen geschwächt.

Die derzeitige Datenschwemme macht den Menschen das Leben schwer. Unternehmen müssen ein praktisches Programm entwickeln, das zu strenger Displizin anhält und zu einer drastischen Reduzierung der Datenmengen bei gleichzeitiger Qualitätssteigerung führt. Das wird die Menschen dazu befähigen, wieder auf die höhere Ebene zurückzukehren, auf der sie die Primärwerte *Könnerschaft*, *Menschenfreundlichkeit* und *Hingabe* verwirklichen können.

Zufällige Berufswahl oder Lebenszweck

Einer der Gründe für die weitverbreitete Unzufriedenheit am Arbeitsplatz ist, daß erstaunlich wenige Menschen sich bewußt für ihren derzeitigen Beruf entschieden haben – sie sind in ihren Job mehr oder weniger hineingerutscht (»Ich habe auf eine Anzeige geantwortet«, »Die Firma hat mich versetzt«, »Ich wurde Buchhalter, weil ich das damals für eine gute Idee hielt«) oder haben sich unter Druck entschieden (»Ich wollte eigentlich Künstler werden, aber mein Vater war Arzt«). Wir reden uns ein, wir hätten uns unseren Beruf ausgesucht, aber höchstwahrscheinlich haben wir uns bei der Entscheidung nur von unserer Persönlichkeit (und nicht von unserer Seele) leiten lassen. Später merken wir, wie sehr wir unsere Arbeit verabscheuen, und das hat zur Folge, daß viele ein Leben in stiller Verzweiflung führen, wie Thoreau gesagt hat. Bis uns diese Erkenntnis dämmert, sitzen wir in der Falle der materiellen Annehmlichkeiten, die uns unsere Arbeit beschert – wir sind Opfer unserer Persönlichkeit. Nur wenige bringen den Mut auf, eine Auszeit zu nehmen und ihr Leben neu zu planen. Doch das müssen wir, wenn wir die verpaßte Chance nachholen wollen, unserem Leben Sinn und Zweck zu geben. Beim zweiten Mal hat auch die Seele Gelegenheit, sich zu Wort zu melden.

Ob uns die Arbeit Spaß macht, hängt davon ab, ob wir sie lieben. Und lieben können wir sie nur, wenn wir etwas tun, das wir gerne tun. Es hat keinen Sinn, bis fünfundsechzig wie ein Sklave in irgendeiner Hölle zu schmoren, nur damit man hinterher sagen kann: »Gottlob, es ist vorbei!«

Eine persönliche Aufgabe

Eine Möglichkeit, unseren Lebenszweck zu definieren, besteht darin, eine persönliche Aufgabe zu finden. Wenn wir in unserem Leben keinen rechten Sinn sehen, haben wir auch an unserer

Arbeit keine Freude. Wenn wir arbeiten, ohne unser Tun mit einem Sinn und einem Lebenszweck zu verknüpfen, lassen wir gleichsam unsere Seele verhungern. Die Arbeit kann uns keinen Spaß machen, solange wir nicht mit Leidenschaft bei der Sache sind. Sie ist lediglich ein Job, bis wir die Lücke zwischen dem, was das Herz uns aufträgt, und dem, was wir tatsächlich tun, schließen. Das erreichen wir durch Seelenarbeit, bei der wir unsere persönliche Könnerschaft, Menschenfreundlichkeit und Hingabe überprüfen und mit Hilfe der dabei gewonnenen Einsichten eine persönliche Aufgabe definieren.

Ist meine Arbeit kleiner als meine Seele?
Matthew Fox

Wir alle haben unterschiedliche Talente und Wertvorstellungen. Jeder hat bestimmte Gründe dafür, warum und wie er etwas tut. Diese Gründe bilden, zusammen mit unseren Talenten und Wertvorstellungen, die ausschlaggebenden Kriterien für unsere Entscheidungen, unser Verhalten und unsere Prioritäten. Sie helfen uns, uns auf den Augenblick zu konzentrieren und *ganz in der Gegenwart zu leben* – und damit sind wir anderen direkt und indirekt behilflich, dasselbe zu tun.

Wenn wir unser Leben auf unsere persönliche Aufgabe ausrichten, können wir das tun, was wir lieben, unsere Fähigkeiten und Talente entfalten und unser Tun mit unseren Werten in Einklang bringen. Das eröffnet uns die Möglichkeit, die Zukunft nach unseren Wünschen zu gestalten. Die Seele lebt auf, wenn wir folgende Fragen bejahen können:

- Habe ich Freude an meiner Arbeit?
- Macht meine Arbeit anderen Freude?

Wir geben unserem Leben einen Schwerpunkt, wenn wir wissen, was wir tun möchten und wie wir es tun möchten. Dieser Schwerpunkt hilft uns, die richtigen Entscheidungen zu treffen, die uns auf Kurs halten. Mit seiner Hilfe können wir uns ein Bild von unserer Zukunft machen, und dies wiederum hilft uns, unser Handeln in der Gegenwart zu ändern. Wollen wir nach Norden, müssen wir einen Weg einschlagen, der uns dorthin führt. Wenn wir es uns anders überlegen und beschließen, nach Süden zu reisen, müssen wir natürlich unsere derzeitige Richtung ändern. Unsere persönliche Aufgabe ist unsere Landkarte, die uns hilft, in schwierigen und sich wandelnden Situationen unser Gleichgewicht und unser Gefühl für die Richtung zu bewahren.

Eine persönliche Aufgabe besteht aus zweierlei: aus der höheren Mission, wie ich sie nennen möchte, und aus der Lebensaufgabe. Zuerst müssen wir unsere höhere Mission definieren, die zwar in sehr unterschiedlicher Art und Weise ausgedrückt werden kann, aber dennoch universell ist. Die höhere Mission unseres Lebens besteht darin…

- anderen mit Könnerschaft, Menschenfreundlichkeit und Hingabe zu dienen,
- *»jeden Augenblick selbstlos, leidenschaftlich und mit Liebe zu leben«*,[7] damit unser Planet für alle seine Bewohner bewohnbarer wird,
- mehr Freundlichkeit, Mitgefühl, Ehrlichkeit, Wahrheit und Liebe in die Welt zu bringen,
- nicht nur etwas zu *tun*, sondern auch etwas zu *sein*.

Nehmen Sie sich einen Augenblick Zeit, um über diese Frage nachzudenken:

Welche höhere Mission haben Sie?

Unsere Lebensaufgabe dient unserer höheren Mission. Wenn unsere höhere Mission der Zweck ist, dann ist unsere Lebensaufgabe das Mittel. Unsere Lebensaufgabe ist etwas sehr Persönliches und deckt sich mit den seelischen Bedürfnissen jedes ein-

zelnen. Wenn Sie Ihre Lebensaufgabe definieren, hilft Ihnen das, die folgende Frage zu beantworten:
Welcher Aufgabe möchten Sie Ihr Leben widmen? Wie möchten Sie diesem Planeten und allen seinen Geschöpfen dienen?
Hier sind einige Beispiele für Lebensaufgaben aus unseren Workshops zu diesem Thema:

- Die Patienten so pflegen, daß ich Liebe, Wohlbefinden und Glück in ihr Leben hineintrage (eine Krankenschwester)
- Anderen mit Energie und Liebe zum Erfolg verhelfen (ein Unternehmensberater)
- Schöne Musik komponieren und spielen, damit der Geist der Menschen beflügelt und ihr Leben verzaubert wird (ein Musiker)
- Ideen produzieren, die anderen weiterhelfen (der Leiter einer Werbeagentur)
- Anderen helfen, ihr Selbstwertgefühl zu stärken (ein Zahnarzt)
- Führungskräfte auf eine höhere Ebene führen (meine Aufgabe)

Um herauszufinden, was Sie mit Leidenschaft tun können, überdenken Sie zuerst einmal Ihr Leben. Das können Sie anhand der folgenden drei Fragen tun, die auf den Primärwerten beruhen:

Die Primärwerte

Könnerschaft: Welche Aufgaben erfüllen Sie mit Freude und welche Tätigkeiten üben Sie so gerne aus, daß Sie dabei in einen Zustand des Flow kommen und jedes Gefühl für die Zeit verlieren?

Menschenfreundlichkeit: Welche Menschen (Freunde, Angehörige, Clubkameraden, Kollegen, Mitarbeiter, Bekannte) bringen Freude in Ihr Leben, erfüllen Sie mit positiver Energie und beflügeln Sie?

Hingabe: Stellen Sie sich unter Kunden all jene vor, die mit einem Bedürfnis zu Ihnen kommen. Finden Sie zuerst heraus, welche Bedürfnisse sie haben. Welche können Sie am besten erfüllen?

Mit dieser Übung können Sie herausfinden, welche Dinge Sie gut und gerne machen, mit welchen Menschen Sie gerne zusammen sind und welche Bedürfnisse der anderen Sie am liebsten erfüllen möchten. Wenn Sie das alles in die Tat umsetzen, wird Ihr Leben ohne Brüche sein, Sie werden, um mit Yeats zu sprechen, »den Tänzer nicht mehr vom Tanz unterscheiden können«.
Diese Übung wird Ihnen auch helfen, herauszubekommen, wie Sie Ihr Können verbessern, Ihre Beziehungen vertiefen und Ihr Engagement verstärken können.
Wie Sie aus Kapitel 2 noch wissen, wird die Umsetzung der Primärwerte durch die Beschleuniger gefördert. Der nächste Schritt besteht also darin, herauszufinden, welche Beschleuniger das in Ihrem Fall sind:

Die Beschleuniger

Lernen führt zur **Könnerschaft:** Was müssen Sie noch *lernen,* um die von Ihnen gewünschte *Könnerschaft* zu erreichen?

Einfühlung führt zu **Menschenfreundlichkeit:** In welcher Weise können Sie sich in diejenigen *einfühlen,* die Sie mit positiver Energie erfüllen und beflügeln, und Ihre Beziehung zu ihnen vertiefen?

Zuhören führt zu **Hingabe:** Wie wollen Sie Ihren Kunden *zuhören,* damit Sie ihre Bedürfnisse mit Eleganz und Liebenswürdigkeit erfüllen können?

Wir haben jeden Tag Dutzende von Entscheidungen zu treffen, und es liegt an uns, welche Alternative wir wählen. Wir können ganz im Interesse der Seele handeln und uns für mehr *Könnerschaft, Menschenfreundlichkeit* und *Hingabe*, für mehr Liebenswürdigkeit, Mitgefühl, Ehrlichkeit, Wahrheit und Liebe entscheiden – oder wir können aus der Persönlichkeit heraus handeln und uns von Konkurrenzdenken und Egoismus leiten lassen. Diese Wahlmöglichkeiten sind auf dem Vorderrad des Werte-Fahrrades angesiedelt. Dem Vorderrad können wir auch entnehmen, welche Richtung wir für unsere Lebensreise innerlich einschlagen müssen. Hier finden wir die Werteverschiebungen, die uns unseren Idealen und Prinzipien näher bringen – unser moralisches Manifest. Das Vorderrad zeigt die Richtung an und steht für jene Werteverschiebungen, die das ganze Fahrrad ausrichten. Es sind die Verschiebungen von der Persönlichkeit zur Seele. Das Vorderrad zeigt uns, wie wir unsere Werte verlagern müssen, damit wir folgendes tun können:

Die Werteverschiebungen	
Entscheiden Sie sich dafür	**Statt**
sich auf das **Du** und seine Bedürfnisse zu konzentrieren	auf das Ich und seine Bedürfnisse
Menschen zu führen	Dinge zu managen
dasselbe besser zu machen **(kaizen)**	nur auf Innovationen zu setzen (Dinge anders zu machen)
Ihre **Stärken** zu feiern und auf ihnen aufzubauen	über Ihre Schwächen nachzudenken
Modelle zu verwenden, die auf **Liebe** und Mitgefühl setzen	Modelle zu verwenden, die auf Konkurrenzdenken und Angst setzen

Treffen Sie eine Auswahl aus diesen Werteverschiebungen, und fügen Sie Ihre eigenen hinzu. Dann schreiben Sie alles noch einmal auf und passen es so Ihrer persönlichen Situation an, daß Sie eine Liste der Werte erhalten, die Ihnen am wichtigsten sind. Wählen Sie die Schlüsselwerte aus, von denen Sie sich bei der Neuausrichtung Ihres Lebens leiten lassen wollen.

Ich bin wie ein kleiner Stift in der Hand eines schreibenden Gottes, der einen Liebesbrief an die Welt schickt.

Mutter Teresa

Jetzt sind Sie in der Lage, diese Daten in einen Plan einzuarbeiten, der Ihre Lebensaufgabe definiert. Wenn Sie dieser neuen Lebensaufgabe folgen, werden Sie wieder Freude und Spaß haben. Obwohl Ihre Reise nie zu Ende sein wird, weil mit jedem neuen

Ziel Ihr Weg breiter wird und sich neue Wahlmöglichkeiten eröffnen, werden Sie nie mehr »nur Ihren Job« machen. Sie werden auf eine Reise gehen, die Ihrem Leben einen Sinn gibt. Sie werden die innere Gewißheit haben, daß Sie für diesen Planeten etwas Sinnvolles tun – und der Freude eine Chance geben, in Ihr Leben zurückzukehren. Sie werden einen Lebenszweck haben.

Streß abbauen

Streß gehört zu den alarmierendsten Erscheinungen unserer Zeit. Angestellte sind heute solchen Belastungen ausgesetzt, daß ich mich frage, wie lange sie das noch aushalten können. Ich rechne sozusagen jeden Moment damit, daß sie die Fenster aufreißen, wie die Figuren in Paddy Chayevskys Film *Network*, und in die Welt hinausschreien: »Ich habe eine Stinkwut, ich lasse mir das nicht länger gefallen!« Ich frage mich oft, ob hier eine mathematische Formel am Werk ist: Eine Einheit Streß hebt zehn Einheiten Freude auf.
Nach Aussage des Psychotherapeuten und früheren Mönches Thomas Moore sind die häufigsten Probleme, die ihm in seiner Praxis begegnen:

- Gefühle der Leere und Sinnlosigkeit
- unbestimmte Depressionen
- Enttäuschung über Ehe, Familie, Beziehung
- Werteverlust
- Sehnsucht nach persönlicher Erfüllung
- Hunger nach Spiritualität[8]

Bei meiner Arbeit begegnen mir dieselben Symptome. Zudem stelle ich fest, daß die Menschen sich dieser Probleme durchaus bewußt sind, daß sie aber oft nicht willens oder imstande sind, die Ursachen zu beseitigen. In ihrem 1991 erschienenen Bestseller

The Overworked American: The Unexpected Decline of Leisure hat Juliet Schorr dieses Syndrom als die Falle des »Arbeite und konsumiere« bezeichnet. Und doch wissen wir, daß Streß nicht durch Ereignisse oder Menschen ausgelöst wird, sondern durch unsere Reaktionen auf sie.
Ich behaupte nicht, daß ich herausgefunden habe, wie man ohne Streß leben kann, aber hier sind ein paar Techniken, die ich mir im Laufe der Jahre angeeignet habe und die nach meiner Erfahrung helfen können, Streß abzubauen:

- Meditation ist eine wirkungsvolle Methode. Gewöhnen Sie sich an, täglich zu meditieren, und nutzen Sie die Meditation dazu, die Kunst der Entspannung zu erlernen sowie sich und Ihre Gefühle unter Kontrolle zu bringen.
- Denken Sie nach. Halten Sie inne, um Alternativen zu prüfen, und filtern Sie die Nebensächlichkeiten heraus. Machen Sie sich klar, daß Sie immer Alternativen haben. Was Sie tun, ist das Ergebnis einer Entscheidung. Denken Sie über Wahlmöglichkeiten bezüglich Ihres Lebensstils und Ihrer Arbeit nach – es gibt unendlich viele Wege, die Sie einschlagen können, und vielleicht ist es wirklich an der Zeit, daß Sie die Richtung ändern.
- Vermeiden Sie die Fixierung auf Kleinigkeiten. Perfektionismus ist ein gefährlicher Streßfaktor. Ich kämpfe ewig gegen meine Neigung an, stets einen aufgeräumten Schreibtisch zu hinterlassen. Obwohl mein Büro in einem abgelegenen Winkel meines Hauses liegt, bemühe ich mich stets darum, noch ausstehende Telefonate zu erledigen und vor dem Ende des Tages das Durcheinander auf meinem Schreibtisch zu lichten. Einmal freilich, als ich mich von einem schweren Skiunfall erholte, stellte ich fest, daß ich einfach nicht die Kraft hatte, auf alle Anrufe zügig zu reagieren. Einige konnte ich erst nach zwei Wochen beantworten, aber meinen Kunden schien das nichts auszumachen. Als ich ihnen erklärte, warum ich mich so spät meldete, zeigten sie Verständnis, und wir wickelten die Ange-

legenheit, um die es ging, doch noch irgendwie ab. Es war keine große Sache. Damit schlage ich kein unhöfliches Telefonverhalten vor – nur mehr Gelassenheit.

- Sich über ein Problem zu ereifern hilft Ihnen kaum weiter, bringt aber eine Menge Streß mit sich. Bemühen Sie sich, lösungsbezogen statt problembezogen zu denken. Denken Sie daran, wie Sie gewinnen können, statt zu jammern. Gejammert wird schon genug auf der Welt.
- Ein aufbrausender oder ausfallender Chef lebt von Einschüchterung und Drohungen. Aber denken Sie einen Augenblick nach: Wahrscheinlich ist alles halb so schlimm, denn er ist auf Sie mindestens genauso angewiesen wie Sie auf ihn. Lächeln Sie also einfach, wenn er Gift und Galle spuckt, und hoffen Sie für ihn, daß er sich bald wieder beruhigt.

Eines der Anzeichen für einen bevorstehenden Nervenzusammenbruch ist die Überzeugung, daß die eigene Arbeit furchtbar wichtig ist.

Bertrand Russell

- Konzentrieren Sie sich auf den Augenblick. Tun Sie, was immer Sie in diesem Augenblick tun, so gut wie möglich. Ich habe das als *Könnerschaft* bezeichnet, und aus ihr beziehen wir unser Selbstwertgefühl; die Konzentration auf das Jetzt führt zu *Könnerschaft*, die Konzentration auf Deadlines und Ziele zu Hektik, Angst und Streß. Wenn wir zu viele Dinge gleichzeitig tun, arbeiten wir oberflächlich, produzieren Mittelmaß und Fehler; die Folge ist ein Verlust an Selbstwertgefühl.
- Leben Sie für den Augenblick, nicht für die Vergangenheit oder die Zukunft. Die Vergangenheit ist vorbei und nicht mehr zu ändern. Die Zukunft ist voller Krisen, Freuden und Chancen – einige sind real, andere nur eingebildet. Wenn Sie sich über alles Sorgen machen, haben Sie keine ruhige Minute mehr. Außerdem ist das Leben zu kurz, als daß man seine Zeit damit verschwenden sollte, sich über jede potentielle Katastrophe Gedanken zu machen und Vorsorge zu treffen.

- Konzentrieren Sie sich jeweils nur auf eine Sache, dann erzielen Sie die besten Ergebnisse. Wenn jemand versucht, Sie unter Druck zu setzen, wenn er Ihnen seine Prioritäten aufzwingen und eine Frist setzen will, dann erinnern Sie ihn freundlich daran, daß Sie jeweils nur eine Sache auf einmal tun und daß er als nächster an die Reihe kommen wird.
- Es gibt zwei Arten von Energie: positive und negative. Die Zeit, die wir auf diesem Planeten haben, ist kostbar, versuchen Sie daher, keinen Augenblick mit der Erzeugung negativer Energie zu verschwenden. Es kostet Sie die gleiche Anstrengung, negative oder positive Energie zu erzeugen, aber nur die positive führt zum Erfolg und baut die Menschen auf. Konkurrenzdenken ist negativ. Versuchen Sie nicht länger, einen anderen auszustechen. Überlegen Sie, wie Sie beide gewinnen können. Konzentrieren Sie sich auf den Beschleuniger »Lernen«, der Ihnen zu mehr *Könnerschaft* und Selbstwertgefühl verhelfen wird. Dann wird Konkurrenzdenken für Sie irrelevant.
- Streben Sie nach Frieden, nicht nach Krieg.
- Wenn Ihnen etwas nicht gefällt, lernen Sie damit zu leben oder versuchen Sie, es zu ändern – aber nur einmal. Gehen Sie dann darüber hinweg, und grollen Sie nicht mehr deswegen. Die Vergangenheit ist vorbei, wir leben für die Zukunft.
- Nennen Sie die Dinge beim Namen. Das löst innere Spannungen. Das heißt aber nicht, daß Sie grob sein sollen – nur ehrlich. Wenn es einem anderen mißfällt, daß Sie die Wahrheit sagen, dann bedenken Sie, daß das ebensosehr Ihr wie sein Problem ist.
- Irgendwann werden Ihre Kinder erwachsen. Wenn dieser Zeitpunkt gekommen ist, erklären Sie ihnen, daß Sie sich für ihre Probleme, Krisen und Sorgen nicht mehr zuständig fühlen. Sagen Sie ihnen, daß Sie sie zwar noch immer sehr lieben und stets bereit sind, ihnen nach Kräften zu helfen, daß sie jedoch für alle gegenwärtigen und zukünftigen Ereignisse in ihrem Leben selbst die Verantwortung tragen.

- Wenn Sie im Augenblick nicht glücklich sind, visualisieren Sie Glück, bis Sie es wirklich empfinden. Seien Sie optimistisch: Erwarten Sie das Beste. Das wird eine wunderbare Wirkung auf andere haben und auf Sie zurückkommen. Glück hat nichts damit zu tun, daß man bekommt, was man möchte, sondern daß man möchte, was man hat. Leo Buscaglia fragte in New York einmal einen Unbekannten, wie es ihm gehe. »Hervorragend!« lautete die Antwort. »Warum zeigen Sie es dann nicht?« Und Leonard Cohen singt: »Alles hat einen Riß, so kommt das Licht herein.«
- Zuspätkommen erzeugt Streß. Wir sind nie zu spät dran, wir brechen einfach nicht früh genug auf. Beschließen Sie, nicht mehr unter den Zeitdruck zu geraten – machen Sie sich früher auf den Weg.
- Sorgen Sie dafür, daß es Ihnen gutgeht. Ernährung, Bewegung, Ruhe, Kommunikation und Beziehungen sind wichtig für Ihr Wohlbefinden. Selbst wenn wir ein »Heiligtum« schaffen, bewältigen wir das heutige Lebenstempo leichter mit einem Körper und einer Seele, denen es gutgeht.
- Manche Menschen sind für bestimmte Aufgaben besser geeignet als andere. Sie geben es vielleicht ungern zu, aber Sie können nicht auf allen Gebieten Spitzenleistungen erbringen. Tun Sie die Dinge, in denen Sie gut sind, und *bitten Sie andere, Ihnen bei den übrigen zu helfen.* Und wenn Sie eines Tages einen Hund haben, geben Sie sich Mühe, nicht mehr zu bellen.
- Apropos Hund … legen Sie sich einen zu.
  Als meine Frau und ich eines Abends vor einem prasselnden Kaminfeuer saßen und unser Hund Spirit schlafend auf meinem Schoß lag (obwohl er dafür eigentlich viel zu groß ist), blickte ich versonnen in mein Weinglas und dachte laut darüber nach, ob ein liebevolles Tier dazu beiträgt, das Immunsystem zu stärken. Ich weiß nicht, ob das so ist (obwohl es eine Menge wissenschaftliche Belege für diese Theorie gibt), und ich weiß auch nicht, ob es nicht so ist. Aber ich neige zu der Über-

zeugung, daß Spirit gut für meine Seele ist. Das Gefühl des Friedens, das aus einer tiefen Beziehung zu einem anderen Menschen entsteht und das Ihnen ein lebendiger, atmender Hund schenkt, der Ihnen bedingungslose Liebe entgegenbringt, ist gut für die Seele. Daher rate ich Ihnen nicht nur, sich einen Hund zuzulegen, sondern auch, daß Sie ...

- loslassen und sich erlauben, sich zu verlieben.

Arbeit als Kunstwerk, nicht als Mechanik

Ich ermutige meine Kunden, ihre Unternehmen stärker nach künstlerischen statt nach mechanistischen Gesichtspunkten zu gestalten. Dazu müssen sie ihr Denken grundlegend ändern. Viele traditionelle Manager fühlen sich unwohl, wenn sie ihre Ausrichtung auf Zielsetzungen aufgeben sollen, denn sie brauchen persönliche und unternehmerische Ziele als Navigationshilfen für ihre Lebensreise. Als Leuchttürme fungieren dabei strategische Pläne, Marketingpläne, Absatzquoten, Budgets, Quoten, Produktentwicklungspläne usw. Zielsetzungen erfordern meist eine Menge Energie und gedankliche Arbeit, und häufig fallen sie unter eine der beiden folgenden Kategorien: Entweder sind sie eine Art Stammesritual, das ignoriert wird, sobald es vollzogen ist, oder sie werden zum Daseinszweck für ein Unternehmen. In beiden Fällen wird Streß erzeugt, im ersten durch Zynismus und Heuchelei, im zweiten durch Angst und Einschüchterung. Und immer auf Kosten der Seele.

Ohne diese Navigationshilfen würden viele traditionelle Manager völlig die Orientierung verlieren und sich hoffnungslos verirren. In mechanistischen Unternehmen leiten uns quantifizierte Ziele und Pläne, und wenn wir am Ziel angelangt sind, halten wir kurz inne, ehe wir das nächste definieren. Ein Hamsterkäfig hat nichts Charmantes an sich.

In den sechziger Jahren zogen Tom Chappell und seine Frau Kate nach Kennebunk in Maine und gründeten die Firma Tom's of Maine, die organische Shampoos, Seifen, Deodorants und Zahnpasta verkauft. Chappell gab dafür einen Vertreterposten bei der Versicherungsgesellschft Aetna auf und erinnert sich: »In meinen finstersten Zeiten arbeitete ich für Ziele, die mir viel zu begrenzt waren. Ich arbeitete für einen größeren Marktanteil und höhere Profite. Ich hatte ein Gefühl der Leere. Ich war irgendwie deprimiert, orientierungslos und mit mir selbst nicht im reinen. Ich fühlte mich wie ein Schauspieler, denn was ich tat, war nicht echt. Ich kam mir wie ein Schwindler vor, weil ich nicht für das lebte, was mir wichtig war.«[9]

Ein zielgerichtetes Leben zu führen ist modern, aber unnatürlich. Es herrscht kein Mangel an Fachleuten, die uns zum Planen drängen, und doch organisieren wir keinen anderen Bereich unseres Lebens so wie die Arbeit. Es macht keinen Spaß, ist ohne Charme und erfüllt uns nicht.

Nachdem ich zehn Jahre damit zugebracht hatte, ein Unternehmen aus dem Nichts aufzubauen und auf 100 Millionen Dollar Jahresumsatz zu bringen, stellte ich mir dieselbe Frage, die sich andere in ähnlichen Situationen stellen: »Ist das alles? Und was kommt dann? 200 Millionen Dollar? Gibt es nichts anderes, Befreienderes und Sinnvolleres?« Ein Plan ist eine kunstlose Form, das Leben zu würdigen, und entspricht etwa dem Versuch, Leonardo da Vincis *Mona Lisa* zu interpretieren, indem man die Zusammensetzung der Farben analysiert, oder Beethovens Fünfte Symphonie mit Hilfe eines Oszillographen zu beurteilen. Wenn wir in vergleichbarer Weise den *cartesianischen Reduktionismus* dazu benutzen, um beispielsweise unseren Körper zu verstehen, führt das dazu, daß wir ihn in immer kleinere, isolierbare Teile zerlegen, bis wir schließlich die Zelle untersuchen. Wenn wir die Zelle verstehen, heißt das natürlich noch lange nicht, daß wir auch den Körper verstehen, so wie wir umgekehrt noch lange nicht die Zelle verstehen, wenn wir den Körper verstehen.

Für Unternehmen gilt dasselbe. Wenn wir mit Hilfe des cartesianischen Reduktionismus Pläne für Abteilungen und sogar einzelne Personen entwickeln, hilft uns das nicht, das Unternehmen zu verstehen, und schon gar nicht, die Seele zu beflügeln. Die Quantenphysik hat uns gezeigt, daß dieser mechanistische Ansatz nur dann funktioniert, wenn wir uns die Welt wie die Teile einer Maschine vorstellen. Wenn wir die Seele ansprechen wollen, sind diese Werkzeuge nutzlos – die Seele kann nicht der gründlichen Analyse der Mechanik unterzogen werden.

Ich trete nicht dafür ein, auf Zielsetzungen zu verzichten, sondern dafür, die Natur dieser Ziele und die Art und Weise ihrer Festlegung und Quantifizierung zu verändern. Hier ist meine Alternative: Stellen Sie sich Ihre Tätigkeiten – im privaten wie beruflichen Leben – als Kunstwerke vor. Warum schaffen wir ein Kunstwerk? Um die Seele zu beflügeln. Stellen Sie sich Ihre Arbeit als Kunstwerk vor, nicht als etwas Mechanisches. Kunst wird nicht geschaffen, um ein weiteres Kunstwerk fertigzustellen. Nur Geldanleger bemessen Kunst nach Dollars oder Quadratmetern, nach Gewicht oder Farbmengen. Menschen, die den intrinsischen Wert eines Kunstwerkes lieben, dient es dazu, die Seele zu inspirieren, und zwar so lange wie möglich. Ist es mit unserer Arbeit nicht dasselbe? Besteht der Sinn der Arbeit nicht darin, die Seele zu beflügeln? Sollten wir uns nicht bei der Arbeit ständig fragen: »In welcher Weise beflügelt diese Aufgabe meine Seele und die Seele anderer?« Ist es nicht wichtig zu fragen: »Wie kann ich das zu einer beseelten Arbeit machen?« Ist es nicht ebenso wichtig wie die Frage: »Wie komme ich zu meinem Geld?« Das führt uns zurück zu den Werten, und hier

Meiden Sie eine negative Einstellung zum Leben. Warum sollen wir in die Abwasserkanäle hinabstarren, wenn wir ringsum von Schönheit umgeben sind? Irgendein Makel läßt sich selbst in den größten Meisterwerken der Kunst, Musik und Literatur finden. Aber ist es nicht besser, sich an ihrem Zauber und ihrer Großartigkeit zu erfreuen?

Paramahansa Yogananda

sind drei einfache Fragen, die sich auf jede Situation anwenden lassen:

	Ja	Nein
Könnerschaft: Tue ich wirklich mein Bestes?		
Menschenfreundlichkeit: Ist es gut für die Menschen?		
Hingabe: Befriedige ich das Bedürfnis des Kunden*?		

Wenn wir diese drei Fragen stellen und auf diese Weise unsere Bestrebungen und unsere Effektivität beurteilen, werden wir mit der Zeit mechanistische Methoden bei der Festlegung unserer Ziele abbauen und in einigen Fällen sogar durch Methoden ersetzen können, die ein »Heiligtum« kennzeichnen: Wir werden die Qualität unserer Arbeit danach beurteilen, wie sie die Seele beflügelt. Wenn wir aufrichtig versuchen, die Seele ebenso zu inspirieren wie die Persönlichkeit, dann müssen wir noch eine weitere Dimension ins Spiel bringen: die Freude. Wenn unsere Arbeit zum Kunstwerk wird, bringen wir Anmut hervor, erleben Freude und stärken unsere Seele durch Freiheit und Erfüllung – einige der wesentlichen Aspekte der Regeneration.

Die moralische Erschlaffung ist aus der ausschließlichen Anbetung des Götzen Erfolg geboren. Sie ist – zusammen mit der erbärmlichen Gleichsetzung des Wortes Erfolg mit Bargeld – unsere Nationalkrankheit.

William James an H. G. Wells

* Unter Kunde verstehe ich hier jeden, der mit einem Bedürfnis zu Ihnen kommt.

7 Nahrung für die Seele

Herkömmliche Entgeltsysteme sind darauf zugeschnitten, die Persönlichkeit zu beeinflussen und zu kontrollieren, sie zielen nicht auf die Seele ab. Wenn wir die Seele beflügeln möchten, müssen wir sie jedoch zunächst einmal ansprechen. Belohnen wir die Persönlichkeit und ignorieren dabei die Seele, dürfen wir uns nicht wundern, wenn der Erfolg ausbleibt. Über ein Jahrhundert lang galt unser Augenmerk nur der Persönlichkeit. Nie haben wir uns überlegt, welch erstaunliche Wirkung wir erzielen können, wenn wir gezielt die Seele belohnen.

Eine Lehre besonderer Art

Jedes Dogma hat seine Zeit.
Abraham Rotstein

Wie bereits erwähnt, besitze ich eine wundervolle Hündin namens Spirit. Diesen Namen trägt sie zu Recht, denn sie ist voller Energie, Temperament und Lebenslust. Schon als sie noch ein Welpe war, lernte ich, daß manche Erziehungsmethoden besser funktionierten als andere. Ich lernte (Sie merken – ich bin derjenige, der lernt!), daß ich ihr einen unwiderstehlichen Anreiz bieten mußte, wenn ich sie dazu bewegen wollte, unverzüglich meinen Befehlen nachzukommen. Normalerweise verführte ich sie mit einem Hundekuchen. Ich lernte, daß ich nur meine Energie verschwendete, wenn ich sie anschrie, ausschimpfte oder einzuschüchtern versuchte. Damit motivierte ich sie nicht, ich jagte ihr nur Angst ein. Sie wurde störrisch, und ich ärgerte mich.

Meines Erachtens ist Liebe die stärkste motivierende Kraft. Und es funktioniert, wenn man auf die Liebe setzt.
Ich habe dieses Phänomen eingehend studiert und kam zu dem Schluß, daß es verdient, in den Rang eines universellen Gesetzes erhoben zu werden:

Andere werden Ihre Bedürfnisse befriedigen, wenn Sie zuerst ihre befriedigen.

Genauso gilt: Ignorieren wir die Bedürfnisse der anderen, so werden die anderen unsere ignorieren. Angst ist die stärkste demotivierende Kraft. Der letzte Teil meiner Forschungen ist noch nicht abgeschlossen: Ich versuche zu verstehen, warum so viele Menschen diese Lektion noch immer nicht gelernt haben. Jeder weiß, daß Einschüchterungsversuche und Drohgebärden bei Hunden nichts bewirken, und dennoch halten viele an dem Glauben fest, daß man Menschen mit solchen Mitteln motivieren kann. Warum wenden wir bei Menschen unbeirrt Methoden an, die noch nicht einmal bei Hunden funktionieren?
Wir müssen endlich damit aufhören, Teams durch Negativanreize und die Androhung von Sanktionen zu besseren Leistungen anspornen zu wollen. Der Wunsch nach Liebe ist unsere größte Sehnsucht. Wir alle sehnen uns nach mehr Liebe im Leben, nicht nach mehr Angst. Wenn wir Negativanreize durch Ermutigung, Mitgefühl, Vertrauen, *Einfühlungsvermögen* und Liebe ersetzen, können wir bei den Menschen bislang ungenutzte Energien freisetzen. Jeder Hund könnte Ihnen das sagen.

Eine Einheitsgröße paßt nicht jedem

Viele Führungskräfte richten ihr Augenmerk ausschließlich auf die Persönlichkeit und entwickeln weiterhin Entgeltsysteme, mit denen sie das Individuum, das sie eigentlich motivieren wollen, nur unter Druck setzen, einschüchtern, bestrafen oder demütigen. Die Vielfalt ihrer persönlichkeitsorientierten Entgelt- und Gratifikationssysteme entspricht ihrem mangelnden Verständnis für die menschliche Seele. Mit ihren berechnenden, Angst erzeugenden Anreizen bewirken sie genau das Gegenteil dessen, was sie beabsichtigen, und erreichen nur, daß die Seele sich in einen dunklen Winkel des Herzens zurückzieht.

Keine Seele gleicht der anderen. Das war stets so und wird auch immer so sein. Und doch werden in mechanistischen Unternehmen unbeirrt herkömmliche Entgeltsysteme entwickelt, als seien alle Menschen gleich. Für alle diejenigen, die noch nicht mit der »Hay Guide Chart-Profile Method« vertraut sind, möchte ich erklären, worum es geht. Es handelt sich um ein besonders extremes Entgeltsystem, bei dem die Seele nicht die geringste Rolle spielt. Bei der »Hay-Methode« werden Stellen (nicht Menschen) nach den Kriterien Know-how, Problemlösungsfähigkeit und Verantwortung bewertet. Damit soll gewährleistet werden, daß für Jobs, die sich in der Art der Tätigkeit unterscheiden, jedoch vergleichbare intellektuelle Anforderungen stellen, die gleichen Gehälter gezahlt werden. Dazu gibt es *Gehaltsstufen* – wie zum Beispiel »Stufe 5« –, die jedem Mitarbeiter seinen Platz in der Hierarchie zuweisen. Indem man ihn auf eine Stufe festlegt, legt man auch seinen Platz in der Hackordnung fest.

Hunde kommen, wenn man sie ruft; Katzen kommen zurück, wenn sie eine Botschaft empfangen.
Mary Bly

Nehmen wir an, wir gründen ein neues Unternehmen: Um die Führungsriege zu besetzen, nehmen wir die Dienste der Arbeitsvermittlung »William Shakespeare« in Anspruch. Die Agentur schlägt einige geeignete Kandidaten für die von uns angebotenen Stellen vor, darunter Richard II., Richard III., Heinrich IV., Heinrich V., König Lear, Macbeth, König Johann und Richard Löwenherz. Bezahlen wir nun alle diese Männer nach demselben

Entgeltsystem? Sind sie als Manager mit der Stufe zufrieden, der sie nach dem »Hay-System« zugeteilt werden? Werden Richard II. und Richard III. im Falle der Erwerbsunfähigkeit von ihrer Versicherung eine vergleichbare Rente beziehen, oder würde Richard III. im Austausch gegen sein Königreich ein Pferd bevorzugen? Heinrich IV. spürte schon: »Wenn alle Tage im Jahre gefeiert würde, so würde Spiel so lästig sein wie Arbeit.« Sollen Heinrich IV. und Heinrich V. zwei Wochen Jahresurlaub bekommen oder drei? Werden König Lear und Macbeth auf die gleiche Psychotherapie ansprechen, oder wird Macbeth weiter unter dem schrecklichen Fluch leiden? Werden König Johann und Richard Löwenherz von einem Seminar über die »Ausbildung interpersoneller Fertigkeiten zwischen Brüdern« gleichermaßen profitieren?

Gehaltsstufensysteme, die aus Individuen »Stufen« machen, sind entwürdigend und seelenverachtend. Sie symbolisieren den Triumph des Ich und seiner Bedürfnisse (Gehaltsliste, Buchführung etc.) über das Du (den Gehaltsempfänger) und seine speziellen motivationalen Bedürfnisse – sie sind das Gegenteil der Werteverschiebung vom Ich zum Du. Die Verwaltung hat ihr Ziel der Vereinfachung erreicht, wenn sie Menschen wie eine homogene Masse behandelt und zu Nummern degradiert. Das ist gut für die Verwalter, aber schlecht für die Seele.

Ansätze wie dieser sind selbstsüchtig und ersticken jede schöpferische Kraft im Menschen. Gesucht wird eine bequeme Lösung, die Seele wird ignoriert. Ein solch mechanistisches Verhalten, bei dem Menschen wie Maschinen behandelt werden und kaum mehr sind als ein Produktionsfaktor, ist ein Angriff auf ihre Spiritualität. Das Versäumnis, die Einmaligkeit jeder Seele zu erkennen, ist eine offenkundige Beleidigung.

Der einzige Grund, der uns davon abhält, so viele Gratifikationsmodelle und Entgeltsysteme auszuarbeiten, wie es Menschen gibt, ist der Mangel an Pionieren, die bereit sind, soviel Zeit und Geld in die Entwicklung einer Infrastruktur und Technologie zu investieren, wie für ein umfassendes mitarbeiterorientiertes Programm vonnöten wären. Um spezielle Kundenwünsche zu befriedigen, ist in führenden Unternehmen eine auf die Kundenwünsche zugeschnittene Herstellung gang und gäbe – und dasselbe Einfühlungsvermögen muß man den Angestellten entgegenbringen. Wenn zwei Mitarbeiter jeweils hundert Dollar verdienen, der eine das Geld, der andere aber lieber einen Freizeitausgleich will, was außer Uneinsichtigkeit, administrativer Verkrustung und mangelnder Flexibilität hält uns davon ab, diesem einfachen Wunsch nachzukommen?

Das Total-Quality-Programm für Menschen

TQ-Management und kundenorientierte Praktiken haben in Nordamerika das Bewußtsein für Qualität in beispielloser Weise geschärft, Arbeitnehmer warten jedoch noch immer auf eine entsprechende TQ-Initiative. Nun ist es bald soweit. Ein neues Zeitalter bricht an. So bemerkenswert die Ergebnisse von TQ in den letzten zwanzig Jahren auch sein mögen – sie verblassen im Vergleich zu der Energie, die bei den Menschen freigesetzt wird, sobald wir dieselbe Philosophie auch auf die Seele anwenden. Denn erst dann wird die Belegschaft dem Management glauben, wenn es erklärt, die Menschen seien das wichtigste Kapital der Firma.

Dieser Durchbruch wird einen ungeheuren Motivationsschub nach sich ziehen, sofern er mit einer radikalen Überarbeitung der Entgeltsysteme einhergeht und eine Fülle materieller und nichtmaterieller Vergütungen zur Auswahl steht, die unsere Persönlichkeit ebenso ansprechen wie unsere Seele. Werden diese Vergütungen ganz auf die Bedürfnisse jedes einzelnen wie auch des Unternehmens zugeschnitten, wird sich am Arbeitsplatz eine völlig neue Dynamik entfalten. Vergütungen, die den besonderen Wünschen jeder Seele entgegenkommen, sind eine unabdingbare

Voraussetzung für eine Regeneration des Unternehmens und den Aufbau eines »Heiligtums«.

Sinnvolle Arbeit beflügelt die Seele

Der Wunsch, zu partizipieren und einer Sache zu dienen, hängt unmittelbar mit der inneren und äußeren Belohnung zusammen, die wir dafür erwarten können. Entgeltsysteme, die unsere Seele beflügeln, bieten normalerweise eine Kombination von inneren und äußeren Anreizen.
Die Motivation, zu partizipieren und zu dienen, ist um so größer, je individueller die Mischung aus inneren und äußeren Anreizen ist. Einer der stärksten inneren Anreize ist die Gewißheit, sinnvolle Arbeit zu leisten.

Sinn und Seele

Bei der Arbeit für meinen Kunden Mediotronic, dem weltweit führenden Hersteller von Herzschrittmachern, durfte ich an einem Beispiel erleben, wie groß die innere Befriedigung über eine sinnvolle Tätigkeit sein kann. Die Firma hatte zu einem Seminar, das ich auf den Bermudas organisierte, einen Gastredner eingeladen. Dieser Mann, ein gewisser Arne Larson, hielt einen Herzschrittmacher in die Höhe und sagte: »Wenn Sie einen von diesen Apparaten zusammenbauen, denken Sie vielleicht, Sie stellen lediglich ein hochentwickeltes Gerät her, ein kleines technisches Wunderwerk, das von hochqualifizierten und hochbezahlten Leuten unter sehr schwierigen Bedingungen produziert wird. Und das stimmt ja auch. Aber da ist noch etwas, das ich Ihnen sagen will: In den letzten neunundzwanzig Jahren hatte ich neunzehn solche Apparate. Daß ich heute hier stehe und zu Ihnen sprechen kann, verdanke ich nur Ihrer guten Arbeit. Und noch etwas: In meinem

Bauunternehmen in Schweden arbeiten vierhundert Angestellte. Diese Menschen sind von mir abhängig, und folglich auch von diesem Herzschrittmacher, Tag für Tag. Seien Sie sich also immer der Bedeutung Ihrer Arbeit bewußt, wenn Sie einen solchen Herzschrittmacher herstellen.« Alle Menschen im Raum bekamen feuchte Augen.
Wir alle sehnen uns danach, etwas Sinnvolles zu tun. Wir müssen in unserer Tätigkeit einen Nutzen für die Menschen und unseren Planeten sehen können. Die Gewißheit, etwas Sinnvolles zu tun, ist der größte innere Anreiz – sie beflügelt die Seele. Wir alle sind dazu aufgerufen, uns gegenseitig dabei zu helfen, den tieferen Sinn unseres Tuns zu verstehen. Kein Mensch stellt lediglich einen Herzschrittmacher her, sondern er hilft damit einem anderen Menschen, am Leben zu bleiben, und dieser wiederum hilft Hunderten von anderen, etwas Sinnvolles zu tun. Dieser Sinn ist es, der die Seele beflügelt.

Auf die Seele hören

Einmal im Jahr halte ich an der Universität Toronto einen Kurs für Lehrer ab. Dazu gebe ich ihnen eines meiner Bücher zu lesen, *The Way of the Tiger*. Es ist die Geschichte eines Lehrers, eines weißen Tigers namens Moose, und dessen Schülers, eines Streifenhörnchens namens Tamias. Die Kursteilnehmer mögen das Buch, denn es spiegelt die wirkliche Beziehung zwischen Lehrer und Schüler wider.
Eines Tages erzählte mir eine erfahrene und hochqualifizierte Lehrerin, daß sie ihre Schüler einfach nicht dazu bewegen könne, ihre Schulaufgaben zu machen, und bat mich um einen Rat. Auf die Frage, ob sie Schwierigkeiten mit allen Schülern habe oder nur mit einigen, antwortete sie, mit einem Drittel der Klasse. In der Hoffnung, einen Anhaltspunkt zu finden, der das Verhalten der Studenten erklären konnte, stellte ich ihr eine Reihe von Fragen.

Wie sich herausstellte, stammten die Verweigerer alle aus der Karibik. Ich fragte die Lehrerin, was diese Schüler ihrer Meinung nach motivieren könnte. Sie dachte lange nach, bevor sie antwortete: »Musik.« Damit war die Basis für eine Lösungsmöglichkeit gefunden. »Warum veranstalten Sie an Ihrer Schule nicht einen Reggae-Tag? Die betreffenden Schüler könnten eine Band zusammenstellen und eine Kostprobe ihres musikalischen Talents geben. Sie könnten ihre Klassenkameraden dazu einladen und mit ihnen ihre guten Noten feiern – vorausgesetzt, sie machen pünktlich ihre Aufgaben.« Es war so einfach – sie versuchte es, und es funktionierte. Wenn man darüber nachdenkt, findet man es bald nicht mehr ungewöhnlich, mit Musik, mit Anerkennung, Applaus und Spaß zu belohnen.

Wie eine interne Umfrage von American Express ergab, hatten die Mitarbeiter des Unternehmens vor allem den Wunsch, ihre Zeit freier zu gestalten. Daraufhin erlaubte American Express einigen Kundenberatern und Kreditspezialisten, ihre Arbeitszeit selbst einzuteilen. Viele Außendienstmitarbeiter können nun zu Hause arbeiten und beantworten am Terminal die Anfragen von Kunden, für die es keine Rolle spielt, wo der Schreibtisch des Beraters steht. Außerdem förderte die Umfrage zutage, daß eine starke Nachfrage nach beruflicher Weiterbildung bestand. Das Unternehmen richtete daraufhin in einigen Niederlassungen Beratungsstellen ein, in denen sich die Mitarbeiter über Fortbildungsmöglichkeiten informieren können. Die Angestellten von Intel können alle sieben Jahre einen elfwöchigen Bildungsurlaub nehmen, um frische Kraft zu tanken.[1]

> Jetzt erkenne ich, was ich in meiner psychologischen Theorie viel zuwenig berücksichtigt habe – der wichtigste Antrieb der menschlichen Natur ist der Wunsch nach Anerkennung.
> *William James*

Es gehört nicht viel Phantasie dazu, um zu begreifen, daß Mitarbeiter, die zu Hause arbeiten und, wann immer sie wollen, eine

Pause einlegen können, um Kaffee zu trinken, den Hund ausführen oder mit der Familie zu Mittag essen können, zufriedener und somit leistungsfähiger sind. Andere wiederum lassen sich durch die Möglichkeit zur Fort- und Weiterentwicklung anspornen. Es ist zwar noch ein weiter Weg von den bislang üblichen Vergütungsmethoden, die auf individuelle Unterschiede keine Rücksicht nehmen, zu Systemen, die unsere Seele mit einer Mischung aus inneren und äußeren Anreizen motivieren. Aber wirtschaftliche Zwänge und die Vernunft dieses Ansatzes werden uns unweigerlich auf diesen Weg führen.
Vor einigen Jahren brachte die *Harvard Business Review* einen Artikel mit der Überschrift: »Die Gefahr, eine Leistung A zu belohnen und eine Leistung B zu erwarten«. Die Überschrift sagt schon alles. Wahnsinn ist als die Neigung definiert worden, immer wieder dasselbe zu tun, aber unterschiedliche Ergebnisse zu erwarten. Wir bekommen die Ergebnisse, die dem Lohn entsprechen, also müssen wir den Lohn nicht nur nach den gewünschten Ergebnissen ausrichten, sondern vor allem nach den Bedürfnissen des Individuums, das ihn erhält. Dieser Lohn kann materieller oder nichtmaterieller Natur sein – die Wahl sollte beim Empfänger liegen. In diesem Sinne ist der Mitarbeiter und insbesondere seine Seele unser Kunde. Die Bedürfnisse dieser Seele müssen wir befriedigen, nicht unsere eigenen. Das Schöne daran ist – auch wenn es paradox klingt –, daß wir, wenn wir die seelischen Bedürfnisse der anderen befriedigen, auch unsere eigenen befriedigen.

»Der Geist des Gebens«

»Behandle andere so, wie du auch selbst gerne behandelt werden möchtest.« Das ist die goldene Regel, die Mary Kay für alle Mitarbeiter ihres inzwischen weltweit bekannten Kosmetikkonzerns aufgestellt hat, angefangen vom Lehrling bis hinauf zum Generaldirektor. Ihren Grundsatz »An erster Stelle steht Gott, an zweiter Stelle die Familie und an dritter Stelle die Karriere« nennt sie den »Geist des Gebens«. Mary Kay ist überzeugt, daß der »Geist des Gebens« die eigentliche Grundlage für den Erfolg ihres Unternehmens ist. »Wenn man ein Stück von sich selbst gibt und ein ehrliches Interesse an der ganzen Person des anderen hat, bringt man nicht nur die besten Seiten des anderen zum Vorschein, sondern auch seine eigenen. Der positive Eindruck auf den Kunden ist einer der bemerkenswertesten Vorteile des Gebens. Dieselbe Haltung läßt sich übrigens auch auf die Familie und den Freundeskreis übertragen.«[2]

Der »Miss Go-Give Award« ist die höchste Auszeichnung des Mary-Kay-Konzerns. Mit diesem Preis will man »soziales Verhalten im ›Geist des Gebens‹ fördern und Mitarbeiterinnen auszeichnen, die diesen Geist der Liebe beispielhaft vorgelebt haben«. Jedes Quartal wählen die Leiter aller Konzernniederlassungen eine »Miss Go-Give«, und aus den Quartalssiegerinnen wird dann die Jahressiegerin ermittelt, die den Sue-Z.-Vickers-Gedächtnispreis erhält. Dazu sagt Mary Kay: »Sue Z. war einer der freigebigsten und hilfsbereitesten Menschen, die ich jemals das Vergnügen hatte kennenzulernen. Sie hätte einem ihr letztes Hemd gegeben... Unser jährlicher ›Go-Give Award‹ ist der begehrteste Preis, den wir vergeben – begehrter als ein rosa Cadillac.«

Viele große und erfolgreiche Unternehmen wie Mary Kays Konzern setzen auf innere Anreize, denn sie sprechen die Seele an und bewirken mehr als äußere Anreize. Obwohl Mary Kay jährlich Hunderte von Verkaufs- und Leistungspreisen vergibt, ist der »Go-Give Award« der begehrteste. Das zeigt, daß man die gewünschten Ergebnisse nur erzielt, wenn sie auch belohnt werden. Auf diese Weise hat Mary Kay ein weltweites »Heiligtum« geschaffen.

Innere Anreize werden geschaffen, indem man die Würde unserer Arbeit pflegt und anerkennt. Ich arbeite sehr viel mit Versicherungsgesellschaften zusammen. Wie jedes andere Produkt oder jede andere Dienstleistung ist auch eine Lebensversicherung eine Liebesgabe. Wenn ein Mensch sein Leben versichert, so sendet er damit folgende Botschaft an den Begünstigten: »Ich liebe dich so sehr, daß ich dich vor jeder finanziellen Notlage bewahren will, in die du geraten könntest, wenn ich erwerbsunfähig werde oder sterbe.« Wir bestärken Vertreter, die Lebensversicherungen verkaufen, darin, ihre Arbeit an der Anzahl der Menschen zu messen, die anderen zu dieser Liebesgabe verholfen haben. Auch Sach- und Unfallversicherungen können so betrachtet werden: Versicherungsvertreter helfen guten Menschen, denen Böses widerfährt, durch eine Versicherung die Verluste zu ersetzen. Die unserer Arbeit innewohnende Würde verschafft uns eine innere Befriedigung. Wenn wir keine Würde oder keinen Sinn in unserer Arbeit sehen können, müssen wir uns fragen, warum wir sie immer noch verrichten.

Lohn für die Seele

Wir vermeiden ein Verhalten, das negative Sanktionen nach sich zieht, und bevorzugen ein Verhalten, das positiv verstärkt wird. Viele Führungskräfte gehen von der irrigen Annahme aus, daß jeder Mensch in gleicher Weise allein auf materielle oder äußere Zuwendungen reagiert. Die meisten Unternehmen spornen ihre Vertreter, Spitzenproduzenten, Berater oder Manager durch materielle Gratifikationen an wie Reisen, technische Spielereien, Prämien, Schreibtischsets, Uhren oder Medaillen für besondere Verdienste.

Dabei übersehen sie, daß sie damit nur ein paar Saiten unserer Persönlichkeit anschlagen – unsere Seele bleibt von einer Specksteinskulptur mit dem Firmenlogo am Sockel weitgehend unberührt. Ebensowenig trägt sie dazu bei, das Selbstwertgefühl eines durchschnittlichen Fabrikarbeiters, Verwaltungsangestellten,

Wartungsmonteurs, Technikers oder Zulieferers zu heben – selbst solide und unauffällige Verkäufer, denen kein Heldenstatus eingeräumt wird, sind wichtig für den Erfolg ihres Unternehmens. Es geht hier um die Logik traditioneller Leistungsanreize. Streben Menschen nach Topleistungen, um eine Medaille für besondere Verdienste zu bekommen, oder strengen sie sich an, um es zu *Könnerschaft* zu bringen und darin Lohn zu finden? Spielt Monika Seles großartiges Tennis, um reich zu werden, oder weil sie Tennis liebt und *Könnerschaft* mit dem spirituellen Endziel gleichsetzt? Oft belohnen traditionelle Entgeltsysteme den Verstand und beleidigen die Seele. Doch es kommt darauf an, die Seele zu beflügeln. Zu diesem Zweck müssen wir zunächst den Menschen verstehen, den wir beflügeln wollen, und herausfinden, ob er sich über seine Persönlichkeit motivieren läßt oder über seine Seele oder beides. Dann sollten wir versuchen, ein Entgeltsystem zu entwickeln, das sowohl die inneren als auch die äußeren Bedürfnisse jedes Individuums befriedigt. Das erreicht man durch eine der Werteverschiebungen am Vorderrad, durch die Verlagerung vom Ich zum Du.

Könnerschaft strebt nie nach Lohn, Könnerschaft wird immer belohnt.

Lance H. K. Secretan, Der Weg des Tigers

Ein System von Anreizen mag leicht zu entwickeln sein, aber solange wir nicht den Schwerpunkt auf das Du verlagern und uns vergewissern, daß die Gratifikation auch *deinen* Bedürfnissen entspricht, haben wir lediglich *unser* Bedürfnis nach einer Änderung befriedigt. Bevor wir ein vernünftiges System entwickeln können, müssen wir unseren Impuls, schnelle Antworten zu geben, unterdrücken und einige tiefergehende Fragen stellen: Was für ein System wäre für *dich* gut? Wie können wir zu einem Ergebnis gelangen, von dem beide Seiten profitieren? Was brauchst du gerade jetzt von mir oder von der Firma? Welche Probleme hast du in deinem Leben, und wie können wir dir bei ihrer Lösung helfen? Können wir gemeinsam einen Weg finden,

der dir hilft, Streß, Anspannung, Wut, Schmerz, Angst oder Unsicherheit in deinem Leben abzubauen? Wie können wir dir helfen zu wachsen? Was würde dich beflügeln?
Auf diese Fragen könnte ein Mitarbeiter möglicherweise folgende Antwort geben: »Nun, am meisten frustriert mich die Beziehung zu meinen Kindern. Das ist ein dunkles Kapitel in meinem Leben. Wie gerne würde ich meine Beziehung zu ihnen verbessern und gut mit ihnen auskommen!« Wäre es nicht völlig korrekt, in folgender Weise darauf zu reagieren: »Wir sind ein großes, erfolgreiches Unternehmen und verfügen über Einfluß, Vermögen und Know-how. Wir verfügen über ein Netz von Verbindungen und Kontakten. Wir können diese Quellen für dich nutzen und dir dabei helfen, die Beziehung zu deinen Kindern in Ordnung zu bringen. Was könnte das Unternehmen deiner Meinung nach tun, um dir zu helfen?« Auf solche Weise läßt sich die Leistung eines einzelnen oder eines Teams verbessern.
Oder nehmen wir an, ein anderer Mitarbeiter würde gerne ein Musikinstrument lernen. Traditionelle Manager würden es normalerweise ablehnen, Musikunterricht zu bezahlen, und dies damit begründen, daß Musik mit der Arbeit nichts zu tun habe und das Unternehmen folglich nichts angehe. Doch warum sollte das Unternehmen dem Mitarbeiter keinen Musikunterricht ermöglichen und bezahlen? Wäre der Mitarbeiter nicht tief bewegt und würde daraufhin hervorragende Arbeit leisten? Großzügigkeit und Zeichen von Anerkennung werden von unseren Mitarbeitern gewürdigt und fließen in Form von Leistungssteigerung zu uns zurück.
Werden wir hier persönlich? Und ob! Gratifikationssysteme, die es ermöglichen, solche und andere Fragen zu stellen und richtig zu beantworten, heben die Moral der Menschen, denn sie verdeutlichen, daß die Führungskräfte um das Wohl ihrer Mitarbeiter besorgt sind und jeden einzelnen als Individuum begreifen und achten. Individuelle Gratifikationssysteme unterscheiden sich grundlegend von den inhaltsleeren Entgeltschemata von der

Stange, wie etwa dem »Hay-System«, die heutzutage von den meisten Unternehmen angewendet werden. Wer immer noch glaubt, daß ein Mitarbeiter feuchte Hände bekommt, wenn ihm mitgeteilt wird, daß er in die »Stufe 5« aufgestiegen ist, muß wahrscheinlich noch vieles über die Feinheiten lernen, mit denen man das Feuer der Leidenschaft entfachen, Menschen beflügeln und zu besonderen Leistungen anspornen kann.

Eine Seele, ein Lohn

All dies hat natürlich große Auswirkungen auf das Unternehmen. Da jeder Mensch einzigartig ist, können wir ihn erst motivieren, wenn wir Programme entwickeln, die auf die Bedürfnisse jedes einzelnen zugeschnitten sind. Wenn ich darüber mit Buchhaltern, Verwaltungsspezialisten und Direktoren spreche, schlagen sie häufig in schierer Bestürzung und nacktem Entsetzen die Hände über dem Kopf zusammen und äußern Zweifel an meinem Verstand. Neulich hat ein Direktor zu mir gesagt: »Das meinen Sie doch nicht im Ernst?« Doch, das meine ich im Ernst.
Will man einzelne Mitarbeiter motivieren, braucht man Systeme, die individuell auf ihre seelischen Bedürfnisse zugeschnitten sind. Fairneß bedeutet nicht, alles zu nivellieren und auf die Stufe der Mittelmäßigkeit zu drücken, wo das Leben für alle gleich ist und Entgeltsysteme der Bequemlichkeit eines herkömmlichen Managers dienen. Fairneß wird nur erreicht, wenn man herauszufinden versucht, welche Bedürfnisse der einzelne hat, und man diese Bedürfnisse dann befriedigt. Dieser Wert, den ich *Hingabe* nenne, findet sich nur auf einer höheren Ebene. Wenn wir alle Mitarbeiter mit einem Einheitsprogramm bedenken, zerstören wir das vorhandene Potential und untergraben unsere Bestrebungen, ein großartiges Unternehmen mit großartigen Mitarbeitern aufzubauen. Großartige Unternehmen bauen wir aber nur auf, wenn wir die Seele der Menschen beflügeln.

8 Raum für die Seele

Wohin gehen Sie, wenn Sie einen Ort suchen, der Sie beim Arbeiten besonders inspiriert? Denken Sie dabei spontan an Ihr Büro oder Ihre Fabrik? Oder denken Sie an einen Wald, eine wilde Gebirgslandschaft oder an einen Sonnenuntergang am Meer? Oder entscheiden Sie sich eher für einen prächtigen Palast, eine Galerie, ein Museum, ein erstklassiges Hotel oder einen Konzertsaal? Es ist eine Tragödie, daß uns moderne Bürotürme nicht inspirieren. Warum schaffen wir keine prachtvollen »Heiligtümer«, in denen unsere Seele sich emporschwingen kann, wenn wir doch die Absicht haben, die Seele zu beflügeln? Wie kann ein Mensch zu kreativen Gedanken angeregt werden, wenn er in einer häßlichen Umgebung eingesperrt ist?

> Ein Tag ohne den Anblick oder den Klang des Schönen, ohne die Versunkenheit in das Mysterium, ohne die Suche nach Wahrheit und Vollkommenheit ist ein armseliger Tag, und eine Häufung solcher Tage ist verhängnisvoll für das menschliche Leben.
>
> *Lewis Mumford*

In diesem Buch geht es vor allem um das Verhältnis zwischen unserer Arbeit und unserem Inneren, unserer Seele. Doch wir dürfen auch unsere äußere Umgebung nicht außer acht lassen, die ich *Seelenraum* nennen will. Ein Seelenraum ist eine Umgebung, in der die Seele auflebt, die sie beschwingt und wachsen läßt. Die Seele hat ein intimes Verhältnis zu ihrem Raum. Die Reaktion der Seele hängt vom Verhältnis des Körpers zu seiner Umgebung ab und kann sehr unterschiedlich ausfallen. Wirkt die äußere Umgebung auf unsere Sinne unangenehm oder abstoßend, löst das eine negative Reaktion aus, die sich nachteilig auf unseren Stoffwechsel auswirkt. Unsere Sinne leiten diese Signale an das Immunsystem weiter, und von dort gelangen sie auf schnellstem Weg in unsere Seele.

Seit Jahren stelle ich in Vorträgen eine Fallstudie vor, die ich bei der größten Bank Kanadas durchgeführt habe. Diese Bank ist ein trauriges Beispiel für Demotivierung und planerische Kurzsichtigkeit. Immer wieder hat sie versucht, mein Bild von ihr zu korrigieren. Erst neulich lud sie mich wieder ein, eine ihrer Musterfilialen zu besuchen. Ich war wirklich beeindruckt von der erstklassigen Ausstattung der hochmodernen Schalterhalle. Als wir vor den automatischen Schaltern standen, berichtete man mir, wieviel Geld und Arbeit die Bank investiert habe, um eine Umgebung zu schaffen, in der die Mitarbeiter sich wohl fühlen. An diesem Punkt bat ich die Banker, mir zu sagen, wo *sie* sich am wohlsten fühlten. Nach kurzem Nachdenken antworteten alle: zu Hause. Unser Zuhause ist ein guter Maßstab, denn die meisten Menschen tun alles, um es wohnlich und ansprechend einzurichten, und oft ist es gleichermaßen ein Ausdruck unserer Seele wie unserer Persönlichkeit. Ich fragte die Banker, was ein Zuhause in ihren Augen ansprechend mache. Und sie antworteten: schöne Möbel, bequeme Sitzgelegenheiten, Blumen und Pflanzen, Teppiche, Kunstgegenstände, Kamin, Musik, gedämpfte Beleuchtung – kurz, ein warmes, einladendes Ambiente. Daraufhin bat ich sie, die automatischen Schalter zu beschreiben: Chrom, Glas, polierter Granit, industriell gefertigte Teppiche, abgehängte Decken, Neonbeleuchtung, Plastik, keine Fenster, ein langweiliges, an die Wand geschraubtes Gemälde und aggressive Werbung.

Das Bankgeschäft ist eine Tätigkeit, von der sich kein Mensch wirklich erholt.
John Kenneth Galbraith

Spricht eine solche Umgebung die Mitarbeiter an? Ich denke nicht. Da waren herkömmliche Manager am Werk, die sich für fortschrittlich halten, bei der Bürogestaltung aber nur ein Kriterium kennen: Alles muß funktional sein, preiswert, stoß- und bruchsicher und so robust, daß es eine finanziell vertretbare Zeitspanne überdauert. Geist und Körper werden dabei überhaupt nicht berücksichtigt, geschweige denn die Seele. Wir müssen bei der Arbeitsplatzgestaltung dazu übergehen, mechanistische Haltungen durch kreative Ansätze zu ersetzen.

Wenn jemand behauptet, er habe eine Umgebung geschaffen, die den Wünschen von Kunden und Mitarbeitern entspricht, obwohl das Fehlen von Schönheit förmlich ins Auge springt, so sagt er nicht die Wahrheit. *Die Umgebung sagt der Seele direkt die Wahrheit, einerlei, was die Persönlichkeit sagt.* Wenn ein Gemälde an die Wand geschraubt wird, so heißt das: »Ich traue dir nicht.« Da helfen keine schönen Worte – das Bild lügt nicht.

Schönes ist Wahrheit,
Wahrheit ist Schönheit.
John Keats

Damit meine ich nicht, daß man in stark frequentierten und schlecht zu überwachenden Bereichen keine Bilder an die Wand schrauben sollte. Es entspricht nur einfach nicht der Wahrheit, wenn man behauptet, man wolle bewußt einen Seelenraum für Kunden und Mitarbeiter schaffen, und dann Bilder an die Wand schraubt. Wenn man den Menschen, die eine automatische Schalterhalle besuchen, wirklich eine angenehme Umgebung bieten will, dann sollte man sich lieber ein paar kreative Köpfe holen und sie bitten, eine Halle zu gestalten, die gleichzeitig ein Seelenraum ist. Und wenn man keine Bilder an den Wänden haben will, so könnte man für die Kunden, die am Schalter warten müssen, Artikel aus der Tageszeitung in Rahmen aufhängen. Oder eine Wand für Graffiti oder Fingerfarben zur Verfügung stellen, vielleicht auch eine Reihe von CD-Playern, die jeder selbst bedienen kann, oder eine Bibliothek mit beliebten Taschenbüchern, ja, man könnte sogar Kaffee und Gebäck verkaufen oder gar Abbuchungsgeräte installieren, so daß die Kunden, die ohnehin schon ihre Kreditkarte in der Hand halten, eine Pizza bestellen können, die rechtzeitig fertig sein wird, wenn sie wieder nach Hause kommen. Man muß die Dinge aus der Perspektive der Seele sehen, das ist alles.

Meine Vorschläge richten sich nicht speziell an Banken, sie lassen sich auch auf die meisten anderen Unternehmen übertragen – auch wenn Behörden und gemeinnützige Organisationen bei der Gestaltung trister, geisttötender Räumlichkeiten gewöhnlich die Nase vorn haben. Wenn wir die Bedeutung der äußeren Umgebung für die menschliche Leistungsfähigkeit herunterspielen und eine kärgliche Raumgestaltung mit dem Argument rechtfertigen, daß Mittelmäßigkeit gerade am Arbeitsplatz angebracht sei, betrügen wir uns gleich doppelt. Stellen wir uns dagegen vor, wie befreiend ein Arbeitsplatz wirken könnte, der der Seele geweiht ist. Wie wunderbar wäre es, dort zu arbeiten. Wie könnten Flughäfen, Kaufhäuser, Schulen, Universitäten, Hospitäler oder Behörden – um nur einige Orte zu nennen – aussehen, wenn man bei ihrer Gestaltung seelische Bedürfnisse berücksichtigte. Würden wir diese Orte nicht eher lieben und respektieren? Und würde sich die Arbeitsleistung an solchen Orten, die wir lieben, weil sie schön sind, nicht immens erhöhen? Es gibt einfach keine Rechtfertigung für die seelenlose Gestaltung eines Arbeitsplatzes. Auch der Verweis auf wirtschaftliche Zwänge ist nicht stichhaltig. Es gibt zu viele Beispiele, die dieses Argument widerlegen – man denke nur an die Erlebnisparks von Disney, an Singapore Airlines, an die ergonomisch gestalteten Büros von Hermann Miller oder daran, wie umsichtig und liebevoll viele Unternehmen für ihre Mitarbeiter und Kunden ein schönes Ambiente schaffen, weil sie wissen, daß es dem Geschäft nützt, wenn die Seele angesprochen wird. Wir alle haben unsere Lieblingsplätze, für die das gilt, sei es das kleine Restaurant an der Ecke, ein schöner Buchladen, ein heimeliges Hotel, ein Krämerladen oder der Body Shop.

Schönheit nimmt das Fleisch für sich ein, damit sie die Erlaubnis erhält, die Seele zu durchdringen.

Simone Weil

Der Body Shop

Anita Roddick hat die Firma Body Shop 1976 im englischen Brighton gegründet. Inzwischen gibt es 1300 Filialen in 45 Ländern. Doch Body Shop ist mehr als nur ein Unternehmen, das Kosmetikpräparate, Haut- und Haarpflegemittel auf natürlicher Basis herstellt und vertreibt – da es von einer Visionärin geführt wird, hat es sich die Aufgabe gestellt, die Welt zu verändern. Die Kosmetikpräparate sind nur die kommerzielle Basis des Ganzen. Wie Anita Roddick kürzlich bemerkte: »Ich gehörte zu einer kleinen Bewegung alternativer Geschäftsleute, die versuchte, den Idealismus wieder auf die Tagesordnung zu setzen. Wir brauchen ein neues Paradigma, einen völlig neuen Bezugsrahmen, um zu verstehen und einzusehen, daß die Wirtschaft eine Kraft sein kann und muß, die auf einen positiven sozialen Wandel hinwirkt. Es genügt nicht, Schlechtes zu vermeiden, man muß auch aktiv Gutes tun.«[1]

Anita Roddick ist eine Missionarin, für die Leidenschaft mehr zählt als alles andere im Leben. Das wird allenthalben in ihrem Unternehmen sichtbar, insbesondere in seiner Haltung zur Umwelt und in den Läden, Büros und Fabriken, in denen Menschen mit Body Shop in Berührung kommen oder für Body Shop arbeiten. Body Shop war von Anfang an gegen Tierversuche auf dem Kosmetiksektor. Das Unternehmen setzt sich für die Menschenrechte und den Umweltschutz ein, hat unter der Devise »Trade not Aid« Handelsbeziehungen zu Ländern in der Dritten Welt aufgebaut, engagiert sich für zahlreiche gemeinnützige Organisationen wie Amnesty International und bekämpft Gewalt gegen Frauen. Die Schaufenster seiner Läden dienen eher der politischen Meinungsäußerung als der Werbung für Produkte. Die Strategie des Unternehmens orientiert sich an seinen Wertvorstellungen. Auf der Jahreskonferenz 1993 in Kanada hat es sich das Motto meines Unternehmens »Herz, Verstand und Gewinn« (den Grundgedanken dieses Buches) zu eigen gemacht.

Wenn ich mit Menschen über die Ausnahmestellung und die bemerkenswerten Errungenschaften von Body Shop spreche, ernte ich häufig Widerspruch: Body Shop sei ein tendenziöses New-Age-Unternehmen, sagen sie, untypisch für den Großteil der Unternehmen. Sie glauben, für ein Unternehmen dieser Art sei es leicht, sich stilvoll zu präsentieren, sich zu engagieren, politisch Stellung zu beziehen und Mitarbeiter, Zulieferer und Kunden würdevoll zu behandeln. Body Shop ist aber nicht anders als andere Unternehmen. Es produziert, vertreibt und vermarktet Kosmetika – wie Revlon, Lancôme oder Estée Lauder. Nur verhält es sich anders als der Rest der Branche, weil es eine Wahl getroffen hat – eine Wahl, die auch jedes andere Unternehmen hat.

Ein schön' Ding
ist der Freude immerwährender Quell.
John Keats

Das Ethos des Konzerns wird auch von Soapworks, einer seiner Tochterfirmen, verkörpert. Body Shop verkauft jährlich fast 30 Millionen Stück Seife. Früher bezog man die Seife von einem deutschen Hersteller, dann beschloß man, in Easterhouse, am Stadtrand von Glasgow, eine eigene Seifenfabrik zu gründen. Dort, in einem von hoher Arbeitslosigkeit, Zerfall und Hoffnungslosigkeit geprägten Viertel, nahm Soapworks mit einer Handvoll Mitarbeitern die Produktion auf. Anita Roddick hatte sich bei der Wahl dieses Standorts in erster Linie von moralischen und erst in zweiter Linie von finanziellen Erwägungen leiten lassen: »Ich stelle lieber jemanden ein, der arbeitslos ist, als jemanden, der schon Arbeit hat. Die Seife hat sich um 30 Prozent verteuert, und 25 Prozent des Nettogewinns fließen in die Gemeinde zurück. Trotzdem ist es besser für meine Firma. Es zeigt, was das Wesen des Unternehmens ausmacht.«

In Kanada gibt es Body Shop seit 1980, und 1992 war die Niederlassung bereits so groß, daß Verwaltung, Produktion, Vertrieb und Schulungsbereich in vier verschiedenen Gebäuden untergebracht werden mußten. Ein Umzug wurde beschlossen. Mit der neuen Zentrale wollte man von Anfang an einen Seelenraum schaffen. Da das Unternehmen für den Recycling-Gedanken eintrat, beschloß man, ein ganzes Gebäude zu sanieren. Statt also ein vorhandenes abzureißen und ein neues zu bauen, erwarb der Konzern ein fünfunddreißig Jahre altes Lagerhaus in einem Industriegebiet von Toronto. »Das Gebäude sollte die Unternehmenskultur und die Werte von Body Shop widerspiegeln, indem es die Umwelt so wenig wie möglich belastete... Und wir wollten einen offenen und funktionalen Ort schaffen, an dem man gern arbeitet«, sagt Margot Franssen, Direktorin und Mitinhaberin der kanadischen Niederlassung von Body Shop.

Den ersten Schritt in Richtung Seelenraum unternahm Margot Franssen, indem sie zu einem Brainstorming einlud: Fünfzehn Fachleute – Architekten, Stadt- und Landschaftsplaner, Ingenieure, Geologen, Gartenbauingenieure, Umweltspezialisten und Pädagogen – trafen sich mit zehn Belegschaftsvertretern und diskutierten einen Tag lang über alle Aspekte des Vorhabens. Das Ziel war, den Gewinn für die künftigen Nutzer zu maximieren und die Belastungen für die Umwelt so gering wie möglich zu halten. Das Gebäude sollte in Sachen innovatives Design, Gebäudesanierung, technische Ausstattung, Energiesparen, Landschaftsgestaltung und Abfall-Handling ein Musterbeispiel werden.

Ein wichtiges Ziel war Umweltfreundlichkeit. Der Putz und ein Großteil der Farbe, die für die Renovierung verwendet wurden, bestanden aus recycelten Stoffen, das Mobiliar aus zusammengetragenen Möbeln, die für den Bürogebrauch hergerichtet wurden. Die sanitären Anlagen wurden mit Waschbecken und Toiletten bestückt, die das Prince Hotel in Toronto ausrangiert hatte. Die Teppichböden aus recyceltem Nylon wurden mit lösungsmittelfreiem Klebstoff verlegt, die Fenster aus Glas gefertigt, das ursprünglich entsorgt werden sollte.

Ein weiteres Ziel war die Einbeziehung der Besucher. Die Produktion liegt gegenüber dem Empfangsbereich. Eine Glaswand grenzt an den Konferenzraum der Firmenleitung – bei Sitzungen können die Manager und die Arbeiter in der Produktion sich gegenseitig bei der Arbeit zuschauen. Auf der anderen Seite des Empfangsbereichs liegt der Body-Shop-Minishop, wo man Verkaufsschulungen durchführt und die Präsentation der Produkte verbessert. Wenn man im Eingangsbereich steht, kann man also gleichzeitig Anfang und Ende des gesamten Arbeitsprozesses sehen, und der Besucher hat beim Betreten gleich die ganze Firma im Blickfeld.

Die Innenarchitekten wollten mit einer besonderen Raumaufteilung das Gemeinschaftsgefühl der Mitarbeiter stärken. So liegen die einzelnen Büros an »Straßen«, die nach Body-Shop-Produkten benannt sind und beispielsweise »Dewberry Drive« oder »White Musk Way« heißen. Die Straßen laufen auf einem »Platz« zusammen, den eine riesige Glaskuppel überwölbt; diese sogenannte »Inspiration Intersection« dient als Treffpunkt und spirituelles Zentrum des Gebäudes. Auch in anderen Teilen des Gebäudes flutet Sonnenlicht durch die Oberlichter und hilft Energie sparen. Anders als in vielen Bürogebäuden finden sich fast überall Lichtschalter, die das Personal individuell bedienen kann. Der Verwaltungsbereich ist in zweiundzwanzig Zonen aufgeteilt, von denen jede über eine eigene Wärmepumpe verfügt.

Im Inneren des Gebäudes ist es hell, natürliche Farben wie Beige, Hellgelb und Hellgrün herrschen vor. Die Wände sind mit Zeichnungen und bunten Postern geschmückt, die Body-Shop-Produkte darstellen oder aber das soziale und ökologische Engagement des Unternehmens dokumentieren. Ein über zwei Stockwerke gehendes Wandgemälde des Regenwaldes im Amazonasgebiet prangt über der Kindertagesstätte, der sogenannten »Zukunftsabteilung«. An den Wänden lesen wir provozierende oder witzige Sprüche, und überall hängen Schwarze Bretter. Die Anordnung der Büros an den Außenfen-

Schönheit ist das Lächeln der Wahrheit.
Rabindranath Tragore

stern gewährt dem Büropersonal eine schöne Aussicht; Privatbüros liegen in der Gebäudemitte. Den schönsten Blick hat man auf der Südwestseite; dort liegen die »Zukunftsabteilung« und die Gemeinschaftsräume.

An der Südmauer wurde ein 370 Quadratmeter großes Gewächshaus errichtet. Diese sogenannte »Lebensmaschine« ist eine kanadische Erfindung und verfügt über ein in sich geschlossenes, biologisches Abwasseraufbereitungssystem. Das Abwasser aus dem Gebäude wird zunächst in verschiedene Tanks geleitet, wo es grob gereinigt und gefiltert wird, dann in einen Teich, in dem Muscheln, Schnecken, Fische und Wasserpflanzen leben. Das Wasser aus dem Teich wird in große Hängetöpfe mit Pflanzen und Moos gepumpt, aus denen es sich wieder in den Teich ergießt und dann über Schlickböden geleitet wird, auf denen wasserreinigende Pflanzen wachsen. Nach dieser Prozedur passiert das Wasser schließlich einen UV-Filter und wird in Tanks für die erneute Verwendung gesammelt. Ziel ist es, Abwasser vor Ort wiederaufzubereiten, anstatt es in die städtischen Kläranlagen zu leiten. Die »Lebensmaschine« ist außerdem eine ruhige Anlage, in der Mitarbeiter sich aufhalten und entspannen können.

Die Pioniere von Body Shop haben in einer ehemals tristen Gegend, die sie »urbane Landschaft mit Überlandleitungen« nennen, ein Stück Natur mit Wiesen, Hecken, Wäldchen und einem natürlichen Feuchtgebiet geschaffen und in Anlehnung an die klösterliche Tradition des Mittelalters sogar einen Garten für Nutz- und Arzneipflanzen angelegt.

Die Body-Shop-Niederlassung ist ein Ort, an dem Menschen arbeiten, studieren, verhandeln und einkaufen, wo Kunden empfangen und Verkäufer geschult werden. Vor allem aber ist sie eine Insel der Regeneration. Die Atmosphäre ist geprägt von Leidenschaft und Offenheit, vom Fehlen hierarchischer Strukturen, von der Sensibilität für die Bedürfnisse der Mitarbeiter, dem Bewußtsein für soziale und ökologische Fragen, von Engagement, Freude an der Arbeit und Professionalität. Das Management von

Body Shop ist der Überzeugung, daß man, statt Arbeit mit nach Hause zu nehmen, den Arbeitsplatz in einen Seelenraum verwandeln sollte, der immer mehr zu einem Stück Zuhause wird.

Eine Umgebung, die der Seele Flügel verleiht

Wenn ich mit anderen über Body Shop spreche, wird mir oft entgegengehalten, das Unternehmen habe es leichter als andere. Das ist nicht der Fall. Für den Außenstehenden ist Body Shop ein ganz normales Unternehmen, das Waren produziert und vertreibt wie viele tausend andere auch. Allerdings können wir am Beispiel Body Shop lernen, daß es für Häßlichkeit am Arbeitsplatz oder andernorts keine Entschuldigung gibt. Häßlichkeit zermürbt die Seele, und ihre zunehmende Verbreitung macht es uns immer schwerer, ein erfülltes Leben zu führen. Wer in einer seelenlosen Umgebung schuften muß, kann nur schwer Spitzenleistungen erbringen.

Die Wirtschaft hat die einmalige Gelegenheit, »Heiligtümer« zu schaffen, die unsere Seele ansprechen. Sie muß nur in einem Umfeld, das möglicherweise abstoßend wirkt, Inseln der Gemeinschaft, Freundschaft, Wärme und Schönheit errichten. Wir haben die Möglichkeit, Seelenräume zu schaffen, die das Gemüt der Menschen so ansprechen, daß sie unwiderstehlich von ihnen angezogen werden – wie von jedem schönen Ort.

Ist der Arbeitsplatz ein »Heiligtum«, kann und sollte er auch ein willkommener Kontrast zu weniger einladenden Orten sein. Ein liebevoll gestaltetes Unternehmen übt auf Menschen die gleiche Anziehungskraft aus wie eine Kultstätte, eine Galerie oder ein Park – Orte, die uns anziehen, weil ihre Atmosphäre Kraft gibt und belebt, eine Umgebung, in der wir uns regenerieren können, die uns inspiriert und zu kreativem

> Dinge sind schön,
> wenn man sie liebt.
> *Jean Anouilh*

Denken anregt, die Ganzheitlichkeit, Freundschaft und Liebe atmet.
»Heiligtümer« sollten uns in ihren Bann ziehen und dazu ermuntern, nach menschlicher Vollkommenheit zu streben. Die wahrhaft große Poesie dieser Welt hat nicht das Häßliche besungen – Schönheit inspiriert die Dichter. In diesem Sinne kann ein »Heiligtum« zum Schmelztiegel aller Möglichkeiten des Menschen werden. Mit ihrem immensen Vorrat an Kapital und Wissen könnte die Wirtschaft durchaus mit den verarmenden Kirchen, den Galerien oder den öffentlichen Parks um den Einfluß auf unsere Seelen wetteifern. Die Logik eines Arbeitsplatzgestalters, der erwartet, daß die Seele in der Dunkelheit einer phantasielosen, allein vom Spardiktat geprägten Umgebung leuchtet, ist schwer nachzuvollziehen. Wird aber ein »Heiligtum« geschaffen, so findet eine Werteverschiebung vom Ich zum Du statt, und wir rücken die Bedürfnisse der Seele an die erste Stelle. Auf diese Weise machen wir ihre Kräfte nutzbar, und das ist gut fürs Geschäft. Wir wollen die Seele nicht unterwerfen, wir wollen ihr Flügel verleihen.

9 Der Geist der Konkurrenz

Am Ende des Zweiten Weltkrieges führten Forscher im Auftrag der Kaiserlichen Japanischen Armee eine Studie durch, bei der sie der Frage nachgingen, was die letzten Worte tödlich verwundeter Soldaten waren. Sie erwarteten Hochrufe wie »Lang lebe der Kaiser!« oder »Banzai!«, wurden aber eines Besseren belehrt: Die meisten Soldaten dachten nicht an ihren Kaiser, sondern schrien »Oka-san! Oka-san!«, das japanische Wort für »Mama«. *Die Soldaten schrien nach ihrer Mutter.* Wenn diese jungen Männer begriffen, daß ihr letztes Stündlein geschlagen hatte, fiel die Maske des starken, furchtlosen Helden von ihnen ab; sie schien nicht länger wichtig zu sein. Das Ich versank in der Seele – und verlangte einfach nach der Mutter.

Im Grunde unseres Herzens sind wir alle so. Wir sind verletzlich, wir sehnen uns nach Liebe und Geborgenheit, wir streben danach, unsere weibliche Energie wiederzugewinnen, wir haben mehr Fragen als Antworten und, vor allem, wir sind ganz Mensch. In unserem Innersten macht die Persönlichkeit der Seele Platz. Aber auch die falschen Macho-Helden, mit denen wir uns so gern identifizieren – die großspurigen Arnold Schwarzeneggers und Sylvester Stallones, die wir zum Leben erwecken –, sehnen sich danach, zur Seite zu treten und dem wirklichen Menschen in ihnen Platz zu machen. Je mehr wir Hollywood-Träume zu unserer Realität machen, desto größer wird die Distanz zwischen Persönlichkeit und Seele. Erst wenn wir aufrichtig zueinander sind und unser Inneres zu Wort kommen lassen, werden wir wahrhaften Menschen begegnen. Wirkliche Kommunikation ist im Arbeits- und Privatleben nicht möglich, wenn zwei Schauspieler miteinander sprechen. Wenn wir aber unser Macho-Gehabe durch echte, aus der Seele kommende Kommunikation ersetzen, können wir uns selbst verändern, das Unternehmen, in dem wir arbeiten, vom Gift der Persönlichkeitsbezogenheit befreien und alle anderen beflügeln.

Kürzlich, als ich diesen Gedanken auf einer Konferenz ausgeführt hatte, trat ein älterer Herr an mich heran. Er war Russe und hatte am Ende des Krieges in der Roten Armee gekämpft. Er erzählte mir von seinen Erlebnissen in dieser Zeit. So auch, daß man im Dritten Reich junge Burschen gezwungen hatte, sich Granaten um den Körper zu schnallen und sich als lebende Bomben vor die vorrückenden Panzer der Alliierten zu werfen. Dabei hätten sie »Mutti! Mutti!« geschrien. Der Widerstand der Seele gegen Aggression und Gewalt ist offenbar in allen Epochen, in allen Völkern, in jedem Winkel der Welt gegenwärtig.

Wie an anderer Stelle bereits erwähnt, hatte ich vor einigen Jahren einen schweren Skiunfall, bei dem ich mir einen neunfachen Beinbruch zuzog. Die Abfahrt ins Tal und den Transport im Krankenwagen hätte ich ohne die segensreiche Wirkung des Morphiums wahrscheinlich kaum ertragen. Während ich operiert wurde, unterhielt sich meine Frau mit dem Fahrer des Krankenwagens. Sie fragte ihn, worüber Schwerverletzte, die unter schrecklichen Schmerzen litten, auf der Fahrt ins Krankenhaus mit ihm redeten. Nach seiner Auskunft sprachen überraschend viele von ihren Eltern, besonders von ihrer Mutter. Dieses Verhaltensmuster ist offenbar universal. Wenn die Wachsamkeit der Persönlichkeit aus irgendeinem Grund erlahmt, meldet sich die Seele zu Wort, und das von der Persönlichkeit geprägte Bild, das wir anderen vermitteln, ist plötzlich nicht mehr wichtig. Wir sprechen nicht mehr davon, Konkurrenten auszuschalten, uns für den Verlust an Marktanteilen zu rächen oder einen Mitbewerber um einen Posten auszustechen. Wir sprechen von unserer Familie, unseren Träumen und Leidenschaften, von dem, was wir lieben, und dem, was wir fürchten – von den Dingen also, die unsere Seele berühren.

Die schädliche Wirkung des Konkurrenzverhaltens

Coca-Cola-Chef M. Douglas Ivester sagte 1994 in Atlanta vor Vertretern der Getränkeindustrie: »Ich würde gerne Ihre Freundschaft gewinnen, aber das hat für mich keinen Vorrang. Ich würde auch gerne Ihre Achtung erwerben, aber auch das hat für mich keinen Vorrang. Ich will Ihre Kunden. Ich will Ihren Platz in den Verkaufsregalen. Ich will Ihren Anteil am Magen des Kunden. Ich will jedes bißchen Wachstumspotential, das es für die Getränkebranche da draußen gibt.«[1]

Ich verabscheue Gewalt. Wenn sie Gutes bewirkt, so ist es nicht von Dauer; das Böse aber überdauert alles.
Mahatma Gandhi

Wenn man Freundschaft und Achtung zugunsten von Marktanteilen zurückweist, weist man die Seele zugunsten der Persönlichkeit zurück. Enspricht diese Haltung einer zivilisierten Lebensweise? Ist sie gut für die Seele? Wie kann man sich das Ziel setzen, die Konkurrenz auszuschalten und die Arbeitsplätze ihrer Angestellten zu vernichten, so daß sie ihre Hypotheken und ihre Rechnungen nicht mehr bezahlen können, und gleichzeitig hohe moralische Werte predigen? Ist es möglich, daß man morgens als integrer Mensch das Haus verläßt, den ganzen Tag über im Büro die Konkurrenz aus dem Feld schlägt, abends wieder den zivilisierten Familienvater spielt und am Sonntag womöglich in die Kirche geht? Führen wir uns nicht selbst an der Nase herum, wenn wir glauben, ein gutes, erfüllendes Leben zu führen, wenn wir solch brutale Wünsche aussprechen? Gewalt ist ein Kontinuum. Ihre schwächsten Formen sind Grobheit, Egoismus und Reizbarkeit, ihre extremste Form ist der Krieg. Es sind graduelle Unterschiede.

Als ich kürzlich den Strategieentwurf eines großen multinationalen Unternehmens durchsah, stieß ich auf folgenden Satz: »Ich bin überzeugt, daß Sie diese Pläne aggressiv begrüßen und daß ich Sie dazu bringen kann, sie in die Tat umzusetzen.« Wie kann man etwas aggressiv begrüßen? Und wie *bringt* man Menschen dazu, etwas in die Tat umzusetzen? Müssen sie es denn nicht *wollen?* Solche Sätze sind der Versuch, Menschen mit brachialen Methoden zu motivieren.

Der Begriff »Konkurrenz« wird heute in einer sehr negativen, unfreundlichen Weise verwendet. Das Wort kommt aus dem Lateinischen und setzt sich zusammen aus »com« für »zusammen, gemeinsam« und »currere« für »laufen«; »concurrere« bedeutet demnach »zusammen laufen«, »sich vereinigen« und auch »gemeinsam kämpfen«. In der Umgangssprache wird das Wort im Sinne von »Rivalität« verwendet – etwas im Wettstreit mit anderen erreichen, für etwas und gleichzeitig gegen andere kämpfen. Der Begriff beschreibt eine vernichtende Kraft, im wörtlichen wie im übertragenen Sinn, denn er impliziert Rivalität, Gegnerschaft, ja sogar Feindseligkeit: Zwei Menschen zermürben sich gegenseitig in einem Machtkampf, aus dem der eine als Sieger und der andere als Verlierer hervorgeht. Gewinnt eine Seite wiederholt den Kampf, schaltet sie schließlich die andere Seite aus. Konkurrenz erzeugt Streß, schwächt die körperliche und geistige Gesundheit, untergräbt das Selbstwertgefühl, demotiviert die Menschen, vergiftet die Atmosphäre im Unternehmen, zerstört persönliche Beziehungen und ist ein denkbar ineffektiver Weg, Teams aufzubauen. Die Energie wird an einem negativen Punkt gebündelt, wo es darum geht, einen Widersacher auszuschalten, statt dieselbe Energie in positiver Weise dafür einzusetzen, die Bedürfnisse der Mitarbeiter, Zulieferer und Kunden zu befriedigen und dadurch höhere Werte für sie zu schaffen. Konkurrenz spricht die niederen Instinkte der Persönlichkeit an, anstatt die demütigste, aber stärkste Kraft im Universum freizusetzen – die Liebe in unserer Seele.

Ich frage mich, wie unsere Welt wohl aussehen würde, wenn sich Männer ebenso bereitwillig der Aufgabe verschrieben hätten, Kriege zu verhindern, wie Kriege zu führen.

Frank A. Clark

Mit einem Wort, eine auf Konkurrenzdenken basierende Strategie ist in höchstem Maße schädlich. Im »Nullsummenspiel«, bei dem eine Seite dauernd gewinnt, werden alle anderen Mitspieler irgendwann ausgeschaltet. Und dann? Unsere »Gegenspieler« sind doch unsere Mitbewohner auf diesem Planeten, sie sind Konsumenten, sie haben Familie, Freunde, Schulden und Kreditkarten. Für unsere Konkurrenten arbeiten ganz normale Menschen, Menschen wie du und ich. Was tun wir als nächstes, wenn wir sie um ihren Job gebracht und ihre Unternehmen in den Bankrott getrieben haben? Ist das denn alles, worum es geht?

Könnte uns Charles Dutoit, der Dirigent des Montreal Symphony Orchestra, mit hinreißender Musik beglücken, wenn sein erster Gedanke jeden Morgen wäre: »Ich muß Seiji Ozawa und die Bostoner Sinfoniker vernichten«? Wenn er und seine Musiker sich zum Ziel setzten, mit allen Theatern und Restaurants in Montreal um die Gunst des zahlenden Publikums zu konkurrieren, würde ihnen das eine Spitzenposition in der internationalen Musikwelt einbringen? Ich denke, nein. Charles Dutoit dirigiert ein Orchester von Weltruf. Jeder von uns ist, wie er, mit individuellen Begabungen gesegnet. Jeder von uns ist dazu aufgerufen, seine Gaben dafür zu nutzen, andere zu unterstützen, statt Angst zu säen und die Vernichtung anderer zu betreiben.

Tom Campell, der Gründer von Tom's of Maine, sagt: »Es geht nicht darum, um jeden Preis zu gewinnen. Die Herausforderung besteht vielmehr darin, zu gewinnen und sich selbst dabei treu zu bleiben. So bemühe ich mich um ein freundlicheres Klima. Ich versuche, bei meinem Tun mehr Rücksicht auf die Umwelt und die Allgemeinheit zu nehmen... Wir erringen täglich mehr Marktanteile und nehmen Procter & Gamble oder Colgate immer mehr Platz in den Verkaufsregalen weg, aber wir tun das weder mit Geld noch

Hillel sagt: Tue deinem Nächsten nichts an, was dir selbst verhaßt ist: Das ist die ganze Thora. Der Rest ist Kommentar. Also geh und lerne.

Aus dem babylonischen Talmud

mit Macht, denn davon haben die beiden anderen genug. Wir tun es mit einem Produkt, das die Erwartungen und Hoffnungen einer speziellen Kundengruppe erfüllt, die unsere Wertvorstellungen teilt.«[2] Auch wenn dem globalen Wettbewerb noch soviel Wert beigemessen wird: Wir können uns der Tatsache nicht mehr verschließen, daß Konkurrenzverhalten das Individuum wie auch das Unternehmen eher schwächt als stärkt und daß es, wie in Kapitel 5 bereits angesprochen, krank macht. Vielleicht ist es an der Zeit, darüber nachzudenken, ob Konkurrenzverhalten und der Wunsch, die Konkurrenten auszuschalten, eine geeignete Grundlage für unsere Beziehungen zu unseren Mitmenschen sind.

Gewinnen ohne Konkurrenzverhalten

Phil Jackson, der Basketballtrainer des dreifachen NBA-Meisters Chicago Bulls, vertritt eine weitaus anregendere und positivere Auffassung von Konkurrenz, die dem ursprünglichen Sinn des Wortes – *gemeinsam kämpfen* – entspricht. »Es ist nicht wichtig, ob man gewinnt oder verliert«, sagte er. »Wichtig ist der gemeinsame Tanz mit den eigenen Mannschaftskameraden und den Spielern der anderen Mannschaft. Man sollte sie nicht als Gegner, sondern als Tanzpartner betrachten.« Eine solche Auffassung macht deutlich, daß Konkurrenzdenken im landläufigen Sinn eine negative und schädliche Haltung ist. Und doch ist Konkurrenz das dominierende Paradigma unserer Zeit, und wer es hinterfragt, wird wahrscheinlich als Idealist und Traumtänzer angesehen.

> Nach meinen Wertvorstellungen bedeutet gewinnen keineswegs, daß ich alles bekommen muß. Ich kann gewinnen, ohne daß jemand anders verliert.
>
> *Sandra Kurtzig, Gründerin von ASK Computer Services*

Ich arbeite für Unternehmen, deren Verkäufer den Kunden Einblick in die Bücher gewähren, die im Interesse ihrer Kundschaft mit Mitbewerbern kooperieren und ihre Kunden auf Produkte der Konkurrenz hinweisen, um sie zufriedenzustellen, für Unternehmen, deren einzelne Abteilungen nicht mehr nur den eigenen Vorteil im Auge haben, sondern eine gemeinsame Vision vertreten, in denen Gewerkschaften und Management an einem Strang ziehen, um neue Märkte zu erschließen, Unternehmen, die mit Kunden und Zulieferern gemeinsame Strategien entwerfen und bei der Ausarbeitung von Vergütungssystemen für die Belegschaft kooperieren. Ich arbeite für Unternehmen, die ihre Technologie mit anderen Firmen derselben Branche teilen und großen Wert auf Fortbildung legen, weil sie der Auffassung sind, daß die Arbeitsplätze der Belegschaft und die Zukunft des Unternehmens nur so gesichert werden können. Ich arbeite sogar für einen Konzern, der einer kleineren Firma angeboten hat, ihre Produkte unter seinem Markennamen zu verkaufen – mit durchschlagendem Erfolg. Ich arbeite für Unternehmen, deren Mitarbeiter nicht ein Leben lang dazu verdammt sind, die Konkurrenz auszubooten. Konkurrenzverhalten ist ein Anachronismus. Ich kenne Unternehmen, konkurrenzfreie Räume, in denen der Seele Flügel wachsen und die Leistung entsprechend in die Höhe schnellt.

Meisterschaft: Spielen, um zu gewinnen

Wie bereits gesehen, bedeutet das Wort Konkurrenz ursprünglich *gemeinsam kämpfen*. Meistens kämpft man um einen Preis, und das impliziert, daß man gewinnen will. Gewinnen ist für die meisten Menschen ein wichtiges Lebensziel. Doch es ist wichtig, daß man versteht, was »gewinnen« wirklich bedeutet: Gewinnen bedeutet nämlich, »etwas, das man tut, möglichst gut zu tun« – eine andere Umschreibung dessen, was wir an anderer Stelle als *Könnerschaft* bezeichnet haben. Es geht also nicht darum, mit anderen in Konkurrenz zu treten oder sie gar auszuschalten. Zu Konkurrenzverhalten wird man durch negative Energie, Angst und Streß getrieben, während Gewinnen im Sinne persönlicher *Könnerschaft* durch positive Energie erreicht und beflügelt wird. Wenn unsere Seele profitieren soll, müssen wir den Respekt, das Vertrauen, die Zuneigung, Freundschaft und Loyalität anderer gewinnen, insbesondere unserer Kunden, Zulieferer, Mitarbeiter, ja selbst unserer »Konkurrenten«. Das ist die wahre Definition von *gewinnen.* Ein mit negativer Energie geführter Konkurrenzkampf hilft uns nicht weiter und schadet der Seele.

Wie ich in Kapitel 5 dargelegt habe, handelt der Mensch in einem Kontinuum zwischen Angst und Liebe. Unser Handeln ist bestimmt von der Liebe zu den Menschen und den Erfahrungen, die uns mit ihnen verbinden, oder von der Angst, die sie uns einflößen. Ängste belasten unser Leben – die Angst vor dem Tod, vor Armut, Krankheit, Zurückweisung. Was wir lieben, bereichert uns: Familie, Freunde, Gesundheit, Erfolg und Reichtum.

Wir haben die Wahl: Wir können uns vor unseren Ängsten schützen, indem wir *spielen, um nicht zu verlieren*, und damit die Bedürfnisse der Persönlichkeit befriedigen, oder wir können danach streben, unser Leben mit Liebe zu erfüllen, indem wir *spielen, um zu gewinnen*, und damit die Bedürfnisse der Seele befriedigen.

Gewinnspiel-Vereinbarungen

Für welche Alternative wir uns entscheiden, kommt beispielsweise in Verträgen zum Ausdruck. Vereinbarungen zwischen zwei Parteien können auf der Basis einer dieser beiden unterschiedlichen Philosophien getroffen werden: Defensivspiel-Vereinbarungen oder Gewinnspiel-Vereinbarungen. Defensivspiel-Vereinbarungen sind oft einseitig und begünstigen die Partei, die den Vertrag aufgesetzt hat. Gewöhnlich ist das die Partei, die sich im Besitz der größeren »Macht« wähnt. Sie versucht, sich einen Vorteil zu verschaffen, weil sie davon ausgeht, daß andere Menschen betrügen und daß ihnen daher nicht zu trauen ist. Sie rüstet sich für das Schlimmste, wappnet sich gegen alle Eventualitäten und droht Strafen und Negativsanktionen an für den Fall, daß die andere Partei den Vertrag nicht erfüllt oder bestimmte Leistungen nicht erbringt. Gewöhnlich werden die Interessen der »mächtigeren« Partei in aller Ausführlichkeit behandelt, während die legitimen Interessen der anderen Seite kaum Berücksichtigung finden. In solchen Verträgen wird von einer Seite etwas gefordert, das sie selbst nicht zu geben bereit ist.

Eine Gewinnspiel-Vereinbarung hingegen ist fair und rücksichtsvoll. Sie begünstigt nicht den Mächtigeren, sondern will beiden Parteien Chancen eröffnen und Nutzen bringen. Sie vereint die Vorteile von synergetischer Zusammenarbeit und Partnerschaft. Keine Seite versucht, der anderen eine Leistung abzuverlangen, die sie selbst nicht erbringen will. Vielmehr werden die Interessen beider Seiten berücksichtigt, und keine unterstellt der anderen unlautere Absichten. Eine gute Vereinbarung, die sich am Prinzip des Gewinnspiels orientiert, basiert auf gemeinsamen Wertvorstellungen und auf dem Willen beider Seiten, auf ein gemeinsames Ziel hinzuarbeiten. Eine solche Vereinbarung wird von beiden Seiten gemeinsam und aus freien Stücken unterzeichnet. Sie soll eine Vereinbarung zwischen zwei Seelen sein.

Ein Beispiel für eine solche Vereinbarung, die auf der Philosophie des Gewinnspiels beruht, ist im folgenden dargestellt:

Der Gewinnspiel-Vertrag –
jeder engagiert sich für den anderen

Primärwerte

1. Könnerschaft

Was sind die wesentlichen Aufgaben, Fähigkeiten und Kompetenzen, die für eine Erfüllung unseres Vertrags erforderlich sind? Welches Leistungsniveau wird erwartet? Was zeichnet das Spitzenniveau aus? Was ist nötig, um das Spitzenniveau zu erreichen? Was ist nötig, um für beide Seiten das Beste zu erreichen? Welche Fähigkeiten, Fertigkeiten und Verfahrensweisen sind erforderlich? Welches Spezialwissen ist erforderlich? Welches Grundwissen? Welche Fort- und Weiterbildungsmaßnahmen? Welche Informationssysteme? Was müssen wir auf dem Sektor Technologie und Forschung tun? Nach welchen Methoden müssen wir verfahren? Welchen Entwicklungsstand müssen wir erreichen? Wie effizient, kreativ und perfekt müssen wir arbeiten, um den Vertrag zu erfüllen? Besteht die Möglichkeit zu einer stetigen Verbesserung (*kaizen*)?

2. Menschenfreundlichkeit

Zu wem müssen wir dauerhafte und gute Beziehungen aufbauen? Wie können wir solche harmonischen Beziehungen knüpfen, und zu wem? Welche bestehenden Beziehungen müssen wir pflegen oder verbessern? Was zeichnet eine gute Beziehung aus? Welche Haltung ist nötig, um solche Beziehungen aufbauen zu können? Was können wir tun, um diese Beziehungen zu vertiefen? Was müssen wir tun, damit wir auch künftig Freundschaften und Beziehungen knüpfen können, die auf Vertrauen, gegenseitigem Respekt, Integrität, guter Kommunikation und Wahrhaftigkeit basieren? Wie können wir mehr Beziehungen aufbauen, von denen beide Partner profitieren? In welchen Situationen ist Teamarbeit wichtig? Wann zahlt sich ein geselliger Stil aus? Gibt es Situationen, in denen Nachgeben wichtig ist? Wie können wir dafür sorgen, daß beide Seiten zufrieden sind und künftig noch zufriedener sein werden? Wie können wir unsere Partner belohnen – Mitarbeiter (und deren Lebenspartner), Kunden, Zulieferer und Kollegen?

3. Hingabe

Welche internen und externen Kunden* wollen wir mit unserer Arbeit zufriedenstellen? Welche Bedürfnisse haben sie? Wie können wir, motiviert durch aufgeklärtes Eigeninteresse und Altruismus, besser auf die Bedürfnisse der Kunden eingehen? Wie können wir beide Seiten dazu ermuntern, die Bedürfnisse anderer zu befriedigen? Wie können wir Respekt vor den Bedürfnissen anderer

* Wie bereits erwähnt, wird der Begriff *Kunde* in verschiedenen Bedeutungen gebraucht. In diesem Fall ist jeder, der mit einem Bedürfnis zu uns kommt, ein Kunde. Zur detaillierten Beschreibung siehe *Zur Terminologie*.

bekommen? Wie können wir ein Gleichgewicht herstellen zwischen der Notwendigkeit, die Bedürfnisse der Mitarbeiter zu befriedigen, und der Notwendigkeit, Gewinn zu erzielen, wohlwissend, daß Gewinn das Ergebnis einer erfolgreichen kundenorientierten Philosophie ist? Wie können wir die Philosophie aufrechterhalten, nach der es bei Geschäften oder in Beziehungen nur Gewinner geben soll? Wie können wir sicherstellen, daß Mitarbeiter wie Partner behandelt werden und nicht wie Gegner? Welche Kriterien brauchen wir, um klar zwischen »das Rechte tun« und »die Dinge richtig machen« unterscheiden zu können? Wie können wir klare Kriterien für die Beurteilung der Leistungen entwickeln, die wir für interne und externe Kunden erbringen?

Die Beschleuniger

4. Lernen

Wie können wir über uns hinauswachsen? Was ist erforderlich, damit wir das vereinbarte Leistungsniveau (*Könnerschaft*) erreichen? Was müssen wir wo, wann und warum dazulernen, um das vereinbarte Niveau zu übertreffen?

5. Einfühlungsvermögen

Wie können wir Möglichkeiten schaffen, um die Kommunikation durch *Einfühlungsvermögen* zu verbessern (indem wir die Wahrheit sagen, unsere Versprechen halten, dem anderen Vertrauen entgegenbringen, durch Verantwortungsbewußtsein, Tatkraft, Ehrlichkeit, Integrität, Respekt, Mitgefühl und Liebe)?

6. Zuhören

Wie können wir anderen besser *zuhören* und auf ihre Bedürfnisse besser eingehen? Wie können wir ein hohes Maß an Aufmerksamkeit erreichen, um das gegenseitige Verständnis zu vertiefen? Wie können wir das »innere Geplapper« abstellen und anderen unsere ungeteilte Aufmerksamkeit schenken, wenn wir mit ihnen kommunizieren? Welcher Fähigkeiten und Erfahrungen bedarf es, um beim *Zuhören* auch Signale wie Körpersprache, Betonung und Ausdruck wahrzunehmen, die über das Verbale hinausgehen? Wie können wir die Fähigkeit erlangen, »sowohl die Worte als auch ihre Melodie zu hören«? Wie können wir möglichst unvoreingenommen und effizient zuhören, ohne uns selbst zu verteidigen oder den anderen zu manipulieren?

Werteverschiebungen

7. Vom ICH zum DU

Welche Schritte werden unternommen, um herauszufinden, welchen Wert die andere Seite der Vereinbarung beimißt? Wie können wir ein Gleichgewicht herstellen, bei dem die Bedürfnisse der anderen besser befriedigt werden als unsere eigenen? Wie können wir ihre seelischen Bedürfnisse befriedigen? Wie können wir für beide Seiten Möglichkeiten schaffen, zu lernen und voranzukommen?

8. Vom DING zum MENSCHEN

Wie können wir der »Heiligkeit« des *MENSCHEN* und dem ihm innewohnenden Wert größere Aufmerksamkeit schenken als dem Erwerb und der Pflege materieller Dinge? Wie müssen wir unsere Vereinbarung gestalten, damit sie uns ermutigt, Rücksicht auf den Menschen zu nehmen?

9. Vom DURCHBRUCH zu KAIZEN

Bestehen Anreize und Pläne, anderen dabei zu helfen, einen bestimmte Sache besser zu machen, also *KAIZEN* zu praktizieren? Suchen wir mit demselben Eifer nach besseren Wegen wie nach anderen Wegen? Welchen Anreiz haben wir, beides zu tun?

10. Von der SCHWÄCHE zur STÄRKE

Wie können wir auf die *STÄRKE* des Menschen bauen, anstatt uns bei seinen Schwächen aufzuhalten? Welchen Anreiz haben wir, unsere Stärken zu feiern?

11. Von ANGST und KONKURRENZ zur LIEBE

Ermutigt uns die Vereinbarung, in unserer Beziehung jederzeit *FREUNDLICH* zu bleiben? Fördert sie unser Mitgefühl und unsere Großzügigkeit, oder erzeugt sie Angst, verstärkt unser Konkurrenzverhalten und erhöht unsere Konfliktbereitschaft? Ist unsere Vereinbarung in der Sprache der Liebe geschrieben oder in der feindseligen und kämpferischen Sprache des Krieges?

Wie man bekommt, was man erwartet

Wenn wir Angst und Konkurrenzverhalten erwarten, stellen sie sich oft auch ein. Dazu ein Gleichnis aus dem Orient.

Eines Tages kommt der Diener eines Kaufmanns in Bagdad in großer Bestürzung zu seinem Herrn.

»O Herr«, ruft er, »heute morgen rempelte mich jemand auf dem Marktplatz an. Ich drehte mich um und sah, daß es der Tod war. Sein Blick war so seltsam und grauenvoll, daß ich nun um mein Leben fürchte. Bitte gib mir dein Pferd, o Herr, damit ich fliehen kann … Mit deiner Hilfe kann ich noch vor Einbruch der Dunkelheit in Samara sein.«

Der Kaufmann war ein großzügiger Mann. Er gab dem Diener ein gutes Pferd und ließ ihn fortreiten. Als der Kaufmann am Nachmittag über den Marktplatz schlenderte, sah er den Tod in der Menge stehen.

»Warum hast du meinen Diener heute morgen so erschreckt und so drohend angesehen?«

»Ich habe ihn nicht drohend angesehen«, erwiderte der Tod, »ich war nur überrascht, ihm heute morgen hier in Bagdad zu begegnen, wo ich doch heute abend mit ihm in Samara verabredet bin.«

Das Defensivspiel ist eine negative, kräftezehrende Lebensweise und hat den Charakter einer sich selbst erfüllenden Prophezeiung. Man kann nie gewinnen. Denn wie soll man ein Tor erzielen, wenn man nur das eigene Tor verteidigt? Wenn wir nur spielen, um nicht zu verlieren, können wir bestenfalls darauf hoffen, daß unsere Befürchtungen sich nicht bewahrheiten. Beim Gewinnspiel hingegen sind die Nachteile begrenzt und die Vorteile immens – die Gewinnchancen stehen gut; da würde jeder Spieler zustimmen. Es ist daher unser vorrangigstes Interesse, unser Leben mit Charme und Liebe zu erfüllen und alles zu tun, um das Gift des Konkurrenzdenkens aus unserem täglichen Leben zu entfernen.

Erst geben, dann nehmen

Jack Kornfield erzählt die Geschichte eines achtjährigen Mädchens, das an einer seltenen Blutkrankheit litt, und ihres sechsjährigen Bruders. Das kleine Mädchen brauchte eine Bluttransfusion, da es aber eine seltene Blutgruppe hatte, suchten die Eltern vergeblich nach einem Spender. Die Mutter und der Arzt fragten den kleinen Jungen, ob er sein Blut spenden würde, um der Schwester das Leben zu retten. Er müsse darüber nachdenken, antwortete der Junge. Nach ein paar Tagen sagte er: »Gut, ich mach's.« Sie fuhren ins Krankenhaus, und als die Geschwister bei der erfolgreichen Blutübertragung nebeneinander im Behandlungszimmer lagen, rief der Junge plötzlich nach dem Arzt und fragte ihn gefaßt: »Werde ich denn jetzt gleich sterben?«

In seinem jungen Leben spielte dieser kleine Junge bereits das Gewinnspiel. Beim Defensivspiel hätte er nichts gewinnen können, und so schuf er Bedingungen, unter denen er nicht verlieren konnte, nur gewinnen; und nicht nur er, sondern auch seine Schwester und seine Eltern. Selbst wenn er gestorben wäre, hätte er gewonnen. Durch das Gewinnspiel hat er für den Rest seines Lebens seine Selbstachtung gestärkt. Dieser Junge hat gezeigt, was »Konkurrenz« im positiven Sinne bedeutet, nämlich Seite an Seite zu kämpfen und im steten Bemühen, Könnerschaft zu erlangen, sein Bestes zu geben.

Diese Form der Konkurrenz ist von dem Wunsch beseelt, herausragende Leistungen zu erbringen. Sie wirkt belebend und erfrischend, sie stärkt das Immunsystem und nährt die Seele. Konkurrenz im Sinne von Rivalität hingegen führt zu Streß und Erschöpfung und ist die Hauptursache für das wachsende Unbehagen, das Menschen heutzutage empfinden. Rivalität ist Gift für die Seele, sie erzeugt Angst und untergräbt die zwischenmenschlichen Beziehungen. Es gibt keinen gesunden Konkurrenzkampf – am Ende gehen Opfer wie Täter daran zugrunde. *Wie kann es uns bessergehen, wenn wir anderen Schlechtes wünschen?*

Internes Konkurrenzverhalten

Ich sprach bisher nur vom Konkurrenzkampf zwischen Unternehmen, doch der Konkurrenzkampf innerhalb eines Unternehmens zerfrißt die Seele nicht weniger. Herkömmliche Manager sind der Überzeugung, daß sie am besten Karriere machen können, indem sie sich mit ihren Angestellten um den kleinen Kuchen streiten, den es zu verteilen gilt, anstatt durch Zusammenarbeit dafür zu sorgen, daß der Kuchen größer wird. Daher sind leitende Angestellte gewöhnlich in schädliche Kämpfe um Etatzuweisungen, Investitionsgenehmigungen und die Gunst der Mächtigen verwickelt.

Seltsamerweise erweist sich Kooperation nicht nur als effektiver, sondern auch als gesünder. Eine vor wenigen Jahren durchgeführte wissenschaftliche Untersuchung hat gezeigt, daß wir das »Beste« aus uns herausholen, wenn wir kooperativ sind. Und das gilt praktisch für jeden Bereich, den die Forscher unter die Lupe genommen haben. So werden zum Beispiel von Wissenschaftlern, die sich selbst als kooperativ bezeichnen, mehr Artikel veröffentlicht als von ihren konkurrierenden Kollegen. Kooperative Geschäftsleute verdienen mehr. Kooperative Schüler haben von der Grundschule bis zum College bessere Durchschnittsnoten. Kooperative Personalchefs haben weniger offene Stellen zu besetzen. Und schließlich, was nicht verwunderlich ist, erhöht Kooperation die Kreativität.[3]

Konkurrenzdenken widerspricht den natürlichen Wünschen der Seele. Die Seele strebt nach Ganzheitlichkeit, Konkurrenzdenken nach Trennung, nach der Trennung von Sieger und Verlierer. Wir können das in Millionen moderner Unternehmen vorherrschende Unbehagen nur beseitigen, wenn wir in allem, was wir tun, nach Ganzheitlichkeit streben. Ganzheitlichkeit ist Ausdruck der menschlichen Würde und führt unweigerlich zu Kooperation. Die Seele entzieht sich naturgemäß dem Konkurrenzverhalten und strebt nach Kooperation. Sie ist nur ein Teil des Universums und kann Ganzheitlichkeit nur erlangen, wenn wir sie auf allen Ebenen zu verwirklichen suchen.

Da wir in einer freien Marktwirtschaft leben, sollten wir unsere Erwartungen allerdings nicht zu hoch schrauben. Wir werden es kaum erleben, daß Konkurrenzverhalten sich über Nacht in Kooperation verwandelt. Wir dürfen jedoch hoffen, daß zwischen den beiden Formen von Konkurrenz wenigstens klar unterschieden wird:

- gemeinsam kämpfen, um Meisterschaft zu erlangen
- erbitterter Konkurrenzkampf gegen andere

Das erste wird uns weiterbringen, das zweite wird uns vernichten.

TEIL ZWEI

Der Verstand

10 Der Kopf zuerst

Mechanistische Unternehmen werden häufig nach dem Nußschalenprinzip geleitet. Erinnern Sie sich noch an den alten Trick, bei dem man eine Erbse unter einer von drei Walnußschalen versteckte, die Nußschalen durcheinanderschob und dann jemanden raten ließ, unter welcher Schale die Erbse steckte? An der Erbse war ein Haar befestigt, so daß man – vorausgesetzt man kannte das Geheimnis – immer wußte, wo sich die Erbse befand. Die ersten paar Male besaß das Spiel noch den Reiz des Neuen, doch bald wurde es langweilig. Genau wie Nußschalen-Management.

Wie in Kapitel 5 erwähnt, stirbt das menschliche Gehirn ab, wenn ihm Wissen verwehrt wird; doch zuerst nimmt die Seele Schaden. Da die Seele von Natur aus neugierig und unablässig auf der Suche ist, wird sie um so ängstlicher, je weniger wir wissen. Doch nach wie vor verwechseln Führungskräfte in mechanistischen Unternehmen das Horten von Informationen mit dem Anhäufen persönlicher Macht – und Macht war bekanntlich schon immer ein Peiniger der Seele.

Das Leben strebt nach Ausgewogenheit. Wenn in Unternehmen das Gleichgewicht von Yin und Yang – der weiblichen und der männlichen Kräfte – gestört ist, muß die Seele, da auch sie nach Ausgleich und Ganzheitlichkeit strebt, notgedrungen mit dieser fehlenden Symmetrie fertig werden. Informationen und Antworten verkörpern die männliche, Fragen dagegen die weibliche Energie. Wird Arbeitnehmern männliche Energie in Form von Information vorenthalten, suchen ihre Seelen natürlich nach einem Ausgleich, und da die Suche nach Ausgewogenheit ihre eigenen Turbulenzen erzeugt, wirkt sich das störend auf Unternehmen aus. Die Lösung besteht darin, Informationen – sprich die fehlende männliche Energie – zugänglich zu machen.

Die Bücher offenlegen, um die Seele zu beflügeln

Daß mit zunehmender Monopolisierung von Information auch die persönliche Macht wachse, ist ein verbreiteter Irrtum. Typischer Vertreter dieses Irrglaubens ist der verunsicherte Macho-Manager, dem es sowohl an richtungsweisenden als auch an moralischen Werten mangelt. Zu diesem traditionellen, vom Persönlichkeitsdenken statt von der Seele geprägten Managertyp gehört auch Margaret Thatcher, die einmal bemerkte: »Es kümmert mich nicht, was meine Minister alles reden – solange sie tun, was ich sage.« Das Vorenthalten von Wissen läßt aber nicht nur das Gehirn verkümmern, sondern verunsichert darüber hinaus die Persönlichkeit und zermürbt die Seele.

Ferner horten traditionelle Manager Firmenwissen, weil sie befürchten, »vertrauliche Informationen« würden gegen sie verwendet, wenn sie in falsche Hände gelangten. Die Überheblichkeit und die Paranoia, die darin zum Ausdruck kommen, sind erschreckend. Der Belegschaft wird unterstellt, sie sei unreif und unzuverlässig und könnte durch achtloses Gerede über »vertrauliche Fragen« der Konkurrenz »Betriebsgeheimnisse« verraten.

Diese Denkweise stammt aus einer Ära, in der einige wenige Chefs – in aller Regel mächtige und gut ausgebildete Männer – das gesamte Firmenwissen auf sich vereinten und infolgedessen als einzige qualifiziert waren, betriebliche Entscheidungen zu treffen. Mittlerweile wurde jedoch durch die Schrumpfung der Verwaltung, den Wegfall bestimmter Managementebenen, technologische Fortschritte, die bessere Ausbildung der Mitarbeiter, den Bedarf an schneller Entscheidungsfindung auf den heutigen

Märkten und die zunehmende Spezialisierung ein neuer Kontext für Entscheidungsfindung, Informationsaustausch und Macht geschaffen.

> Haben Sie jemals erlebt, daß ein Kind Buchhalter gespielt hat – selbst wenn es später einer werden wollte?
>
> *Jackie Mason*

Heute ist es unerläßlich, diejenigen, die am ehesten in der Lage sind, bei Entscheidungen die Interessen von Beschäftigten, Kunden und Zulieferern zu berücksichtigen, mit einem Höchstmaß an Informationen und Vollmachten auszustatten, also in der Regel jene, die so unmittelbar wie möglich am Geschehen beteiligt sind. Fortschrittliche Unternehmen wie Levi Strauss haben solche Ziele in ihrer Unternehmensphilosophie verankert, wie aus einer Passage des »Aspiration Statements« dieser Firma hervorgeht:

> *Empowerment:* Das Management muß die Machtbefugnis und Verantwortlichkeit derjenigen, die unmittelbar für unsere Produkte und Kunden zuständig sind, erhöhen. Durch die aktive Förderung von Verantwortungsbewußtsein, Vertrauen und Identifikation im Unternehmen können wir zu unserem eigenen Vorteil die Fähigkeiten aller Mitarbeiter nutzen.

Wir leben nicht länger im Zeitalter von Leibeigenen und Adligen, Schatztruhen und Festungen, sondern im Computerzeitalter. Hier und heute streben zwei Seelen – Kunde und Anbieter – danach, in einer Weise miteinander zu kommunizieren, die für beide Seiten sinnvoll ist. Das Zurückhalten von Informationen ist nur eine von vielen Methoden, mit denen herkömmliche Manager diesen natürlichen Vorgang behindern. In solchen mechanistischen Unternehmen schürt der Mangel an wichtigen Informationen bei den Beschäftigten Existenzängste. Denken wir einmal kurz an die Boxencrew des Penske-Teams bei den 500 Meilen von Indianapolis im Jahre 1994. Damals kam Al Unser jr., der spätere Sieger aus dem Penske-Team, mit quietschenden Bremsen an die Box, wo augenblicklich sechs Mechaniker über die ein Meter hohe Mauer sprangen, ihm zu trinken gaben, vier Reifen wechselten, den Wagen auftankten, kleinere Reparaturen durchführten und ihn in kürzerer Zeit auf den schnellen Kurs, auf dem Spitzengeschwindigkeiten um die dreihundert Stundenkilometer gefahren werden, zurückschickten, als Sie zum Lesen dieses Satzes benötigen. Keine Frage, daß jedem Mitglied des Teams alle für den Sieg erforderlichen Informationen zur Verfügung stehen mußten. Die Seele verlangt es nicht nur nach Wissen, sondern auch nach der Befugnis, klugen Gebrauch davon zu machen. Die Seele strebt nach Freiheit – um lernen und handeln zu können. Die Seele braucht mehr, nicht weniger Wissen.

In der festen Überzeugung, daß »die beste, effizienteste und profitabelste Art, ein Unternehmen zu führen, darin besteht, jedem Mitarbeiter der Firma ein Mitspracherecht zuzugestehen und ihn am Gewinn bzw. Verlust zu beteiligen«, hat Jack Stack, Generaldirektor und Vorstandsvorsitzender von Springfield Remanufacturing Corp. (SRC), eine außerordentlich erfolgreiche Firma aufgebaut. Seitdem Stack SRC im Jahr 1983 von International Harvester übernommen und die Jahresplanung eingeführt hat, ist der Umsatz der Firma von 16 auf 105 Millionen Dollar und die Zahl der Beschäftigten von 119 auf über 750 gestiegen.

Stack entwickelte ein Management der offenen Bücher, das alle Mitarbeiter am Planungsprozeß beteiligt und allen jederzeit Informationen über Finanzen und betriebliche Leistung zugänglich macht. Außer am Planungsprozeß ist jeder Mitarbeiter an einem an den Planvorgaben orientierten Prämiensystem beteiligt. Stacks eigentliches Ziel bestand darin, seine Mitarbeiter dazu anzuspornen, wie Firmeninhaber zu denken. Während SRC im Jahr 1993 11 200 Stunden für berufliche Weiterbildung aufwandte, summierten sich betriebs- und finanzwirtschaftliche Schulungen auf über 31 300 Stunden. »Es ist nicht so, daß man nach einer einzigen Schulung den kompletten Geschäftsbericht begreifen würde«, sagt Kevin Dotson, der im Heavy-Duty-Lager von SRC arbeitet. »Jedesmal, wenn man zu einer Schulung geht, lernt man etwas dazu. Immerhin versteht man den Teil des Berichts, der einen selber betrifft. Man lernt, wie man noch effizienter arbeiten kann oder wie wir, als kleines Team, uns verbessern können, damit die Übergabe an die nächste Gruppe glatter über die Bühne geht. Wir haben zwar verschiedene Aufgaben, ziehen aber alle am selben Strang.«

1992 faßte Stack seine Vorstellungen in dem Buch *The Great Game of Business* zusammen, das ein Verkaufsschlager werden sollte. Stack hatte einen Nerv getroffen. Die Reaktion von Lesern, die erkannten, daß es einen besseren Weg gab, und erpicht darauf waren, mehr über seinen offeneren, auf die stärkere Einbindung der Mitarbeiter setzenden Führungsstil zu erfahren, war überwältigend. Daraufhin boten Stack und seine Mitarbeiter einen zweitägigen Kurs an, in dem sie ihren Ansatz erläuterten. Seitdem hat Stack vor über tausend wißbegierigen Besuchern seiner im Südwesten von Missouri ansässigen Firma dargelegt, was er unter »der einzig vernünftigen Weise, eine Firma zu leiten« versteht.[1]

Der bitterste Kummer auf der ganzen Welt aber ist der, daß man bei aller Einsicht über nichts Gewalt in den Händen hat.

Herodot

Ein wichtiger Schritt zu einem Management der offenen Bücher besteht in der Veröffentlichung der Zahlen. Genau diesen Schritt hat Percey Barnevik, Geschäftsführer und Präsident von Asean Brown Boveri (ABB), mit der Einführung von ABACUS getan, dem Buchführungs- und Kommunikationssystem von ABB. Dieses Programm stellt Mitarbeitern aller Ebenen dieselben Informationen aus einer einzigen Datenbank zur Verfügung. Das schafft nicht nur Vertrauen, sondern darüber hinaus können die Beschäftigten anhand eines einzigen Datensatzes ihr Tun aufeinander abstimmen, anstatt über die Gültigkeit der Zahlen zu debattieren.

Als Berater von Arbeitsteams weiß ich aus Erfahrung, daß Geheimniskrämerei nicht gerechtfertigt ist. Tatsächlich würde es nämlich – anders als unsere Selbstüberschätzung uns befürchten läßt – kaum einen Unterschied machen, wenn die Informationen in falsche Hände gelangten. Einige der Informationen, vor deren Verbreitung Manager in mechanistischen Unternehmen eine Heidenangst haben, betreffen Löhne und Gehälter, Umstrukturierungen, Fusionen, Firmenübernahmen, Preisgestaltung, die Einführung neuer Produkte oder Entflechtungsmaßnahmen, wobei die vertraulichsten Daten natürlich das Personal betreffen: Gehälter, Gratifikationen, Beförderungen, Arbeitsleistung und dergleichen. Diese Paranoia der Persönlichkeit gründet sich jedoch in Wirklichkeit auf Angst, und Angst ist die Triebfeder für das Streben nach Macht und Kontrolle. Sobald nämlich traditionelle Manager ein gewisses Maß an Erfolg erzielt haben, zementieren sie ihre Macht durch Geheimhaltungspolitik, aus lauter Angst, andernfalls ihre Position wieder zu verlieren. Macht ist das Rezept der Persönlichkeit gegen peinigende Ängste und somit Opium für die Ängstlichen.

Indem die Machtbesessenen den freien Informationsfluß hemmen, heben sie Bedeutungszusammenhänge auf und säen so Angst vor dem Unbekannten in den Herzen ihrer Opfer. Der nach Macht Strebende, für den allein die Persönlichkeit zählt, berauscht sich am kurzzeitigen, durch Angst erzielten Erfolg und wird süchtig danach. Ein Schritt bedingt jedoch den nächsten, wobei es zunehmend schwerer fällt, die Zensur zu lockern oder gar aufzuheben, und die Gründe, weshalb man es unterläßt, täglich abenteuerlicher und paranoider werden. Traditionelle Manager verteidigen ihre Machtbasis, indem sie Mitarbeitern Angst einflößen, sprich Informationen vorenthalten. Diesen Führungsstil bezeichnen wir als Champignon-Management: alle im Dunkeln halten und regelmäßig mit Mist bedecken.

> Alle Menschen streben von Natur aus nach Wissen.
> *Aristoteles*

Wenn wir einmal innehalten, um über die Notwendigkeit der Zensur nachzudenken, und dabei den Mitarbeiter durch unsere Wertebrille betrachten, kommen wir mit Sicherheit an den Punkt, wo wir die Beweggründe für unsere Geheimhaltungspolitik in Frage stellen müssen. Wenn es uns mit der Werteverschiebung wirklich ernst ist, wenn wir Angst und Konkurrenzdenken zugunsten der Liebe überwinden wollen, warum erkennen wir dann nicht, daß das Horten von Informationen Ängste auslöst, und unternehmen die nötigen Schritte, um dem ein Ende zu bereiten? Trauen wir etwa den Menschen nicht, auf deren Hilfe wir angewiesen sind, wenn wir unsere Vision für das Unternehmen verwirklichen wollen? Falls wir überhaupt Partei ergreifen müssen, dann doch für unsere Angestellten, denn wer, wenn nicht sie, steht auf unserer Seite? Wenn die Chefs eines Unternehmens den eigenen Mitarbeitern kein Vertrauen entgegenbringen und Informationen über die Firma vorenthalten, von der ihre Existenz abhängt, warum sollten die Mitarbeiter dann mit ihren Chefs anders verfahren? Mißtrauen erregt Mißtrauen.

Und bedenken Sie doch einfach einmal, wie Geheimhaltung zwangsläufig aufgefaßt werden muß: »Diese Information vertrauen wir Ihnen nicht an«, »Sie sind nicht wichtig genug, um diese Berichte zu bekommen«. Auch wenn wir uns gewöhnlich nicht so unverblümt ausdrücken – die Botschaft bleibt dieselbe. Denken Sie einen Moment lang über diese Botschaft nach. Wie klingt sie in Ihren Ohren? Welchen Widerhall erzeugt sie in Ihrer Seele? Angenommen, man hätte so etwas zu Ihnen gesagt, wären Sie nicht verletzt und gekränkt? Eine solche Botschaft demoralisiert und demotiviert die Menschen. Sie beschwört das häßliche Gespenst des Klassenbewußtseins herauf, schürt Ressentiments und Neid und setzt die Selbstachtung herab – dies alles ist Gift für die Seele. Solche

> **Man lebt hauptsächlich auf Erkundigung. Das wenigste ist, was wir sehen: wir leben auf Treu und Glauben.**
>
> *Baltasar Gracián*

Affronts gegen die Persönlichkeit und die Seele veranlassen die Menschen, ihre Herzen zu Hause zu lassen. Mit anderen Worten: Der durch Geheimhaltung hervorgerufene Schaden ist für ein Unternehmen weitaus größer als die möglichen Risiken, die eine aufgeschlossene Philosophie mit sich bringt.

Das in mechanistischen Unternehmen praktizierte Nußschalen-Management demotiviert die Persönlichkeit und richtet die Seele zugrunde. In »Heiligtümern« machen wir Wissen ungehindert zugänglich, und dadurch schaffen wir ein Klima des Vertrauens, das die Persönlichkeit zum Engagement ermuntert und die Seele beflügelt. Gestützt auf relevante Informationen, und nicht auf Vermutungen, Gerüchte oder Klatsch, können sich die Angestellten mit ganzer Seele in die Arbeit einbringen. Führungskräfte, die eine offene Informationspolitik betreiben, sind oft überrascht vom innovativen Umgang mit dem Wissen und den beachtlichen Ergebnissen, die dadurch erzielt werden. Es lohnt sich, die Nachteile der Geheimhaltung den Vorteilen der Offenheit zu opfern.

Ebenso verhängnisvoll wirkt sich das Nußschalen-Management auf Kunden und Zulieferer aus. Man nimmt an, daß große Aktiengesellschaften Verdunkelungsabteilungen unterhalten, in denen die Rohdaten für den Jahresbericht bereinigt, zensiert, geschönt und schwer durchschaubar gemacht werden. Im Gegenzug entstand ein ganzer Berufszweig von Wahrheitssuchern, von denen die meisten an der Wall Street arbeiten und damit beschäftigt sind, die manipulierten Zahlen in Geschäftsberichten zu entschlüsseln, um sich ein Bild von den wahren Vorgängen zu machen – ein fatales Spiel.

Nicht weniger fatal ist es, Zulieferern unerläßliche Informationen vorzuenthalten. In beiden Fällen signalisieren wir damit: »Wir trauen Ihnen nicht, wir respektieren Sie nicht, und wir werden Sie hereinlegen.« Natürlich sehen sich Kunden und Zulieferer dadurch veranlaßt, dem Unternehmen mit derselben Einstellung gegenüberzutreten. Daß wir diese Praxis stillschweigend dulden, ist nicht weiter überraschend, wenn wir bedenken, daß die Urheber dieser irreführenden oder lückenhaften Informationspolitik täglich durch ihre Vorgesetzten auf die gleiche beleidigende Weise behandelt werden. »Affen machen alles nach«, lautet häufig der schlichte Kommentar zu diesem Phänomen.

George Gendron, Chefredakteur von *Inc.*, befürwortet das Management der offenen Bücher schon seit langem. Er sieht darin ein Anzeichen, daß in den Unternehmen ein neuer Typ von Führungskräften ans Ruder gelangt. Im Juni 1995 schrieb er in einem engagierten Artikel: »Die Revolution der offenen Bücher ist Teil eines umfassenden und durchgreifenden Wandels, der sich um uns herum vollzieht, eines Wandels, der unser aller berufliches Umfeld verändern wird. Ich sage nicht, daß jedes Unternehmen seine Bücher offenlegen wird. Nicht im entferntesten. Aber ich glaube, daß jedes Unternehmen von dieser neuen Atmosphäre wachsenden wirtschaftlichen Wissens und finanziellen Verantwortungsbewußtseins beeinflußt wird. Wie können sich die Unternehmen dieser Entwicklung anpassen, ohne den Weg der offenen Bücher zu beschreiten? Ich weiß es nicht. Doch wenn ich Unternehmenschef wäre, würde ich mit Sicherheit alles daransetzen, es schnell herauszufinden.«[2]

> Gelehrten Männern gab ich große Summen,
> Weil Buch und Schrift beim König mich befördert
> Und weil ich sah, es sei Unwissenheit
> Der Fluch von Gott und Wissenschaft der Fittich,
> Womit wir in den Himmel uns erheben.
>
> *William Shakespeare, König Heinrich VI., Zweiter Teil, IV,7*

Würden Vorgesetzte ihre Einstellung überprüfen und den Beschäftigten nichts verheimlichen, sondern Einblick in das Gehirn des Betriebs gewähren, dann würden – wie uns das Beispiel Jack Stacks gelehrt hat – die Mitarbeiter dieses Signal aufgreifen und andere mit derselben Achtung und Integrität behandeln. Mangel an Information ist wie eine Autoimmunkrankheit der Seele. Die Seele bemüht sich, den

Schaden zu beheben, und nichts wird sie davon abbringen – egal, wie lange sie leidet –, bis sie ihr Ziel, zu einem Ganzen zu werden, erreicht hat.

Entscheidungsfindung

Die Seele hört niemals auf zu fragen, und selbst wenn ihr Wissensdurst gestillt worden ist, wird sie weiter fragen und suchen, bis sie einen anderen Imperativ verwirklicht hat: Freiheit. Dies gilt für jeden Bereich des Lebens – nicht nur für die Arbeitswelt. Einige Bedürfnisse der Seele sind einfach und unkompliziert. Dazu gehören ausreichendes Wissen und die Freiheit, an Entscheidungen teilzuhaben und selbst welche zu treffen – recht bescheidene Ansprüche der Durchschnittsseele. Ohne diese beiden ist das Trachten der Seele nach Ganzheit und Ausgewogenheit zum Scheitern verurteilt. Diese Bedürfnisse müssen wir befriedigen, wenn wir die Seele beflügeln wollen.

Dies scheint leichter gesagt als getan. Jene Wegbereiter, die »Heiligtümer« geschaffen haben, handeln bereits danach, doch in mechanistischen Unternehmen, in denen Menschen nach wie vor wie Dinge betrachtet werden, führen Machtausübung und Angst zu einer ungleichen Verteilung von Wissen und Entscheidungsbefugnis. Häufig werden Informationspolitik und Entscheidungsfindung gezielt dazu benutzt, einen Keil in die Belegschaft zu treiben, sie zu manipulieren und zu kontrollieren – Praktiken, die auf die Seele äußerst abstoßend wirken. Traditionelle Manager rechtfertigen ihre Geheimniskrämerei und ihr autokratisches Gebaren gern mit der Behauptung, daß ihre Angestellten nicht kompetent genug seien, um Entscheidungen zu treffen. Und vermutlich haben sie damit sogar recht. Wie sollten Beschäftigte, denen der Zugang zum Wissen versperrt wird und die vom Entscheidungsfindungsprozeß ausgeschlossen bleiben, auch über diesbezügliche praktische Erfahrungen verfügen. In mechanisti-

schen Unternehmen dient dieses eigennützige Argument der Aufrechterhaltung des Status quo.
Wie eine von CalPERS (California Public Employees' Retirement System) in Auftrag gegebene und von der Gordon Group Inc. durchgeführte Studie aus dem Jahr 1994 ergab, werden Firmen, deren Angestellte regelmäßig am Entscheidungsfindungsprozeß beteiligt werden, am Finanzmarkt höher bewertet als jene, bei denen das nicht der Fall ist. »Das ist eines der Kriterien, nach denen wir geeignete Firmen aussuchen«, erklärt Richard S. Koppes, Rechtsberater von CalPERS.[3] Bei Tandem Computers werden die Entscheidungen nach dem Konsensprinzip getroffen. Die meisten Abteilungen treffen sich regelmäßig, und häufig nimmt eine gesamte Abteilung an Vorstellungsgesprächen teil, um festzustellen, ob die Bewerber ins Team passen würden. Regelmäßig werden »Gemeindeversammlungen« abgehalten, auf denen die Beschäftigten über neue Entwicklungen diskutieren. Gemeinschaftsgeist und Verständigung zwischen den Tandem-Mitarbeitern werden auf unterschiedlichste Weise gefördert – von »Konsens-Meetings« bis hin zu »wöchentlichen Popcorn-Parties«.[4]
Arbeit ist nicht nur heilig, sondern immer auch Seelenarbeit. Wenn bestimmte grundlegende Elemente fehlen, wie etwa Informationen oder die Möglichkeit, an Entscheidungen teilzuhaben, die das Unternehmen und mithin unser Leben und unser Auskommen betreffen, so beraubt uns die Arbeit der Seele. Wir leben im Informationszeitalter, insofern ist es völlig absurd, ausgerechnet den Menschen Wissen und Entscheidungsbefugnis vorzuenthalten, die beides brauchen und damit umgehen können – denen nämlich, die arbeiten. Welche Arbeit würde im Informationszeitalter für Kopfarbeiter übrigbleiben, wenn man ihnen Wissen und Entscheidungsbefugnis vorenthielte?
Wissen sowie die Fähigkeit und Befugnis, weisen Gebrauch davon zu machen, sind Labsal für die Seele. Fast jeder kennt das Glücksgefühl, das einen überkommt, wenn man auf entscheidende

Informationen stößt und es einem plötzlich wie Schuppen von den Augen fällt. Sternstunden in der Schule oder an der Universität, das Ersinnen einer Erfolgsstrategie im Sport, eine bravouröse musikalische Darbietung, ein Schlüsselerlebnis beim Lernen oder Reisen – das sind Ereignisse, die Wissen und Handeln miteinander verbinden und die Seele mit Freiheit und Vollkommenheit beglücken. Für viele Menschen muß die Möglichkeit, in modernen Unternehmen einen ähnlich magischen Zustand zu erfahren, erst noch gefunden werden. Aber wir können zur Ganzheitlichkeit der Seele beitragen, indem wir dafür sorgen, daß sie das Wesentliche – Wissen und Handeln – nicht länger entbehren muß. Und wenn wir das tun, wird die Entfaltung ungenutzter Fähigkeiten die Individuen und ihre Unternehmen so verändern, daß die bestehenden Normen für Produktivität, Kostendenken, Führungsqualitäten und Kommunikation auf den Müllhaufen der Geschichte wandern.

11 Der unsichtbare Kodex

Der Mythos Empowerment

Wie viele Menschen bin auch ich ein leidenschaftlicher Befürworter von Empowerment, doch wenn ich sehe, was für Schindluder mit dem Wort getrieben wird, könnte ich verzweifeln. Bei Empowerment empfinde ich dasselbe, was wohl auch Bertrand Russell empfunden haben mag, als er zum Christentum bemerkte: »Das Problem mit dem Christentum ist, daß es nie versucht wurde.« Banken wollen uns weismachen, ihre Angestellten seien mit Vollmachten ausgestattet, was sich schnell widerlegen läßt, sobald man einen Kassierer bittet, sich über Vorschriften hinwegzusetzen. Manager von Ölgesellschaften werden dasselbe behaupten, aber versuchen Sie mal, bei Ihrer Tankstelle einen Mengenrabatt auszuhandeln. In Wirklichkeit erkennt man nämlich, sobald man dem Durchschnittsangestellten im nordamerikanischen Einzelhandel oder Dienstleistungsgewerbe einen Kompromiß, Handel oder Verstoß gegen die Vorschriften vorschlägt, sehr schnell, daß Empowerment schon im Ansatz auf der Strecke geblieben ist. Es ist ein Mythos. Empowerment hat nie stattgefunden. Alles ist bis ins letzte reglementiert.

Margaret Thatcher, ehemalige Premierministerin von Großbritannien, konnte die Bedeutung von Empowerment zwar gar nicht oft genug betonen, doch ihre Praxis sah anders aus. So wird gemunkelt, Maggie Thatcher habe einmal, als sie mit ihrem Tory-Kabinett zum Essen ging, beim Kellner Roastbeef bestellt. Als dieser sie daraufhin fragte: »Und das Gemüse?«, habe Maggie geantwortet: »Oh, die bekommen dasselbe.«

Ähnlich groß ist der Unterschied zwischen Verkünden und tatsächlichem Praktizieren von Empowerment bei den meisten traditionellen Managern. Von Empowerment zu reden, den Worten aber keine Taten folgen zu lassen, ist eine der größten Lügen in modernen Unternehmen. Und obendrein eine der destruktivsten – für die Persönlichkeit wie für die Seele. 1995 kaufte der Vorstandsvorsitzende von Seagram, Edgar Bronfman jr., das Unternehmen MCA für 5,7 Milliarden Dollar, obwohl Analysten den Wert der Firma damals auf über 7 Milliarden Dollar schätzten. Wie ist das zu erklären? Das Unternehmen Matsushita, dem MCA damals gehörte, verweigerte der Geschäftsführung von MCA wichtige Vollmachten und forderte statt dessen, daß der außerordentlich hohe Cash-flow, der bei MCA erwirtschaftet wurde, an die Muttergesellschaft überwiesen werden solle. Statt nun aber dieses Geld an eine Konzernmutter zu verlieren, die nicht bereit war, es wieder in ihre Tochtergesellschaft zu investieren, gab die MCA-Geschäftsführung es lieber selbst aus. Dadurch sanken natürlich die Gewinne, aber verständlicherweise sahen der ehemalige Vorstandsvorsitzende Lew Wasserman und der Generaldirektor Sidney Sheinberg wenig Veranlassung, zur Erhöhung der Gewinne oder des Cash-flow beizutragen.
So warf beispielsweise die Sparte Fernsehen bei einem Umsatz von 700 Millionen Dollar nur einen Gewinn von 5 Millionen Dollar ab, und das, obwohl sie allein mit einem zentralen Fernseharchiv, das bereits größtenteils in früheren Jahren abgeschrieben worden war, einen Umsatz von 100 Millionen Dollar machte.[1] Das Versäumnis, die Beschäftigten zu bevollmächtigen, dürfte die Matsushita-Aktionäre etwa 2 Milliarden Dollar gekostet haben. Diesem Verlust mögen sie nachtrauern, noch mehr aber wird es sie schmerzen, wenn sie sehen, welchen Segen heute der Geist verbreitet, den der frühere Eigentümer nicht aus der Flasche herauslassen wollte.
Großzügig auf Kontrolle zu verzichten fällt der Seele leichter als der Persönlichkeit. Die Persönlichkeit ist bestrebt, das Ego zu

stärken und betrachtet es als Erfolg, Macht über andere zu erringen. Wem Machtpositionen wichtiger sind als Führungsqualitäten, der festigt seine Autorität häufig dadurch, daß er die Kontrolle über andere verschärft. Aber nur wenn auch die Seele an der Verantwortung beteiligt wird, ersetzt ein unsichtbarer, auf Vertrauen, Liebe und Achtung gründender Kodex die Verordnungen, Taktiken und Vorschriften mechanistischer Unternehmen.
Damit will ich nicht vorschlagen, Ordnung zugunsten von Anarchie aufzugeben. Vielmehr glaube ich, wir sollten die Vorschriften, an denen unsere Seele in Unternehmen zu ersticken droht, aufheben, abbauen und ersetzen – sozusagen die drei goldenen Regeln der Verwaltung –, damit der Kodex aus Vertrauen, Liebe und Achtung zum Tragen kommen kann.

Verstrickt ins eigene Netz

Walter Scott schrieb einmal: »Oh, welch verwirrend Gespinst wir weben, wenn wir uns ins Reich der Täuschung begeben.« Bevormundung – ob bei der Arbeit, in der Gesellschaft oder wann auch immer in unserem Leben – unterjocht die Seele, die sich auf ihrer ewigen Suche nach Freiheit, Einheit und Ganzheitlichkeit aus diesem verschlungenen Netz der Tyrannei zu befreien sucht. Dennoch sind wir bestrebt, ein immer unentwirrbareres Netz aus Betrug und Gegenbetrug zu spinnen. Im Jahr 1960 gab es 260 000 Anwälte in den Vereinigten Staaten. Bis 1980 hatte sich ihre Zahl auf 541 000, bis 1990 auf 756 000 erhöht. 1970 kamen auf 100 000 Einwohner 120 Anwälte. Heute sind es über 300, und die Zahl der Gerichtsverfahren im ganzen Land hat sich verdreifacht. 1950 gehörten der Anwaltskammer von Washington D. C. 1000 Anwälte an, heute sind es 61 000. Jeder der 116 000 Anwälte in Kalifornien verbraucht im Jahr durchschnittlich eine Tonne Papier – wofür insgesamt zwei Millionen Bäume gefällt werden müssen.

In den letzten drei Jahrzehnten schnellte die Zahl der Journalisten in Washington von 1500 auf 12 000 hoch, und mittlerweile leisten ihnen 91 000 Lobbyisten Gesellschaft. Waren 1960 beim Senat insgesamt 365 bezahlte politische Lobbyisten registriert, so sind es heute 40 111 oder 400 pro Senator. Und das Personal des Kongresses hat sich seit 1970 verdoppelt.

> Von einem Mangel an Anwälten kann kaum die Rede sein. In Washington, wo ich lebe, scheint es sogar mehr Anwälte als Menschen zu geben.
>
> *Richterin Sandra Day O'Connor*

Auf ähnliche Weise hat sich das Management moderner Unternehmen im Yang der Persönlichkeit – der Frage nach dem »Wie?« – verheddert, anstatt das Yin der Seele anzusprechen und nach dem »Warum?« zu fragen. Wir haben uns mit der atemberaubenden Aufblähung der Bürokratie abgefunden, weil traditionelle Manager uns unermüdlich erklären, nur so könne man mit dem Betrug fertig werden, der die Unternehmen in der komplizierten und streitsüchtigen Gesellschaft der neunziger Jahre zu verschlingen drohe. Mag sich unser Verstand auch an die Bürokratie gewöhnt haben, unsere Seele bleibt weiterhin auf der Suche nach dem Licht, flieht vor Zwang und Regulierung und kann doch ihr Glück erst finden, wenn die Vorschriften durch Visionen und Werte ersetzt sind.

Werte ersetzen Vorschriften

Die Seele ist dankbar für Führung, Anleitung oder fachliche Schulung, denn solche Zuwendungen bringen sie der angestrebten Würde näher. Vorschriften besagen, was *nicht* getan werden kann; die Seele aber sehnt sich danach, etwas tun zu dürfen und zu wissen, was getan werden *kann*. Vorschriften schränken ein, Werte befreien. Die Seele will ja statt nein sagen und empfindet die aus übermäßiger Regulierung resultierende Langeweile und

Abstumpfung als entwürdigend. Hielten wir uns bei der Arbeit mehr an die Seele statt an die Persönlichkeit, bedürfte es wesentlich weniger Vorschriften.

Wie ich in Kapitel 2 dieses Buches ausgeführt habe, sollten Kultur und Werte zu unseren Richtlinien werden, anhand derer wir immer, wenn von uns eine Entscheidung verlangt wird, unser Urteil hinterfragen. Eine inspirierte Seele weiß, was zu tun ist, denn sie folgt einem unsichtbaren, auf Werten basierenden Kodex. Gelten Menschen oder Güter als unantastbar, wird die inspirierte Seele alles tun, um sie zu schützen und zu vervollkommnen.

Bei Hewlett-Packard gilt die verbindliche Maxime, alles in »H-P«-Manier anzupacken. »Wenn die Beschäftigten die Grundwerte des Unternehmens als Anker begreifen, der ihnen verläßlichen Halt bietet, läßt sich einiges verändern«, sagt der Vorstandsvorsitzende Lewis Platt.[2] Und Andy Grove, Vorstandsvorsitzender von Intel, meint: »Ein Management, das sich über jedes einzelne Engagement und jeden einzelnen Vorgang in unserem rapide sich wandelnden Umfeld auf dem laufenden hält, können wir nicht gebrauchen. Statt dessen gilt die stillschweigende Übereinkunft, daß Kopfnicken in Besprechungen eine verbindliche Zusage darstellt.«[3] Er muß es wissen – der Umsatz von Intel ist innerhalb von fünf Jahren von drei auf zwölf Milliarden Dollar gestiegen.

Anhand der Primärwerte des Werte-Fahrrads läßt sich ein Schema für die Entscheidungsfindung erstellen (siehe Seite 236).

Wenn wir uns diese drei Fragen stellen und sie aus voller Überzeugung mit »Ja« beantworten können, wozu brauchen wir dann noch Vorschriften? Wenn wir wirklich überzeugt davon sind, daß wir alle uns zur Verfügung stehenden Mittel ausgeschöpft haben, um die bestmögliche Entscheidung zu treffen, und wenn unser Handeln von entscheidendem Nutzen für die Menschen ist und den Bedürfnissen anderer Persönlichkeiten und Seelen entspricht, wäre dann nicht jede Vorschrift überflüssig? Ist damit nicht alles gesagt, was die Seele beflügeln könnte? Wäre nicht im Gegenteil alles Weitere lediglich redundant, wenn nicht sogar demotivierend?

Könnerschaft (Alles, was man im beruflichen und privaten Leben tut, auf dem höchstmöglichen Niveau tun)	**Tue ich tatsächlich mein Bestes?**
Menschenfreundlichkeit (Sich auf beruflicher und privater Ebene so gut mit anderen verstehen, daß sie aktiv den Kontakt zu einem suchen)	**Nützt es den anderen?**
Hingabe (Kunden finden, intern wie extern, feststellen, welche Bedürfnisse sie haben, und diese Bedürfnisse befriedigen)	**Befriedigt es die Bedürfnisse des Kunden?**

Vertrauen statt Kontrolle

Nach siebzehnjähriger Forschungstätigkeit als Chemiker bei DuPont verließ der inzwischen verstorbene Wilbert L. »Bill« Gore das Unternehmen und gründete zusammen mit seiner Frau im Keller seines Hauses die Firma W. L. Gore and Associates. Von Anfang an war Gore mit wahrhaft missionarischem Eifer bei der Sache und bereitete den Boden für einen innovativen Führungsstil, der originell und schöpferisch war und den Mitarbeitern Eigenverantwortung und Entscheidungsbefugnis zugestand. Zu den Ergebnissen dieses Führungsstils gehörten so glänzende Erfindungen wie Gore-Tex, eine synthetische Faser, die bei der Herstellung verschiedener Gewebe sowie zahlreicher medizinischer, elektronischer und industrieller Produkte verwendet wird. Gores eigentliche Leistung bestand aber darin, daß er den Freiheitsdrang der Seele anerkannte und als wesentlichen Bestandteil des individuellen und folglich unternehmerischen Erfolgs begriff. Hieraus entwickelte er das sogenannte »Wasserlinie-Prinzip«, das in einer betriebsinternen Mitteilung folgendermaßen beschrieben wird:

> Wenn der Ruf, die finanzielle Sicherheit oder die Zukunftschancen des Unternehmens auf dem Spiel stehen, ist ein besonnener Umgang mit unserer Freiheit angezeigt. Bevor Maßnahmen ergriffen werden, die den Erfolg oder die Sicherheit des Unternehmens gefährden könnten, müssen Beratungen mit den entsprechenden Mitarbeitern stattfinden.[4]

Gore verglich sein Unternehmen mit einem Schiff und seine Mitarbeiter mit der Crew. Die Crew-Mitglieder sind aufeinander angewiesen, und deshalb darf niemand unterhalb der Wasserlinie Löcher bohren – oberhalb ja, aber niemals unterhalb. Somit bildet die Wasserlinie eine selbstauferlegte Grenze, an der sich die Mitarbeiter bei ihren Entscheidungen orientieren: »Bewege ich mich mit dieser Entscheidung noch oberhalb oder bereits unterhalb der Wasserlinie?« Das heißt, wird sie wesentlichen Einfluß auf andere haben? Lautet die Antwort »Ja«, müssen sich die Beschäftigten mit ihren Vorgesetzten beraten. Lautet sie dagegen »Nein«, können sie die Entscheidung ruhig ohne Rücksprache treffen. Bei einer Kombination des Wasserlinie-Prinzips mit dem oben beschriebenen Schema des Werte-Fahrrads wird Kontrolle durch Vertrauen ersetzt. Dies wirkt auf die Beteiligten ungeheuer befreiend.
Und wer legt die Wasserlinie fest? Niemand – sie ist ein Musterbeispiel für wahres Empowerment. Auf einem Boot wissen wir normalerweise, auf welcher Höhe die Wasserlinie verläuft. Wenn nicht, versuchen wir es umgehend herauszufinden, indem wir jemanden fragen oder selbst nachschauen. Bleiben uns Zweifel, überlegen wir anhand des Wertes Einfühlungsvermögen, wie sich unser Handeln auf andere auswirkt. Falls wir nicht über genügend Informationen verfügen und das Bohren unterhalb der Wasser-

linie eine Gefahr darstellt, halten wir inne. Sind wir uns hingegen sicher, treiben wir die Sache voran. Kurz, wir sind mit Vollmachten ausgestattet. Die Seele erkennt den Unterschied zwischen scheinbarem und wahrem Empowerment – zwischen Einschränkung und Freiheit.

Die Seele strebt unaufhörlich nach Freiheit und gibt niemals die Hoffnung auf, sie eines Tages zu erlangen. Doch bis dieser Tag kommt, leidet sie. Dieses durch Übermanagement, ein Übermaß an Vorschriften und mangelndes Vertrauen hervorgerufene Leiden hat die unternehmerischen Geister aus den Verwaltungen vertrieben und zur Gründung eigener Unternehmen angespornt. Übereinstimmend bezeichnet die Forschung die Sehnsucht nach Freiheit, die Einengung durch die Bürokratie und den leidenschaftlichen Wunsch, die Fesseln von Richtlinien abzuwerfen, als Gründe für den Schritt in die unternehmerische Selbständigkeit. Bill Gore war ein leuchtendes Beispiel für diese Art von Abtrünnling – er hatte die Zeit bei DuPont zwar als lehrreich, aber gleichzeitig auch als erstickend empfunden.

Das Wort »Kapitalismus« ist vom lateinischen »caput« für Kopf abgeleitet. Der demokratische Kapitalismus ist beispiellos intellektuell – wir schaffen Reichtum mit dem Kopf. Kein anderes System hat soviel für die Menschheit geleistet wie der demokratische Kapitalismus, und keines berechtigt so wie der Kapitalismus in seiner Idealform zu der Hoffnung, daß die Erwartungen der normalen Menschen erfüllt und beflügelt werden. Die höhere Ebene winkt, und es ist an der Zeit, daß wir sie wieder erklimmen. Zuvor jedoch müssen wir den Menschen Gelegenheit geben, ihren Kopf zu gebrauchen, indem wir sie von unvernünftigem und unnötigem Übermanagement befreien. Wenn den Menschen erlaubt wird, bei der Arbeit den Kopf zu gebrauchen, wird sich auch die Seele anschließen wollen. Wie Parzival wissen die Menschen, von welch unschätzbarem Wert es sein kann, die richtigen Fragen zu stellen. Wir müssen sie dazu ermutigen und anspornen.

12 Funktion vor Form

Die Energie des Unternehmens

Unternehmen erzeugen Energieströme, die aus positiven und negativen Feldern bestehen. Diese Energien werden von der Seele gefiltert, absorbiert und nach Möglichkeit in positives Handeln umgewandelt. Die dabei empfangene positive Energie dient der Seele zur Ergänzung ihrer eigenen Reserven und zur Aufstockung der sie umgebenden positiven Systemenergie. Für negative, lediglich bremsend wirkende Energie hat die Seele nur begrenzte Verwendung. Daher führt ein Übermaß an negativer Energie in einem Unternehmen aufgrund der gleichzeitig von außen an die Seele herangetragenen Nachfrage nach positiver Energie zu seelischer Atrophie. Mit der ständigen Abgabe und Aufnahme von Energie verstärken das Unternehmen und die in ihm befindlichen Seelen die positiven oder negativen Energiefelder im System.

Energie ist immerwährende Freude.
William Blake

Von diesem dynamischen Gezeitenwechsel wird die seelische Verfassung stark beeinflußt; von ihm hängt es im wesentlichen ab, ob die Seele gedeiht oder dahinsiecht. Aus diesem Grund spürt man die in einem Unternehmen herrschende *Atmosphäre* fast unmittelbar beim Betreten seiner Räumlichkeiten. Dieses geradezu mystische Gefühl kennt fast jeder. Irgendwo tief in unserem In-

Eine negative Einstellung ist das Schlimmste, was einer Gruppe von Menschen passieren kann. Sie ist ansteckend.
Roger Allen Raby

neren spüren wir eine plötzliche Aufwallung von Energie, die durch die Seelen der anderen und das gesamte Unternehmen auf uns übertragen wird.
Andererseits strahlen manche Unternehmen ein Gefühl der Leere, Einsamkeit, Unordnung und Melancholie aus, das sich irgendwo in der Magengrube bemerkbar macht. Auch wenn sich keines dieser Gefühle leicht erklären läßt, so sind sie doch real und deutlich zu spüren. Was wir wahrnehmen, ist die Reaktion der Seele auf die Energie, die sie in einer bestimmten Umgebung vorfindet.

Die Seele erstickt im Silo

In mechanistischen Unternehmen neigen die Menschen zu einer fragmentierten Denkweise. Statt Unternehmen als Gesamtsysteme zu betrachten, zerlegen traditionelle Manager sie in Einzelteile, um sie leichter analysieren zu können. Nach genau diesem kartesianischen Reduktionismus verfährt der größte Teil der Newtonschen Wissenschaft. So neigen wir beispielsweise dazu, Verstand mit Gehirn gleichzusetzen, wobei wir uns einen hochentwickelten Computer vorstellen, der dem übrigen Körper Befehle erteilt. Aber diese Vorstellung ist falsch und nur deshalb so verbreitet, weil sie eine einfache Metapher ist. In Wahrheit verfügt jede Körperzelle über einen eigenen Verstand – und ein eigenes Gedächtnis –, dessen einzigartiges Wissen in Form von Befehlen durch das gesamte System geleitet wird. Daher ist der »Verstand« des Menschen nicht das Gehirn, sondern die Summe aller Körperzellen – insgesamt etwa hundert Milliarden. Dieses Modell erzeugt Komplexitäten, die für die meisten Laien nur sehr schwer nachvollziehbar sind. So sieht aber nun einmal die Realität aus, und unser Versuch, alles in handliche Teile zu zerlegen, ist zwar bequem, aber irreführend und falsch.
Dasselbe gilt für Unternehmen. Um organisierte Systeme in ihrer

Gesamtheit zu verstehen, zerlegen wir sie in leicht handhabbare Teile, die wir als Funktionen definieren und als Abteilungen, beispielsweise für Marketing, Finanzen und Personalentwicklung, bezeichnen. Dies entspricht der Zerlegung des menschlichen Körpers in Funktionen, bei der Blutkreislauf, Gehör, Atmung und Tastsinn jeweils gesonderten Abteilungen zugeordnet werden. Der Körper ist aber ein ganzheitliches System, und diese »Funktionen« werden vom gesamten Körper, nicht nur von einzelnen Teilen, ausgeführt. Im Unternehmen ist es nicht anders. Nicht einzelne Aufgaben, sondern Prozesse führen zum Ziel.

Um bei dem Vergleich mit dem Körper zu bleiben: Weder eine einzelne Zelle noch eine einzelne, isolierte Funktion einer Zellgruppe kann allein etwas Sinnvolles bewirken. Dagegen führen Prozesse, die ganze Systeme umfassen, zu Handlung und Veränderung. Bei der Aufrechterhaltung der Blutversorgung oder der Atmung handelt es sich nicht um eine Ansammlung von Aufgaben, sondern um einen das gesamte System betreffenden Prozeß; keine der beiden Funktionen wäre ohne die andere lebenserhaltend. Trotzdem analysieren wir seit Beginn der industriellen Revolution Unternehmen, indem wir sie in Funktionen und Aufgaben zerlegen und Strukturen schaffen, die dieser Sichtweise entsprechen. Funktionale Strukturen dienen aber nicht der Inspiration oder Erfüllung der Seele, sondern lediglich dazu, ein paar traditionellen Führungskräften, die ihre Macht und Kontrolle über das Unternehmen nicht aus der Hand geben wollen, das Leben zu erleichtern.

Ein Freund von mir ist ein ausgezeichneter Headhunter. Ich stellte ihn einem meiner Kunden, dem Direktor einer Versicherungsgesellschaft, vor, und der gab ihm den Auftrag, einen Topmanager für ihn zu suchen. Die Suche nach Führungskräften ist alles andere als ein Kinderspiel, und dieser Auftrag bildete keine Ausnahme. Mein Freund dehnte seine Nachforschungen auf das ganze Land aus, um alle geeigneten Kandidaten mitsamt ihrer gegenwärtigen Arbeitsstelle zu ermitteln. So etwas erfordert ein tiefes Verständnis für das Unternehmen, den Kandidaten und dessen zukünftige Mitarbeiter.

Alles verlief problemlos, bis die Personalabteilung sich einmischte, deren Mitarbeiter der Ansicht waren, der Auftrag falle in ihren Zuständigkeitsbereich. Aufgrund ihrer Ausbildung und Spezialisierung hielten sie sich in dieser Frage für kompetenter als den Direktor. Sie interessierten sich lebhaft für die Art und Weise, wie die Suche durchgeführt wurde, für das Auswahlverfahren, die Kriterien, nach denen Kandidaten in die engere Wahl gezogen wurden, die psychologischen Profile und so weiter. Obwohl sie nie zuvor einen Suchauftrag von vergleichbarer Komplexität oder Bedeutung für das Unternehmen durchgeführt hatten, wollten sie bei jedem Schritt mitbestimmen und hielten in jedem Stadium des Prozesses zeitraubende Meetings ab. Um ihre Macht zu behaupten, forderten sie meinen Freund auf, der Abteilung sämtliche Informationen zuzuleiten und künftig von Rücksprachen mit dem Direktor abzusehen. Die Folge waren erhebliche Verzögerungen, und die Einschaltung zusätzlicher Kommunikationsebenen sorgte obendrein für Konfusion. In solchen Fällen kann es durchaus vorkommen, daß Wunschkandidaten an andere Firmen verloren werden oder einfach frustriert und ernüchtert ihre Bewerbung zurückziehen.

Aufgrund dieses Kompetenzgerangels konnte mein Freund sich nicht mehr mit ganzer Kraft seiner eigentlichen Aufgabe widmen, sondern mußte sich statt dessen mit innerbetrieblichen Revierkämpfen herumschlagen. Voller Verzweiflung rief er mich an und beriet sich mit mir über das weitere Vorgehen. Sollte er sich auf das bürokratische Verfahren der Personalabteilung einlassen? Oder sollte er den Direktor anrufen und ihm schildern, in welchem Dilemma er steckte und wie er bei der Arbeit behindert wurde? Wie konnte er den ursprünglich reibungslosen Meinungsaustausch mit dem Direktor wiederbeleben, ohne daß ihn dieser für einen unprofessionellen Stümper hielt? Jeder Schritt barg das Risiko, Feindseligkeiten zu schüren, den Erfolg des Auftrags zu gefährden und möglicherweise die eigenen Zukunftschancen zu ruinieren. Auch wollte er nicht in einen Machtkampf mit der Personalabteilung verstrickt werden, indem er über die Köpfe der Mitarbeiter dort hinweg handelte und sie brüskierte. Ich riet ihm eindringlich dazu, die Wahrheit zu sagen. Durch direkten Kontakt zwischen dem Direktor und meinem Freund sowie mit Unterstützung der Personalabteilung konnte der Auftrag schließlich doch noch zu einem erfolgreichen Abschluß gebracht werden.

Obwohl bei diesem Auftrag unmittelbarer Schaden noch einmal abgewendet werden konnte, wurde doch viel Zeit und Energie verschwendet und seelisches Engagement verspielt. Dagegen überstand die Bürokratie der Personalabteilung alles unbeschadet und lernte dabei, wie sie bei der nächsten Gelegenheit ihre Stellung noch besser verteidigen konnte. Vorgänge wie diese – undurchschaubare Konkurrenzkämpfe – spielen sich täglich in Millionen von Unternehmen ab und verwirren die Seele.

Abteilungen wie Qualitätssicherung oder Kundendienst sind typische Beispiele für den Anachronismus von Funktionen. Wie ich weiter oben ausgeführt habe, besteht der einzig logische Grund für die Einrichtung einer Abteilung für Qualitätssicherung in der Beseitigung von Qualitätsmängeln. Wenn jedoch keinerlei Mängel auftreten, wozu braucht man sie dann? Durch die Schaffung einer Abteilung für Qualitätssicherung werden Qualitätsmängel institutionalisiert, nicht aber ihre Ursachen behoben. Das ist so, als würde man im Falle steigender Arbeitslosigkeit eine Abteilung für Beschäftigung gründen. Die Abteilung ist aber nicht die Lösung. Abhilfe schafft nur ein umfassender Sinneswandel in der Gesellschaft – eine Systemlösung, die nicht in der banalen Reaktion besteht, eine neue

Die eigentliche Frage lautet, ob wir ein effizientes Ministerium bekommen, das seine Aufgaben zielstrebig anpackt, oder einfach nur eine weitere Bundesbehörde, die von Leuten geleitet wird, die absolut nicht in die Gänge kommen.
John Phillips

Abteilung oder Funktion zu schaffen, sondern bei weitem komplexer ist.

Jeder weiß, wie guter Dienst am Kunden aussehen sollte, aber nicht jeder ist bereit, auch danach zu handeln. Das Problem läßt sich nicht dadurch lösen, daß man eine neue Abteilung oder Verwaltungsebene schafft, die Mitarbeiter überwacht oder in kundenfreundlichem Verhalten schult. Vielmehr geht es darum, den Menschen das Gefühl zu vermitteln, daß sie persönlich am gesamten Prozeß teilhaben. Nur dann stehen sie morgens so inspiriert auf, daß sie von sich aus das Niveau der Kundenbetreuung erhöhen und *ihren* Kunden den bestmöglichen Dienst erweisen *wollen*. Nur dann sind sie mit so viel *Hingabe* bei der Sache, daß es zu Fortschritten in Form von *kaizen* und Innovation kommt.

Durch den an der betrieblichen Hierarchie orientierten Informationsumlauf wird in den Unternehmen eine gewaltige Menge an Energie und Talent verschwendet. Die Seele steckt zwar Energie in ihre Aufgaben, doch weil sie vom Prozeß getrennt, oft sogar ausgeschlossen wird, findet sie keine Erfüllung. Unternehmen, die neue Betriebe oder Abteilungen geschaffen und in den letzten Jahren Umstrukturierungen vorgenommen haben, merken plötzlich, daß sie alle Möglichkeiten der Kostensenkung ausgeschöpft haben. Noch einschneidender ist jedoch, daß diese Unternehmen aufgrund ihrer Persönlichkeitsbezogenheit unfähig sind, Methoden zu entwickeln, die der persönlichen Entwicklung, Motivation und Inspiration förderlich wären. Die Folge ist, daß die Menschen gegen ein verwirrendes bürokratisches Umfeld ankämpfen.

In einem »Heiligtum« hingegen werden Fachabteilungen und funktionsorientierte Strukturen durch Werte und persönliche Beziehungen ersetzt. Zwar sind interne Fachleute für Personalentwicklung, Recht, Marketing oder Technik nach wie vor unverzichtbar, doch spielen sie eher eine beratende und unterstützende, keine operative Rolle. Die Verantwortung für diese

Funktionen liegt jetzt bei Gruppen, die für sämtliche Systemprozesse verantwortlich sind, an deren Ende das Endprodukt steht. Beim Einkauf geht es beispielsweise nicht darum, die billigsten Komponenten zu kaufen, sondern dafür zu sorgen, daß genau die Produkte gekauft werden, mit denen das Team die Ansprüche des Kunden hinsichtlich Leistung, Qualität und Preis erfüllen kann, mit anderen Worten, daß man sich an den Primärwerten *Könnerschaft*, *Menschenfreundlichkeit* und *Hingabe* orientiert. Dabei kann die Gruppe beschließen, zur Vertiefung ihres Fachwissens zusätzliche Expertisen interner oder externer Berater heranzuziehen – am besten funktioniert das System freilich, wenn das Team solche Entscheidungen selber trifft.
Kurz nach seiner Ernennung zum stellvertretenden Vorstandsvorsitzenden von PepsiCo beschloß Robert Enrico, die Hälfte seiner Zeit der Anleitung der nächsten Generation von Führungskräften zu widmen. Er erwog unter anderem, das Budget für die Ausbildung von Führungskräften aufzustocken, interne Fachabteilungen oder externe Förderer und Gurus einzuspannen, verwarf aber diesen Gedanken wieder. Statt dessen leitete er selbst jedes der fünftägigen Seminare, plante das drei Monate später stattfindende Anschlußseminar und schuf Freiräume, die auf die Entwicklungsbedürfnisse jedes einzelnen zugeschnitten waren. Auf diese Weise vertiefte Enrico die Beziehungen zu seinen Gruppenleitern und erfuhr viel über ihre Tätigkeit und persönlichen Anschauungen. Gleichzeitig ermöglichten ihm die geschaffenen Freiräume, das strategische Denken seiner Gruppenmitglieder aus unmittelbarer Nähe kennenzulernen und infolgedessen eine äußerst nützliche Rolle bei der personellen Besetzung der Unternehmensspitze zu spielen.[1]
Obwohl Home Depot mittlerweile 70 000 Mitarbeiter beschäftigt, leiten die Firmengründer Bernard Marcus und Arthur Blank nach wie vor Schulungen und Weiterbildungsseminare für alle Beschäftigten. Nicht etwa die Abteilungen für Weiterbildung, son-

dern die Geschäftsführer dieser Spitzenbetriebe persönlich sind die Chefausbilder.

Konventionelle strategische Planung und Abteilungen für Humanressourcen oder die Schulung von Führungskräften sind in Unternehmen mit flacher Hierarchie, in denen es auf Schnelligkeit und Effektivität ankommt, nicht länger von Bedeutung. Die Seele stöhnt unter der Last der Strukturen, die ihre Suche nach Autonomie und Ganzheit behindern. Für die Seele sind hierarchische Strukturen ein Hindernis auf dem Weg zur Erfüllung.

Der Kauf eines Leasingwagens für einen Kunden mußte bei Ryder Systems, einer landesweit tätigen Autoleasing-Firma, früher von vierzehn bis siebzehn unterschiedlichen regionalen und überregionalen Stellen genehmigt werden. Das Unternehmen betrachtete jeden Arbeitsschritt als gesonderten Vorgang, der von der entsprechenden Abteilung abgesegnet werden mußte. Als das Unternehmen das Verfahren änderte und die Arbeitsschritte nunmehr als einen einzigen Vorgang ansah – Kauf eines Wagens für einen Kunden –, sparte es nicht nur unnötige Arbeit und Genehmigungen ein, sondern überließ darüber hinaus die wichtigen Entscheidungen den unmittelbar beteiligten Mitarbeitern. Heute sind für den gesamten Prozeß nur noch zwei bis maximal fünf Genehmigungen erforderlich. Der Kaufvorgang verkürzte sich dadurch um ein Drittel – von sechs auf vier Monate.[2]

Moderne Unternehmen auf der ganzen Welt erkennen inzwischen, daß durch die Auflösung hinderlicher Fachabteilungen unternehmerische Zauberkräfte geweckt werden, die die Seele von Beschäftigten, Kunden und Zulieferern gleichermaßen inspirieren. Dank eines unbürokratischen Verfahrens hat Chrysler Corp. sein neues Modell Neon erheblich schneller und billiger als auf dem üblichen, durch getrennte Spezialabteilungen führenden Weg produziert. Ein chemisches Tochterunternehmen von Eastman Kodak, das inzwischen von der Mutterfirma abgestoßen wurde, stellte über tausend Teams zusammen, löste Verwaltungs-, Fertigungs- sowie Forschungs- und Entwicklungsabteilungen auf und ersetzte den stellvertretenden Geschäftsführer des Fertigungsbereichs durch ein aus allen Betriebsleitern bestehendes Team. Und bei General Electric wurde die vertikale Struktur der Sparte Leuchten durch eine horizontale ersetzt, die über hundert Prozesse und Programme umfaßt.

Identifikation mit dem Arbeitsprozeß

Während Überstrukturierung negative Energie erzeugt, bewirken funktionale »Silos« Energiestaus, die das für die Seele so wichtige freie Fließen von positiver Energie verhindern. Fachabteilungen wiederum beschwören Konkurrenzkämpfe und Konflikte herauf, die der Seele zutiefst widerstreben. Ferner bildet negative Energie ein negatives Feld, das sich auf Seele und Persönlichkeit gleichermaßen nachteilig auswirkt.

Es gibt buchstäblich Hunderte von Beispielen für solch traurige Zustände. Ein ganz aktueller Fall ist die Westinghouse Electric Corporation. Ende der achtziger Jahre wurde die strategische Planungsabteilung von Westinghouse als die modernste in den Vereinigten Staaten gepriesen. Ihre Aufgabe bestand darin, den Produktbestand des Unternehmens bis ins letzte Detail zu planen. Mit der Zeit verwandten die Manager dieser Abteilung einen immer größeren Teil ihrer Arbeitszeit darauf, die Existenz der Abteilung zu rechtfertigen. Zu diesem Zweck schrieben sie einfach vorhandene Trends fort, übertrieben Schätzungen und verschleierten Daten – häufig mit katastrophalen Folgen. Am Ende mußten wegen fauler Kredite, schlechter Betriebsführung und Fehlentscheidungen bei Investitionen fünf Milliarden Dollar abgeschrieben werden.[3]

Um gedeihen zu können, muß die Seele ständig im Fluß sein; Starrheit empfindet sie als lähmend. Dieser freie Fluß ist nötig, wenn die Seele überleben und sich entwickeln soll. Die Seele will nicht in Auseinandersetzungen zwischen Marketing und Fertigung geraten oder verabscheut Sitzungen, in denen stundenlang nur um Kompetenzen gerungen wird. Spitzenunternehmen haben das erkannt und damit begonnen, mehr Selbstbestimmung einzuführen, indem sie die Umgestaltungen vornehmen, sowohl hierarchische als auch nach Abteilungen gegliederte Strukturen auflösen und Systeme und Arbeitsabläufe statt Funktionen als wichtigstes Organisationsprinzip betrachten. Allied Signal, Boeing, British Telecom, Chrysler, General Electric und Motorola sind nur einige der Unternehmen, die sich dem verschrieben haben, was Frank Ostroff und Douglas Smith von McKinsey & Co. als »horizontale Organisation« definieren. Mit Hilfe dieser neuen Strukturen – ohne Fachabteilungen – können die Unternehmen fast alle Kräfte auf den Dienst am Kunden konzentrieren.

Letzten Endes ist der Dienst an anderen genau das, was die Seele beflügelt. Die Frage des Parzival lautet immer noch: »Was fehlt dir?« Wenn die Seele sich nicht zweckgerichteten Tätigkeiten und Aufgaben widmen muß, sondern der Erfüllung von Bedürfnissen anderer, was mit *Hingabe* gemeint ist, wird sie Arbeit als inspirierend und erfüllend empfinden.

Organisationsstrukturen, die auf kleinen, miteinander verbundenen Kästchen beruhen, werden in mechanistischen Unternehmen bevorzugt, weil sie ein einfaches System darstellen. Wenn man die Dinge nur oberflächlich betrachten will, genügen Beobachtungsinstrumente, die nur ein oberflächliches Bild liefern. Es ist, als würden wir das Gehirn zum Sitz aller menschlichen Gefühle, allen Wissens und Handelns machen, obwohl wir wissen, daß das nicht stimmt und die Wirklichkeit bei weitem komplizierter ist. Wir bevorzugen das Newtonsche System aufgrund seiner Einfachheit. Das neue System zu verstehen erfordert Zeit und Energie. Außerdem sind wir damit beschäftigt, nach dem alten Modell zu leben, und haben keine Zeit, ein neues Paradigma zu erlernen. Aber die »Heiligtümer« von morgen werden nicht mehr funktional oder strukturell gestaltet sein. Sie werden aus Teams bestehen, die beim gesamten Prozeß mitbestimmen, ob es sich nun

um die Konstruktion eines Autos, die Ausbildung künftiger Führungskräfte, den Kauf eines Lastwagens für einen Kunden oder die Leitung des Geschäftsbereichs Leuchten handelt.
Das Internet ist ein gutes Beispiel für ein solches sich selbst organisierendes System. Niemand hält es für unnormal, daß es in einem von Millionen Menschen benutzten System weder einen »Leiter« noch hierarchische Strukturen gibt. In einem »Heiligtum« folgt die Form der Funktion. Die dortigen Teams werden sich mit dem gesamten Systemprozeß identifizieren; er »gehört« ihnen sozusagen. Sie werden eigenverantwortlich für die Schaffung eigener Fortbildungsmodelle, Systeme, Prozesse, Entgeltsysteme, Bewertungsmaßstäbe und -verfahren sowie für Kommunikation und Spaß sorgen. Sie werden verantwortlich dafür sein, daß ihre jeweilige Arbeit im Einklang mit den Zielen und der Arbeit des restlichen Unternehmens sowie der Zulieferer und Kunden steht. Es werden befreite, seelisch inspirierte Teams sein, die sich, statt von Strukturen behindert zu werden, von Systemen, Wissen und Werten leiten lassen und die vor allem die gegenseitige Verantwortung für ihre Seelen übernehmen werden. Das erfordert uneingeschränktes Vertrauen – also etwas, wodurch sich ein »Heiligtum« auszeichnet.

13 Die Seele und die Muse

Ceres, der Name der römischen Göttin des Korns, des Ackerbaus und der Ernte, leitet sich vom antiken Wort *ker* ab, was soviel wie »zum Wachsen bringen« bedeutet. Bei den Griechen hieß diese Göttin Demeter und galt als Tochter der Rhea und des Kronos sowie als Mutter der Persephone. In der Sage von Demeter und ihrer Tochter Persephone wird die Entstehung des Jahreszeitenzyklus geschildert. Aus Verzweiflung darüber, daß Persephone von Hades in die Unterwelt entführt worden war, vernachlässigte Demeter die Ernte, und so kam es zum ersten Winter auf Erden. Doch schließlich gestattete Zeus Persephone, zwei Drittel jedes Jahres bei ihrer Mutter zu verbringen, und dies war der Anfang vom Kreislauf der Jahreszeiten. Neben dem Wort »Zerealien« leitet sich auch »Kreativität« von Ceres ab. Indem Kreativität die persönliche Entwicklung vorantreibt, befruchtet sie die Seele, so daß wir unsere Ernte einbringen können. Kreativität ist die treibende Kraft für alles.

Arbeit ist allzuoft monoton, langweilig und sinnlos, obwohl der Mensch von Natur aus eigentlich ein schöpferisches Wesen ist. Wie der Name schon sagt, sollen Organisationen organisieren: verwalten, kontrollieren und beschränken. Dieser Tendenz trat Anita Roddick, Gründerin des Unternehmens Body Shop, getreu ihrer naßforschen Art mit aller Entschiedenheit entgegen, indem sie ein Aktionsprogramm namens »Abteilung für verdammt gute Einfälle« auf die Beine stellte.

Dem Akt des Erschaffens muß sich der Mensch mit ganzer Seele widmen können; wird dagegen der kreative Geist unterdrückt, begehrt er auf. Aus diesem Grund sind die Unternehmen von rebellierenden, um ihre Freiheit kämpfenden Individuen bevölkert, was kaum eine Grundlage für persönliche Entfaltung oder Selbstfindung schafft. Der Geist des einzelnen sehnt sich nach Wiedererweckung und Erlösung, das Unternehmen hingegen ist bestrebt, Unabhängigkeit und Spontaneität zu unterdrücken. Dieses Tauziehen gegensätzlicher Absichten beschränkt sich nicht nur auf die Seele oder Persönlichkeit vereinzelter Mitarbeiter, sondern betrifft *alle* Individuen in einem Unternehmen. Es steht in krassem Gegensatz zu persönlicher Entfaltung und vergiftet das Betriebsklima. Dieses Auseinanderfallen von Seele und Persönlichkeit überall im Unternehmen zerfrißt auf Dauer alle beide. Unter solchen Umständen ist es nicht leicht, den Weg zur Muse zu finden.

Transzendenz der Seele

Wir schaffen mit unserer Arbeit nichts Bleibendes, wenn man einmal von ihrer Bedeutung für die Seele absieht. Selbst die größten Leistungen werden sich am Ende auflösen, allein unsere Seelen leben ewig fort. Große Unternehmen, Fabriken und alle anderen materiellen Werte werden nur dann nicht in der Bedeutungslosigkeit versinken, wenn die Seele in ihnen einen bleibenden Beitrag leisten kann. Da unsere Häuser und Autos, unser Schmuck und andere Statussymbole unweigerlich der Vergänglichkeit anheimfallen werden, müssen wir uns fragen: »Was wird, wenn wir als materielle Wesen verschwunden sind, von unseren Seelen zeugen?« Ohne Kreativität ist unser Leben wie auch unsere Arbeit bedeutungslos. Ohne Kreativität können wir zwar existieren, aber sind wir dabei wirklich am Leben? Welches Vermächtnis hinterlassen wir der Seele?

Bedingungen, die unsere Kreativität fördern, herrschen nur in den allerwenigsten modernen Unternehmen. Kreativität erfordert die Aufhebung von Druck und Beurteilung. Druck und Beurteilung aber sind, ob in Verbindung mit Deadlines, Budgets, Ausschüssen, Entlassungen, Hierarchien oder Vorschriften, kurz, all jenem, was die Phantasie gewaltsam einengt, zwei feste Größen in mechanistischen Unternehmen – und daher in der Gesellschaft als ganzer.

Freie Fahrt für Kreativität

Es waren einmal ein paar Geschöpfe, die beschlossen, eine neue Schule zu gründen, weil sie vom bestehenden Schulsystem enttäuscht waren. Also revidierten sie den Lehrplan und ersetzten die alten Fächer durch Laufen, Klettern, Schwimmen und Fliegen. Um der Schulleitung und Verwaltung die Arbeit zu erleichtern, waren die Schüler gehalten, jedes Fach zu belegen.

Die Ente war nicht nur eine meisterhafte Schwimmerin, die sogar ihren Lehrer übertraf, sondern konnte auch hervorragend fliegen. Im Laufen dagegen war sie schwach, und sosehr sie sich auch anstrengte, sie brachte es auf diesem Gebiet einfach nicht zu *Könnerschaft*. Deshalb überredete sie der Lehrer, den Schwimmunterricht aufzugeben und statt dessen Nachhilfe im Laufen zu nehmen. Die Ente übte und übte, aber nach einiger Zeit bekamen ihre Schwimmhäute Blasen und begannen zu schmerzen, worunter ihr schwimmerisches Können litt. Bald war sie nur noch eine mittelmäßige Schwimmerin; da aber Mittelmäßigkeit in der Schule kein Makel war, störte sich – außer der Ente – niemand daran.

Zuerst war das Kaninchen Klassenbester im Laufen. Doch kaum unterzog es sich einer Psychotherapie, um die nach Meinung des Therapeuten durch schlechte Schwimmnoten hervorgerufenen Minderwertigkeitskomplexe zu überwinden, verschlechterte sich seine Leistung.

Am Anfang war das Eichhörnchen ein hervorragender Kletterer. Als der Lehrer es jedoch zwang, immer von unten auf die Bäume zu klettern, statt von Wipfel zu Wipfel zu hüpfen, verlor es bald die

Lust daran. Vor Überanstrengung bekam es Muskelkater und wurde im Klettern nur noch mit »befriedigend« und im Laufen mit »ausreichend« benotet.
Der Adler wurde immer wieder ins Büro des Rektors zitiert, um seine unorthodoxe Flugtechnik zu rechtfertigen, denn er erreichte die Baumwipfel zwar immer als erster, bediente sich dabei aber unkonventioneller, im Lehrplan nicht vorgesehener Methoden.
Eine Schildkröte, die hervorragend schwimmen und einigermaßen laufen und fliegen konnte, schloß das Schuljahr schließlich mit den besten Noten ab und wurde dazu auserkoren, die Abschlußrede zu halten. Im Fliegen hatte sie nur deshalb bestehen können, weil sie bei ihren Kopfsprüngen vom Felsen ins Wasser den Eindruck erweckte, als könne sie tatsächlich fliegen.
Weil Buddeln und Graben im Lehrplan fehlte, boykottierten die Präriehunde den Unterricht und zogen gegen die Schulverwaltung zu Felde. Nachdem alle ihre Appelle abgeschmettert worden waren, gingen sie schließlich beim Dachs in die Lehre und gründeten später gemeinsam mit Murmeltieren und Füchsen die »Heiligtum-Schule«.
Auf denselben Prinzipien beruht auch die wirkliche Welt. Hal Sperlich leitete unter Lee Iacocca bei Ford Motor die Entwicklung des Original-Mustangs und erfand später bei Chrysler den Minivan. Heute meint er rückblickend zu diesen Innovationen: »Man geht einen sehr einsamen Weg. In großen Unternehmen ist es leichter, mit dem Strom zu schwimmen, als für größere Umwälzungen einzutreten. Konservativere Menschen fühlen sich durch Veränderungsvorschläge bedroht, und das betriebliche Umfeld dankt es

Hätte Hamlet von einem Ausschuß geschrieben oder Mona Lisa von einem Verein gemalt werden können? Wäre das Neue Testament als Konferenzbericht vorstellbar? Kreative Ideen entstehen nicht in Gruppen. Sie werden von Individuen geboren. Vom Finger Gottes sprang der göttliche Funke direkt auf den Finger Adams über.

Alfred Whitney Grisworld Quinn

nun einmal nicht, wenn der Status quo in Frage gestellt wird.« Sperlich erfand aber nicht nur den Minivan, sondern rettete Chrysler auch vor der Pleite, denn in den darauffolgenden Jahren wurde dieser Wagen zum Verkaufsschlager des Unternehmens. Vier Jahre zuvor war während einer vergleichbaren Flaute – damals bei General Motors – der Prototyp eines Minivans entwickelt worden. Dazu Vincent Barabba, Spitzenmanager im Marketing bei GM: »Wir hätten den Markt für Minivans fest im Griff gehabt, aber damals interessierte sich kein Mensch dafür.«[1]
Die Idee für den Minivan entwickelte Sperlich noch bei Ford. Ihm schwebte ein Familienauto vor, das praktischer und robuster als ein Kombi war und gleichzeitig dank seiner Größe und Wendigkeit das Einkaufen und Einparken erleichterte. Obwohl der Vorderradantrieb eine bahnbrechende Neuerung war, zeigte bei Ford niemand Interesse an dem Konzept. Das Los, die Fackel der Kreativität durch einen pausenlos niederprasselnden Wolkenbruch tragen zu müssen, läßt früher oder später die Seele verzagen. Nach zwanzig Jahren bei Ford warf Sperlich das Handtuch und wechselte zu Chrysler. Doch auch dort versuchte er zunächst zwei Jahre lang vergeblich, Interesse für den Minivan zu wecken.
Als Lee Iacocca* von Ford zu Chrysler kam und dort Generaldirektor wurde, gewann Sperlich einen Seelenfreund, und von nun an drohte kein Regen mehr die Flamme seiner Kreativität auszulöschen. Sperlich zufolge scheiterte eine frühere Einführung des Minivans an der starren Produktgestaltung in Detroit. »Weil das Produkt nicht existierte, wurde bezweifelt, daß es überhaupt einen Markt dafür gab... Während der zehnjährigen Entwicklungsphase des Minivans hatte uns nicht eine Hausfrau geschrieben, wir möchten doch bitte einen solchen Wagen bauen; für die Skeptiker Beweis genug, daß keine Nachfrage bestand.«[2]
Der Minivan ist ein klassisches Beispiel für die Frustration, unter

* Es hat mich immer wieder gewundert, daß der Nachname Lee Iacoccas ein Akronym für »I Am Chairman Of Chrysler Corporation of America« ist.

der eine kreative Seele leidet, solange sie vom Vorgesetzten nicht als solche erkannt und gefördert wird. Vorgesetzte hingegen, die eine Umgebung schaffen, in der die Seele närrisch, spinnig, schrullig und verrückt sein darf, spornen muntere Geister zu gewinnbringenden Innovationen an. Francis G. Okie, Erfinder bei Minnesota Mining and Manufacturing, erfand 1922 ein Sandpapier, das als Alternative zu Rasierklingen gedacht war. Okie war überzeugt, daß Männer sich lieber abschmirgeln als rasieren würden. Seine Idee konnte sich jedoch, obwohl höflich zur Kenntnis genommen, nicht durchsetzen. Trotzdem wurde Okie nicht in die Wüste geschickt, sondern im Gegenteil sogar noch angespornt, mit dem weiterzumachen, was er am besten konnte – verrückte Ideen zu entwickeln, die in keine Schublade paßten. Eines Tages präsentierte er ein wasserfestes Sandpapier, das zum Verkaufsschlager in der Automobilindustrie werden sollte: Es sorgte für einen besseren Außenschliff und produzierte gleichzeitig weniger Staub als herkömmliche Erzeugnisse. Aus dem Unternehmen wurde 3 M Co., und wasserfestes Sandpapier war das erste in einer Reihe legendärer, bahnbrechender Innovationen.

Das Wesentlichste am Kreativen ist seine Neuartigkeit, daher können wir es nach keinem Maßstab beurteilen.

Carl Rogers

Konventionelles Denken und Handeln hemmt oftmals den freien Fluß der Kreativität. Phantasievolles Denken dient dagegen nicht nur der Seele, sondern bewährt sich auch in Ausnahmesituationen. Im Frühjahr 1995 wurde Paula Dixon in Hongkong auf dem Weg zum Flughafen in einen Motorradunfall verwickelt. Als sie kurz darauf an Bord ihrer British-Airways-Maschine nach London ging, spürte sie im linken Arm leichte Schmerzen. Zwanzig Minuten nach dem Start klagte sie über Schmerzen in der Brust. Unter den Passagieren befanden sich die beiden Ärzte Angus Wallace und Tom Wong. Sie untersuchten Dixon und stellten fest, daß Rippen gebrochen waren und die Lunge perforiert hatten.

Eine Zwischenlandung wurde erwogen, um Dixon ins Krankenhaus zu bringen. Doch nach Meinung der Ärzte hätte sie die Veränderung des Kabinendrucks möglicherweise nicht überlebt. Also richteten sie einen behelfsmäßigen, mit Decken vor den Passagieren abgeschirmten Operationsraum her. Als erstes machten sie mit einem kleinen Skalpell einen Schnitt in Dixons Brust. Am Himmel über Indien zogen sie sodann mit Hilfe von Flugzeugbesteck die Schnittränder auseinander und schoben mit einem in Kognak sterilisierten Kleiderbügel einen Katheter in Dixons Brust. Eine Füllerkappe verband den Schlauch mit einer Evian-Mineralwasserflasche, und das Ganze diente als Drainage für eine Luftblase, die sich um einen der Lungenflügel gebildet hatte. »Diese beiden Helden haben mir buchstäblich das Leben gerettet«, sagte Dixon hinterher. Und Derek Ross von British Airways fügte hinzu: »Vor der Landung hat sie sogar eine Kleinigkeit gefrühstückt!«[3] Und Wallace trank den restlichen Fünf-Sterne-Kognak. Würden all unsere Arbeitsplätze umgestaltet und zu solch kreativen Leistungen herausfordern, würden wir auf nie dagewesene Weise inspiriert werden.

Die Feder schreibt so gut, daß ich fast das Gefühl habe, sie zurück in die Gans zu stecken.
Fred Allen

Der Zensor in unseren Köpfen

Daß traditionelle Manager in mechanistischen Unternehmen durch den gezielten Einsatz von Macht jede Kreativität unterdrücken, ist schlimm genug. Doch tragen wir selbst nicht weniger zum Versiegen unserer kreativen Säfte bei. Natalie Goldberg, Autorin von *Writing Down The Bones: Freeing the Writer Within* und *Wild Mind: Living the Writer's Life* und Dozentin für kreatives Schreiben, bezeichnet die Stimme in unserem Kopf, die uns zum Durchstreichen, zum Überprüfen unserer Orthographie und zu ständiger Selbstbeherrschung nötigt, als »Zensor«. Diese Stimme mißt unser Handeln an äußeren Kriterien und beurteilt alles, was wir jemals geschrieben haben oder noch schreiben wollen, als zu kindisch, zu hochtrabend, zu ungebildet oder zu peinlich. Die aus unserer Seele sprudelnde Wahrheit wird sofort vom Zensor nach den derzeit geltenden Normen zensiert. Unser Zensor pflastert unseren kreativen Highway mit Bodenschwellen und weicht uns, wohin wir uns im Leben und bei der Arbeit auch wenden, nie von der Seite. Auch wenn die Seele selbst nicht zum Beurteilen neigt und daher kein Zensor ist, wird ihre Objektivität durch die Voreingenommenheit der Persönlichkeit doch mehr als wettgemacht. Die Seele kann aber nur dann kreativ sein, wenn die Persönlichkeit den Zensor zum Schweigen bringt.

Der Zensor konzentriert sich auf die Schwächen; was wir aber brauchen, ist eine Werteverschiebung von den Schwächen zu den Stärken. Charles Kettering, Erfinder der Registrierkasse und Gründer von Delco, wettete einmal mit einem Freund, daß dieser, wenn er ihm einen Vogelkäfig für sein Haus schenkte, früher oder später nicht umhin könne, einen Vogel hineinzusetzen. Sein Freund nahm die Wette an. »Also schenkte ich ihm einen wunderschönen Vogelkäfig aus der Schweiz, den er im Eßzimmer in der Nähe des Tisches aufhängte. Sie können sich natürlich denken, was nun geschah. Fast jeder Besucher fragte Joe, wann denn sein Vogel gestorben sei, und wenn Joe darauf antwortete, er habe nie einen besessen, wollte natürlich jeder wissen, wozu er dann einen Vogelkäfig habe. Am Ende kaufte sich Joe einen Vogel. Das war einfacher, als ständig erklären zu müssen, warum er einen leeren Vogelkäfig besitze.« Genauso wird man, wenn man in seinem Kopf einen Vogelkäfig aufhängt, früher oder später etwas Hübsches zum Hineinsetzen finden.

Mozart wurde einmal von einem jungen Komponisten gefragt, wie man sein Talent am besten entfalten könne. »Schreiben Sie zunächst einfache Stücke, Lieder zum Beispiel«, riet er ihm. »Aber Sie haben doch schon als Kind Symphonien komponiert«, rief da der junge Mann. »Nun ja«, antwortete Mozart, »ich mußte aber auch niemanden fragen, wie man Komponist wird.«

Lockern wir unsere Krawatten

Wie wir uns kleiden, verrät einiges über unsere Einstellung zur Kreativität. Wir wählen unsere Kleidung mit Bedacht aus, verkörpert sie doch gewissermaßen unser Innenleben. Doch traditionelle Manager würden uns am liebsten in eine Einheitskluft stekken, vergleichbar der Hemdbluse in Maos Volksbefreiungsarmee. Unsere Geschäftsuniformen zwingen uns zu Mittelmäßigkeit und Einförmigkeit – dem Gegenteil von Kreativität. Wie soll die Seele kreativ sein, wenn sie auf diese Weise unterjocht wird?

> Kleidung ist etwas so Unwichtiges, und doch ist es ganz und gar nicht unwichtig, wie sich ein Mann kleidet.
>
> *Philip Chesterfield*

Bevor ich einen Vortrag halte, scheint es mir das klügste, mich nach der Kleiderordnung zu erkundigen. Ich möchte weder meine Gastgeber noch mich selbst dadurch in Verlegenheit bringen, daß ich in Jeans und Cowboystiefeln aufkreuze, wenn alle anderen in Abendkleidung erscheinen, oder aus Unwissenheit im Anzug auftrete, wenn sich alle anderen nach dem Konferenzmotto gekleidet haben. Zwar denke ich jedesmal, wie albern das doch ist, bringe aber nie den Mut auf, gegen den herrschenden Konformismus zu verstoßen. Als ich jedoch nach einem Skiunfall zeitweilig an den Rollstuhl gefesselt war, wurden diese Regeln außer Kraft gesetzt. Aufgrund meines Mißgeschicks konnte ich mich nun nach eigenem Gutdünken kleiden, denn wer wirft schon einem Redner im Rollstuhl vor, daß er Jeans trägt. Von da an zog ich nur noch Turnschuhe an und stopfte rasch ein paar Klamotten in den Koffer, bevor ich mich auf den Weg zum Flughafen machte. Nie hat jemand daran Anstoß genommen – außer mir. Doch

letzten Endes hob es nur mein persönliches Wohlbefinden, und ich fühlte mich viel freier. Außerdem ermutigte mich diese neugewonnene Freiheit dazu, jedesmal noch einen Schritt weiterzugehen, und mit jedem Auftritt sank meine Hemmschwelle.
Doch weshalb besteht eigentlich ein größeres Interesse an meiner äußeren Umhüllung als an meinem wahren Ich? Angeblich werde ich doch für das, was ich sage, und nicht für das, was ich trage, bezahlt. Wenn die Umgebung, in der wir arbeiten – unser Seelenraum – dazu beiträgt, das Beste aus unseren Seelen herauszukitzeln – unsere Seelenarbeit –, müßte dasselbe dann nicht auch für unsere Kleidung gelten? Sollten wir uns nicht darauf konzentrieren, alles zu tun, um Seelenräume und Kleiderordnungen zu schaffen, durch die sich Seele und Persönlichkeit gleichermaßen anregen lassen? Schließlich wollen wir doch nach Möglichkeit die Seele beflügeln. Dann sollten wir die Menschen eigentlich ermutigen, sich mit dem zu schmücken, was ihre Seele und deren kreative Musen befreit.

Träume und Intuition

Für den traditionellen Manager, der die fünf Sinne mit den analytischen Methoden des Newtonschen Denkers verknüpft, sind Träume und Intuition bestenfalls unwissenschaftlich und schlimmstenfalls gefährlich. Während die Persönlichkeit mit Intuition nicht viel anfangen kann, behandelt die Seele sie als ihren wertvollsten, den fünf anderen Sinnen übergeordneten Sinn. Die Seele orientiert sich in erster Linie an Ahnungen, Empfindungen und vagen Vorgefühlen. Auch wenn es so gut wie unmöglich ist, den Wert

> **Hätte man alle Träume, welche die Menschen in einer bestimmten Zeit geträumt haben, niedergeschrieben, so vermöchte dies, uns eine genaue Vorstellung des zu jener Zeit herrschenden Geistes zu geben.**
> ***G. W. F. Hegel***

von Träumen und Eingebungen zu messen, zeitigen sie mitunter doch erstaunliche Ergebnisse. Wenn wir uns mit der Vorstellung anfreunden, daß nicht alles quantifiziert werden muß, und das Unbegreifliche als zulässige Informationsquelle schätzen lernen, kann die Seele befreit und infolgedessen auch kreatives Denken freigesetzt werden.

Kaizen

Wie ich in Kapitel 2 erwähnt habe, gibt es zwei Möglichkeiten, sich weiterzuentwickeln: indem man entweder die Dinge anders macht, oder indem man dasselbe besser macht – eine überaus subtile, aber überzeugende Vorstellung. Die Muse in der Seele sucht Zuflucht in der Kreativität.

Die fortwährende Verbesserung im persönlichen, häuslichen, sozialen und beruflichen Leben, an der alle beteiligt sind – die Bemühung um Erstklassigkeit im kleinen also –, nennen die Japaner *kaizen*.

Früher mußten bei Procter & Gamble (P & G) immerhin 25 Prozent aller Bestellungen – ungefähr 27 000 im Monat – manuell korrigiert werden. Als im Rahmen einer vierjährigen Kampagne die Produktpalette reduziert sowie Bestellungen und Rechnungen standardisiert wurden, kam es zu einer grundlegenden abteilungsübergreifenden Umgestaltung der Arbeitsabläufe. Wenn heute ein Kunde Pampers und Tide bestellt, erscheinen beide Artikel auf derselben Rechnung und werden von einem Lkw ausgeliefert – und in der Regel stimmt die Rechnung auch. Im selben Zeitraum senkte das Unternehmen außerdem die Kosten für Rohstoffe, Verpackung, Lagerhaltung sowie Fracht- und Liefergebühren um 7 Prozent und gab diese Einsparungen an die Kunden weiter.[4] Auch wenn diese Verbesserungen weder weltbewegend noch preisverdächtig sind, so profitieren Kunden und Beschäftigte doch eindeutig davon. Indem man dasselbe besser machte, wurden die Kosten auf dem Weg vom Hersteller zum Einzelhändler entscheidend gesenkt, und P & G gewann, dank seines Rufes als knapp kalkulierender Partner, neue Kunden. Um die Wünsche der Kunden zu erfüllen, haben sich die Zulieferer weiterqualifiziert und die Liefervorgänge verbessert, und dank der wachsenden Wirtschaftskraft des Unternehmens fühlen sich die Beschäftigten heute sicherer als früher. Die Verbesserungen bei P & G erweisen sich nicht nur als Segen für unsere Umwelt, auch die Aktionäre profitieren davon: Im Jahr 1994 schüttete P & G die höchste Dividende in der vierundvierzigjährigen Geschichte des Unternehmens aus.

Freiheit für die Seele

Aus Angst, im Vergleich mit erfolgreich und kreativ drauflosdenkenden Kollegen wie phantasielose Einfaltspinsel auszusehen, unterdrücken traditionelle Manager oft nicht nur jede Kreativität innerhalb des Teams, sondern lassen es selbst auch an jeglicher Originalität fehlen. Folglich kommt es im gesamten Team zu Leistungsabfall und Verzagtheit. Schuld an dieser doppelt mißlichen Lage ist die der Angst zugrundeliegende Unsicherheit. TEAM ist aber ein Akronym für *Together Everyone Achieves More* – »gemeinsam erreichen wir alle mehr«. Unsere Aufgabe besteht darin, die anderen zu Kreativität anzuspornen. Gelingt uns das, gebührt uns Anerkennung dafür, daß wir eine Umgebung geschaffen haben, in der sich Kreativität entfalten kann. Wen kümmert es, ob Hal Sperlich oder Lee Iacocca den Minivan erfunden hat? Iacocca hat sich als reicher Mann zur Ruhe gesetzt, und Sperlich hat sich als unabhängiger Berater selbständig gemacht. Auch Chrysler hat profitiert und ebenso die Beschäftigten. Die kreative Energie, die den Minivan hervorgebracht hat, gab bei Chrysler den Anstoß zu einem regelrechten Kreativitätsschub, der in den letzten fünfzig Jahren seinesgleichen sucht: Man erweckte den Jeep zu neuem Leben und entwickelte eine neue Lkw-Klasse, den Stealth, den Neon und zahlreiche andere.

Eine kreativitätsfördernde Umgebung zu schaffen ist an sich schon ein kreatives Unterfangen. Spontaneität, Dynamik, Spaß, Humor, Befreiung von Versagensängsten, Anreize, gegenseitiges Wohlwollen und kultivierte Umgangsformen, seelischer Freiraum und das Feiern der eigenen Stärken sind nur einige der wesentlichen Elemente einer kreativen Unternehmenskultur. Vorgesetzte, die die Seele durch Kreativität befreien wollen, müssen ein »Heiligtum« schaffen, in dem Fehlschläge nicht bestraft, sondern als nützliche Erfahrungen bewertet werden.

Wahre Kreativität wird durch viele Aspekte gefördert, die an anderer Stelle in diesem Buch beschrieben werden. Sie erfordert eine durch verbindliche Werte geprägte Unternehmenskultur, in der Wahrheitsliebe unerläßlich und Wortbruch verpönt ist. Mitglieder eines Teams müssen das Gefühl haben, kreative Vorschläge machen zu dürfen, auch wenn diese vielleicht nicht auf Anhieb in das bestehende Mainstream-Denken des Unternehmens zu passen scheinen. Sie müssen lernen, daß unkonventionelle Ideen oder die konstruktive Kritik an gängigen Praktiken gewürdigt und nicht bestraft werden. Im Team müssen freundliche Umgangsformen herrschen und Spaß, Höflichkeit, Integrität, Respekt und Gutmütigkeit an der Tagesordnung sein. Belohnungen sollten persönlichen Charakter haben, von Herzen kommen und zielgerichtet sein; der Arbeitsplatz sollte in eine Umgebung eingebettet sein, die zu seelisch erfülltem Arbeiten anregt. Eine erfolgreiche, kreative Kultur kommt ohne Konkurrenzdenken aus. Sie sorgt für die Verbreitung aller erforderlichen Informationen, ermutigt zur Teilnahme an der Entscheidungsfindung, beschränkt sich auf wenige Vorschriften und schafft eine Umgebung des Lernens. Über die Auswahl der Teamkollegen entscheidet das Team, und der Gewinn wird in einem vernünftigen Verhältnis wieder investiert. Schmelztiegel von Kreativität und Ort der Erneuerung zu sein, das sind die wesentlichen Merkmale eines »Heiligtums«.

Die Verfechter von Kreativität beseitigen Hindernisse, die das kreative Denken hemmen, und gestatten der Seele, frei zu sein, ungehindert zu denken, *zu sein.* Sie stellen die richtigen Fragen: Wie kann ich deine Kreativität fördern? Was sind deine seelischen Bedürfnisse? Was inspiriert dich?
Und diejenigen, die kreativ denken, müssen sich zwei entscheidende Fragen stellen:

1. Wie kann ich es noch besser machen? (*Kaizen*)
2. Wie kann ich es anders machen? (Kreativität)

Liebe und Kreativität

Die wichtigste Voraussetzung für Kreativität ist Liebe. Eine alte Geschichte verdeutlicht den Unterschied zwischen Persönlichkeit und Seele. Ein rechtschaffener Mann wurde nach seinem Tod vorübergehend in die vierte Dimension geschickt. Seine Bestrafung bestand darin, daß er mit Löffeln essen mußte, die länger als seine Arme waren. Weil ihm das Essen dabei dauernd herabfiel, quälte ihn bald der Hunger. Schließlich wurde er in die fünfte Dimension versetzt, wo die Löffel, wie er zu seiner Überraschung feststellte, zwar ebenso lang waren, trotzdem aber niemand hungern mußte, weil sich alle gegenseitig fütterten.
Kreativität entfaltet sich in einer liebevollen Umgebung, denn dank der Liebe kann das Ego der Persönlichkeit auf seine Autonomie verzichten. Auf diese Weise befreit, kann sich die Persönlichkeit der unserer Seele innewohnenden Muse hingeben und vollzieht damit eine Verwandlung, der Kreativität entspringt.
Die drei Primärwerte des Werte-Fahrrads dienen als nützliche Orientierung für die Art von Liebe, von der ich hier spreche:

Die Freiheit, unsere Kreativität auszudrücken, wurde der Seele in die Wiege gelegt. Dieses Recht wieder einzufordern ist ein Schritt in Richtung höhere Ebene. Diese Aufgabe fordert missionarischen, aus tiefster Seele kommenden Einsatz, denn wenn traditionelle Manager die Durchsetzung dieses Rechts behindern, ist die Seele dazu berufen, jedes Hindernis aus dem Weg zu räumen.

Könnerschaft (Alles, was man im beruflichen und privaten Leben tut, auf dem höchstmöglichen Niveau tun)	**Macht mir meine Arbeit Spaß?**
Menschenfreundlichkeit (Sich auf beruflicher und privater Ebene so mit anderen verstehen, daß sie aktiv den Kontakt zu einem suchen)	**Mag ich die Menschen, mit denen ich zusammenarbeite?**
Hingabe (Kunden finden, intern wie extern, herausfinden, welche Bedürfnisse sie haben, und diese Bedürfnisse befriedigen)	**Bin ich völlig vom Sinn meiner Arbeit überzeugt?** (Die Erfüllung der Bedürfnisse anderer)*

* Der Leser wird sich erinnern, daß der Begriff *Kunde* im weiten Sinne zu verstehen ist, daß also *jeder, der sich mit einem Bedürfnis an uns wendet*, dazugehört. Eine genauere Definition findet sich in *Zur Terminologie*.

14 Kraftstoff für die Seele tanken

Von Rezession kann keine Rede sein. Weder durchlaufen wir zur Zeit eine rezessive Phase, noch erholen wir uns gerade von einer solchen. Vermutlich hat es in Wirklichkeit nie eine gegeben, und wahrscheinlich wird es auch niemals eine geben. Rezession ist eine Frage der Einstellung. Ich hatte das Glück, mich mit einigen der besten Führungskräfte des Landes und ihren Teams beraten zu können, wobei ich eine wichtige Lektion gelernt habe, nämlich die, daß »Rezession« lediglich als Ausrede dient, um Irrelevanz zu rechtfertigen.

Wir unterscheiden zwei Versionen der Rezessionsthese. Die erste ist die Unternehmensversion, derzufolge schlechte Leistungen des Betriebs, geringe und rückläufige Umsätze, sinkende Gewinne, schrumpfende Märkte und der erbarmungslose Konkurrenzkampf allein der Rezession geschuldet sind. Vertreter dieser Version erklären jedem, daß alles besser wird, sobald die Rezession vorbei ist. Die zweite Variante oder Arbeitnehmerversion wird von Beschäftigten vertreten, die Angst haben, aufgrund der Rezession ihren Arbeitsplatz zu verlieren oder beurlaubt, zurückgestuft oder entlassen zu werden und dann keinen vergleichbaren, ähnlich bezahlten Job mehr finden zu können.

Die Rezessionsthese beruht auf dem Bedeutungsverlust ihrer Vertreter. Überleben und Entwicklung der Menschen und folglich auch ihrer Unternehmen lassen sich heutzutage nur dann sichern, wenn sie ihre Stellung auf dem Markt behaupten. Unternehmen, die auf dem Markt keine Rolle mehr spielen, und Arbeitnehmer, deren Fähigkeiten nicht mehr gefragt sind, werden früher oder später die Rezession für ihr Schicksal verantwortlich machen.

Das irrelevante Unternehmen

Werfen wir zunächst einen Blick auf die Unternehmen. Im allgemeinen wird davon ausgegangen, daß die Industrie von Wirtschaftszyklen heimgesucht wird, wofür die High-tech-Industrie – mit Ausnahme von Microsoft – ein gutes Beispiel ist. Die staatliche Verwaltung ist demoralisiert und veraltet – abgesehen vom Pionierkorps der US Army. Auch im Stahlsektor, im Gaststättengewerbe, in der Finanzdienstleistungsbranche und in der Werbung, kurz, in allen Bereichen des öffentlichen oder privaten Sektors gibt es Ausnahmen. Die lautstärksten Vertreter der Rezessionsthese finden sich übrigens in der Staatsverwaltung. Einige traditionelle Manager können und wollen einfach nicht zugeben, daß sie (und daher auch ihre Unternehmen) irrelevant geworden sind. Ihre Unternehmen inspirieren Beschäftigte und Zulieferer nicht länger und vermögen auch keine Kunden mehr anzulocken, geschweige denn zu begeistern. Sie bieten Produkte oder Dienstleistungen an, *die an den Bedürfnissen ihrer Kunden vorbeigehen.* Führungskräfte irrelevanter Unternehmen schieben es auf die Rezession, wenn ihnen die Kunden davonlaufen, ohne auch nur ein einziges Mal innezuhalten und sich zu überlegen, weshalb andere Unternehmen florieren. Diese Manager sind so um ihre persönliche Reputation besorgt, daß sie sich weigern, das Offensichtliche anzuerkennen: daß nämlich andere Unternehmen neue fähige Mitarbeiter suchen, weil sie – trotz »Rezession« – boomen und neue Kunden gewinnen. Statt ihre Geschäftsmethoden zu revidieren, ihre Mitarbeiter zu inspirieren und zu motivieren sowie künftige Stammkunden zu werben, führen sie Mikroanalysen der Rezession durch.

Der irrelevante Arbeitnehmer

Wie aber steht es mit den Arbeitnehmern? Unbestreitbar sind viele den unklugen Entscheidungen eines irrelevant gewordenen, traditionellen Managements zum Opfer gefallen. Andere wiederum haben es sich selbst zuzuschreiben, daß ihre Fähigkeiten nicht mehr gefragt sind. In einer Zeit fieberhaften Wandels, in der Veralten nicht in Jahren, sondern in Wochen oder Monaten gemessen wird, darf niemand damit rechnen, irrelevante Qualifikationen vermarkten zu können. In einem solchen Klima brauchen sich Fließbandarbeiter, die vierzig Jahre lang dieselbe Arbeit verrichtet haben, nicht zu wundern, wenn sie auf dem Markt nicht mehr gefragt sind. Hätten sie ihre allgemeine und berufliche Qualifikation mit derselben Sorgfalt gewartet wie die Maschinen, die sie in dieser Zeit bedient haben, sähe es heute anders für sie aus. Arbeitslosigkeit ist die Quittung für irrelevante Qualifikation. Programmierer und Systemanalytiker, Biochemiker, Kinderbetreuer, Beschäftigte und Vermittler privater Sicherheitsdienste oder Geschäftsinhaber in Einkaufszentren werden nur selten arbeitslos.

Als schönste Mitgabe für das Alter erklärte er die Bildung.
Aristoteles (nach Diogenes Laertius)

Gary Tooker, der Vorstandsvorsitzende von Motorola, meint dazu: »Durch die Verbesserung von Arbeitsabläufen und die Einführung neuer Technologien versucht man, sich selbst zu ersetzen, bevor es ein anderer tut. Erfolg resultiert aus ständiger Konzentration auf Erneuerung.«[1] Anders als jene, die die Rezession für ihre Misere verantwortlich machen, werden sich Führungskräfte, die den Bedürfnissen von Kunden und Zulieferern nachspüren und sie befriedigen, sowie Arbeitnehmer, die beständig neue Fertigkeiten erwerben, erfolgreich durchsetzen. Oder frei nach Darwin – ihnen gehört die Zukunft.

In einer Umfrage unter leitenden Angestellten, Ausbildungsleitern und Fachleuten für Personalentwicklung hat die Forschungsgruppe Lakewood Research, die auch die Zeitschrift *Training Magazine* herausgibt, ermittelt, daß nur fünfzehn Prozent der jährlich von US-Firmen für Weiterbildung ausgegebenen hundert Milliarden Dollar nach dem ersten Jahr noch weiterfließen. Dabei ist beständiges Lernen (nicht Dressieren, was, wie wir gesehen haben, etwas für Hunde ist) im Informationszeitalter ein Dauerabonnement für das Spiel des Lebens, und Erfahrung ist einer der wichtigsten Lehrmeister.

Der Wartungsvertrag: Zehn Prozent für lebenslanges Lernen

Erfahrung birgt allerdings auch eine Gefahr: Sie lehrt uns nämlich nur, wie wir dasselbe besser machen können. Da dies allein aber nicht unseren Lernbedarf deckt, müssen wir bereit sein, unseren Horizont zu erweitern und etwas völlig Neues zu lernen. Nicht nur die anderen müssen sich verändern – auch unsere eigenen, derzeit noch bestehenden Arbeitsplätze werden eines Tages verschwinden. Das gilt vor allem für Berufe, in denen durch den Einsatz neuer Technologien Menschen ersetzt oder Aufgaben neu definiert werden. Daher sollten wir uns auf unserer lebenslangen Reise durch immer neue Wissensgebiete unaufhörlich weiterentwickeln, damit gewährleistet ist, daß wir – auf diesem Planeten im allgemeinen und auf dem sich verändernden Markt im besonderen – stets *relevant* bleiben. Lernen dient dabei als Kraftstoff für die Seele.

Vor kurzem fragte mich ein Klient, wie sich der mit Downsizing unvermeidlich einhergehende Vertrauensverlust zwischen Belegschaft und Management vermeiden lasse. Ich schlug vor, daß sich Führungskräfte und Arbeitnehmer die Verantwortung für die Verbesserung der allgemeinen und beruflichen Qualifikation teilen sollten, und zwar nicht nur vorübergehend, sondern auch in Zukunft. Auf diese Weise bliebe jeder Mitarbeiter relevant und somit gefeit vor der Gefahr, entlassen oder zurückgestuft zu werden.

Dann wollte er wissen, wieviel Zeit für die Verwirklichung eines solchen Vorhabens erforderlich wäre, und als ich schätzte, er müsse mit etwa zehn Prozent der Jahresarbeitszeit aller Mitarbeiter rechnen, wandte er ein, dies sei ein unrealistisches Ziel, da es bedeuten würde, daß alle Beschäftigten jährlich fünf Wochen lang ihrem Arbeitsplatz fernblieben. Daraufhin fragte ich ihn, ob es seines Erachtens unvernünftig sei, jährlich 1500 Dollar in den Kundendienst für einen 15 000 Dollar teuren Fotokopierer zu investieren. Das verneinte er. »Aber wieso sind Sie bereit, jährlich zehn Prozent in die Wartung von Maschinen und Ausrüstungsgütern zu investieren, nicht aber in die Menschen, die das Unternehmen am Laufen halten und das wertvollste und wichtigste Kapital des Unternehmens sind?« Warum schrecken wir vor dem Gedanken zurück, für den Erhalt des intellektuellen Kapitals anteilsmäßig ebensoviel aufzuwenden wie für materielle Werte?

Wie es ist, eine Katze am Schwanz zu tragen, lernt man nur, wenn man es tut.
Mark Twain

Vor nicht allzu langer Zeit spornten wir unsere Kinder dazu an, Medizin, Zahnmedizin oder Jura zu studieren, da wir glaubten, mit einem solchen Studium wären sie bestens für das Leben gerüstet. Doch das trifft längst nicht mehr zu. Arbeitslose Ärzte, Zahnärzte und Anwälte sind heutzutage keine Seltenheit mehr. Wir dachten, sobald wir unsere Berufsausbildung abgeschlossen hätten, sei die Zeit des Büffelns vorbei und unsere Zukunft gesichert. *Wir dürfen uns aber nicht mit unserem Beruf gleichsetzen.* Ob Installateur, Automechaniker oder Verkäufer – die Fixierung auf unseren Beruf schränkt uns in bedenklichem Maße ein. Im übrigen könnte diesen

Erfahrung ist nicht das, was einem zustößt. Erfahrung ist das, was man aus dem macht, was einem zustößt.
Aldous Huxley

Berufen durchaus dasselbe Schicksal beschieden sein wie den Lokheizern, Aufzugführern und Lochkartenbearbeitern von gestern und dem Schalterpersonal bei Fluggesellschaften, Banken und Reisebüros von morgen. Und doch findet man auf all diesen Gebieten immer wieder Pioniere, die sich dem Wandel anpassen, während andere – wie Southwest Airlines, BancOne und Rosenbluth Travel, um nur ein paar Beispiele zu nennen – ins Schwimmen geraten.
Die wichtigste Lohnnebenleistung ist nicht die Kranken- oder Rentenversicherung, sondern das Recht auf Fortbildung. Fortbildung ist ein Impfschutz gegen Irrelevanz. Es genügt nicht, daß wir lernen, uns die erforderliche Qualifikation für unseren Beruf anzueignen, sondern wir müssen gleichzeitig schnell genug lernen, um mit den Veränderungen im Leben Schritt halten zu können. Wer sich lebenslangem Lernen, also geistiger Instandhaltung, verschrieben hat, der kann sich unbesorgt zurücklehnen; er weiß, daß er relevant – und damit jung – bleibt. Da Lernen der Regeneration dient, erquickt es zusätzlich die Seele.

Lernen und Selbstachtung

Wie aus einem kürzlich erschienenen Artikel im *Wall Street Journal* hervorging, gibt das Personal von Dienstleistungsunternehmen die Behandlung, die es durch das Management erfährt, an die Kunden weiter. Da in vielen solchen Unternehmen das Management die Beschäftigten wie Dummköpfe behandelt, wundert es nicht, daß die Beschäftigten ihrerseits den Kunden gegenüber ein ähnliches Verhalten an den Tag legen. Vorbildlicher Kundenservice ist das unmittelbare Ergebnis hoher Selbstachtung der Beschäftigten, so wie umgekehrt schlechter Kundenservice unmittelbarer Ausdruck geringer Selbstachtung ist.
Selbstachtung ist ein Geschenk der Persönlichkeit an die Seele und wird durch Lernen erworben. Selbstachtung wirkt als Immun-

system der Seele: Je höher unsere Selbstachtung, desto robuster unsere Seele. Selbstachtung ist ausschlaggebend dafür, wie wir uns selbst und wie andere infolgedessen uns behandeln, und hat daher ganz entscheidenden Einfluß darauf, was wir aus unserem Leben machen. Selbstachtung ist eine Voraussetzung für Aufrichtigkeit, denn wenn wir kein Selbstvertrauen besitzen, das heißt, nicht frei unsere Meinung äußern können, werden wir auch nicht ehrlich von uns und unserem Unternehmen sprechen.

Wenn wir unsere Arbeit lieben, erledigen wir sie schon allein aus Freude und Spaß an der Sache mustergültig. Ein hohes Maß an Können verleiht uns einen Elan, der schwerlich zu überbieten ist. Inspirierenden Tätigkeiten zu frönen ist eine ausgesprochen menschliche Form der Belohnung. Durch höchste *Könnerschaft*, die wir nur hingebungsvollem Lernen verdanken, erleben wir seltene Glücksmomente.

Mihaly Csikszentmihalyi hat einen Bewußtseinszustand beschrieben, den er *Flow* nennt; dabei handelt es sich um einen Zustand, bei dem man in eine Tätigkeit so vertieft ist, daß nichts anderes eine Rolle zu spielen scheint.[2] Jeder erlebt von Zeit zu Zeit diesen Flow-Zustand und wird seine charakteristischen Merkmale wiedererkennen: Normalerweise fühlt man sich stark und hellwach, hat alles spielend im Griff, ist unbefangen und auf dem Gipfel der Leistungsfähigkeit. Zeitgefühl und emotionale Probleme scheinen sich in Luft aufzulösen, und man empfindet ein erhebendes Gefühl der Transzendenz.

Die beiden wichtigsten Dimensionen der Flow-Erfahrung sind *Herausforderung* und *Fähigkeiten*. Eine Herausforderung, die die vorhandenen Fähigkeiten übersteigt, löst bei den Betroffenen Ängste aus; überschüssige Fähigkeiten, gemessen an der durchschnittlichen Herausforderung, lassen dagegen Langeweile aufkommen. Im Flow-Zustand befindet man sich, wenn Herausforderung und Fähigkeiten in einem ausgewogenen Verhältnis zueinander stehen und steigende Tendenz haben – das also, was ich mit *Könnerschaft* bezeichne.

Flow ist ein Bewußtseinszustand, der aufs engste mit Selbstachtung verknüpft ist. Wenn wir bei der Arbeit, egal wie, in den Flow-Zustand geraten, sind wir auf dem richtigen Weg, und unsere Arbeit kann sich entfalten und unsere Seele ausfüllen. Füllt unsere Arbeit jedoch, aus welchem Grund auch immer, unsere Seele nicht oder nur zum Teil aus, müssen wir uns fragen, welche Lehre wir aus dieser Tätigkeit ziehen, wie lange wir brauchen, bis wir die Aufgabe vollendet haben, und wie wir uns am besten weiterbilden, damit wir größeren Aufgaben gewachsen sind.

Wir alle haben das ausgeprägte und permanente Bedürfnis nach einem positiven Selbstwertgefühl. Wer Mitarbeiter wie Betriebsinventar oder Produktionseinheiten behandelt, untergräbt ihre Selbstachtung. Die Folge ist eine Verschlechterung oder sogar ein völliger Qualitätsverlust der Dienstleistungen, die wir unseren Kunden und uns anbieten. Und das wiederum beeinträchtigt die Lebensqualität innerhalb des Unternehmens und gefährdet so unser Seelenheil.

Wie aber gelangen wir zu höherer Selbstachtung? Darüber ist viel geschrieben worden (Nathaniel Branden gehört zu den Koryphäen auf diesem Gebiet), und in Amerika hat sich sogar eine staatliche Kommission (die sogenannte Arbeitsgruppe zur Förderung der Selbstachtung unter Vorsitz von John Vasconcellos, einem Abgeordneten des kalifornischen Parlaments und Vorsitzenden des Finanzausschusses) mit diesem Thema befaßt, doch die wichtigste Erkenntnis lautet immer noch: Selbstachtung bekommen wir nicht dadurch, daß wir unserem Spiegelbild jeden Morgen eine Kußhand zuwerfen.

Die einzige Möglichkeit, zu einer positiven Selbsteinschätzung zu gelangen, besteht darin, positiv zu handeln. Der Mensch lebt nicht das, was er denkt, er denkt das, was er lebt.

Hochwürden Vaughan Quinn

Wollen wir unser Selbstwertgefühl stärken, müssen wir etwas *Reales* tun, etwas, das uns zufriedener macht. Das heißt, wir müssen eine höhere Stufe von *Könnerschaft* erklimmen, einerlei auf welchem Gebiet, solange es nur eine tatsächliche Vervollkommnung ist. Der Schlüssel zur Selbstachtung ist also *Könnerschaft*. Die aber erreichen wir durch Lernen.

Selbstkontrolle beim Lernen

Probieren Sie einmal folgendes aus, wenn Sie das nächste Mal in Ihrem Büro sitzen: Schlagen Sie Ihren Terminkalender auf, und blättern Sie zurück zum Jahresbeginn. Überfliegen Sie die vergangenen Tage, und überlegen Sie, wieviel Zeit Sie in diesem Jahr bisher dem Lernen gewidmet haben. Rechnen Sie den Prozentsatz der *tatsächlich* mit Lernen verbrachten Zeit aus, und überlegen Sie sich, wie hoch er Ihrer Meinung nach sein sollte. Entwerfen Sie für das restliche Jahr einen Lernplan, der zu einer deutlichen Steigerung Ihrer persönlichen Könnerschaft, Selbstachtung und Relevanz führt. Versuchen Sie sich dabei der Zehn-Prozent-Norm so dicht wie möglich zu nähern. Eine Frau mittleren Alters, die Russisch lernen wollte, änderte ihre Meinung, als sie erfuhr, daß es zehn Jahre dauern würde, bis sie die Sprache beherrschte, und sagte zu ihrem Freund: »Ich bin jetzt fünfzig – das heißt, bis ich Russisch kann, bin ich sechzig.« Der Freund dachte einen Moment nach und meinte dann: »Aber meine Liebe, sechzig wirst du sowieso irgendwann!« Bisweilen fühlen wir uns auf den dürren Ästen des Lernens nicht mehr sicher, weil wir plötzlich merken, wieviel wir lernen müssen. Aber Lernen verspricht einen hohen Gewinn: *Könnerschaft*, die wiederum zu Selbstachtung führt. Es gibt nur wenig, was der Seele mehr Erfüllung schenkt.

Die Verantwortung für das Lernen

Wer ist für das Lernen verantwortlich – das Unternehmen oder jeder einzelne? In einem Artikel der Zeitschrift *Fortune* wurde das Thema vor kurzem folgendermaßen abgehandelt:

> Hat Ihnen schon einmal jemand gesagt, daß Sie überflüssig sind? Wir wollen Sie zwar nicht hinauswerfen, werden es gegebenenfalls aber tun. Tut uns leid, aber so ist das Leben. Und noch etwas – Sie sind für uns von unschätzbarem Wert. Wie Sie sich für unsere Kunden aufopfern, ist ein Segen für dieses Unternehmen. Wir sind darauf angewiesen, daß Sie innovativ und risikofreudig sind und sich für unsere Ziele einsetzen. Alles klar?

Anschließend wird in dem Artikel beschrieben, wie der alte, auf dem Austausch von Loyalität gegen Sicherheit basierende Sozialvertrag einer neuen Ethik Platz gemacht hat:

> Eine Arbeitsplatzgarantie wird es niemals geben. Sie werden so lange von uns beschäftigt, wie Sie zum Gewinn des Unternehmens beitragen. Wie Sie das machen, ist einzig und allein *Ihre* Sache. Im Gegenzug haben Sie das Recht auf interessante und wichtige Aufgaben, auf die nötigen Freiheiten und Mittel, um sie tadellos erledigen zu können, auf eine Bezahlung, die Ihrer Leistung entspricht, sowie auf die zum Verkauf Ihrer Arbeitskraft – hier oder anderswo – erforderliche Erfahrung und Schulung.[3]

In manchen Unternehmen gilt ohne Wenn und Aber die Devise, daß jeder persönlich für seine Fortbildung verantwortlich ist. So meint beispielsweise Kirby Dyess, stellvertretender Personalchef bei Intel: »Du bist Besitzer deiner Arbeitskraft. Folglich bist du auch dafür verantwortlich.«

Ich halte diese Aussage für zu vereinfachend und zu hart, und ich vermisse darin auch jedes Verständnis für die individuellen Bedürfnisse. Persönliche Entfaltung und Weiterentwicklung – Lernen – fallen in eine gemeinsame Verantwortung; sie beruhen darauf, daß sich Arbeitnehmer in ihren Unternehmen als Partner akzeptiert sehen. Die Seele ist anpassungsfähig; sie befindet sich in einem unaufhörlichen Lernprozeß. Sie reagiert auf ihre Umgebung und ist – je nachdem, was sie erlebt, und welche Erfahrungen sie mit Menschen macht – euphorisch oder niedergeschlagen. Auch die Seele sucht Sicherheit und fürchtet, durch den Verlust an *Könnerschaft* und daher auch an Selbstachtung in Bedeutungslosigkeit zu versinken.

Jeder, der aufhört zu lernen, ob mit zwanzig oder achtzig, ist alt. Jeder, der weiterlernt, bleibt jung. Das Wichtigste im Leben ist, daß der Verstand jung bleibt.

Henry Ford

Doch die Persönlichkeit findet immer neue Ausreden, um das Lernen aufzuschieben: »Zur Zeit kann ich es mir nicht leisten«, »Im Moment sind mir andere Dinge wichtiger«, »Das mache ich nächstes Jahr«. Und auf diese Weise durchkreuzt sie die Bestrebungen der Seele. Persönlichkeit und Seele führen eine nicht enden wollende Debatte über Sinn und Zweck des Lernens, und meistens setzt sich die Persönlichkeit durch, was früher oder später zu Irrelevanz führt.

Von all den wunderbaren, die Seele betreffenden Wahrheiten, die in diesem Alter wieder in Erinnerung gerufen und ans Licht gebracht werden, ist keine beglückender oder reicher an göttlicher Verheißung und Zuversicht als die, daß man Herr seines Denkens, Former seines Charakters und Schöpfer und Gestalter der Verhältnisse, der Umgebung und des Schicksals ist.

James Allen

Es ist kein Zufall, daß so viele erfolgreiche Schriftsteller ihr erstes Buch in ihren Fünfzigern veröffentlichen, denn in diesem Lebensabschnitt sagt die Seele zur Persönlichkeit: »Du hast dein ganzes Leben lang Ausflüchte gemacht. Wenn wir das Buch nicht bald schreiben, wird es in uns absterben.« Nicht anders verhält es sich mit dem Lernen: Infolge des Babybooms überschwemmt ein Heer von Studenten den Markt. Die Seele weiß um die Sterblichkeit der Persönlichkeit und kann warten; letzten Endes wird sich ihre Weisheit durchsetzen.

Lernen führt zu *Könnerschaft* und diese wiederum zu Selbstachtung. Beides zusammen führt zu persönlicher Entfaltung – dem Gegenteil von persönlicher Irrelevanz. Deshalb ist Lernen ein wichtiger Kraftstoff für die Seele auf dem Weg zu Erweiterung, Inspiration und Würde. Wenn Menschen die Möglichkeit haben zu lernen, kann auch das Unternehmen lernen und sich weiterentwickeln, und das wiederum bringt uns einem entscheidenden Lernziel – der lernenden Gesellschaft – näher.

TEIL DREI

Und der Gewinn

15 Persönliche Teilhaberschaft

Ein »Heiligtum« ist ein ganzheitliches System. Es besteht nicht aus unabhängigen Newtonschen Teilchen, sondern entsteht durch die sich in wechselseitiger Abhängigkeit vollziehende Verschmelzung von Human- und Finanzkapital zu einem einheitlichen, in vollendeter Harmonie arbeitenden System. Sein Lebensquell speist sich aus der gesamten, von allen Individuen eines Unternehmens erzeugten Energie, Kreativität, Liebe und Intelligenz. Auch ein in ausreichendem Maße über Finanzmittel, Fabriken, Maschinen und Niederlassungen verfügendes Unternehmen bliebe ohne *Lebensquell* ein totes Gebilde; erst wenn es von der Begabung, dem gutem Willen und dem Geist der Menschen durchdrungen wird, erwacht es zum Leben. Ohne Lebensquell sind Unternehmen nichts als ein Stapel juristischer Dokumente. Kapitalzuwachs und Gewinn eines Unternehmens verdanken sich einzig und allein seinem Lebensquell. Jeder Versuch, den Lebensquell eines Unternehmens von dessen Leistung zu trennen,- ist regressiv und unlogisch und entspricht Newtonscher Denkweise. Stellen Sie sich einen Baum vor: Sein Lebensquell – Nährstoffe aus dem Boden, Sonne und Saft – ist von den neuen Trieben, die er sprießen läßt, ebensowenig zu trennen wie die Anstrengungen der Kapitaleigentümer von Kapital und erwirtschaftetem Profit.

Im traditionellen Management wurde diese lebenswichtige Beziehung zwischen Besitz und Lebensquell eines Unternehmens verdrängt oder weitgehend ignoriert. Folglich war das Interesse der Arbeitnehmer, was die Zukunft ihres Unternehmens anging, häufig einzig und allein auf dessen Überleben gerichtet. Ihre eigentliche Hoffnung beschränkt sich auf die kurzfristig erzielten Betriebsergebnisse und die Garantie regelmäßiger Lohnzahlungen. Da aber diese Löhne oft weitgehend von der Leistung abgekoppelt sind, besteht kaum ein Anreiz, zusätzlichen Wert zu schaffen, effektiver oder effizienter zu arbeiten, Innovationen zu planen, neue Geschäfte abzuschließen, vielversprechende Mitarbeiter zu gewinnen, über neue Arbeitsprozesse nachzudenken oder neuen Reichtum zu schaffen. Tatsächlich gibt es wegen der fehlenden Verbindung zwischen Leistung und Seele kaum Anreize, überhaupt irgend etwas zu tun, was Herz, Verstand oder Gewinn zugute käme.

Wenn Bernard Marcus, der Vorstandsvorsitzende von Home Depot, gebeten wird, dem Aufsichtsrat eines anderen Unternehmens beizutreten, kauft er stets mindestens zweitausend Aktien der betreffenden Firma. Und von jedem neuen Direktor, der bei Home Depot in den Aufsichtsrat bestellt wird, »verlangen wir, daß er persönlich eine ernstzunehmende Summe in das Unternehmen investiert – indem er entweder Aktien kauft oder sein Geld in einem von uns angebotenen Optionsgeschäft anlegt. Der Betrag muß so hoch sein, daß sich jeder des Risikos bewußt ist.«[1] Es gibt in der Tat keinen besseren Weg, seinen Boden zu bestellen, als eigene Fußabdrücke zu hinterlassen.

Das Paradebeispiel für die Verwirklichung der Idee von gesellschaftlichem Vermögen und Eigentum ist die Unterhaltungsindustrie. Kaum eine andere Branche löst so viel Engagement und Begeisterung aus. Als Jeffrey Katzenberg, der frühere Direktor der Walt-Disney-Studios, 1994 zurücktrat, konnte er mit David Geffen und Steven Spielberg sofort zwei Seelenfreunde für sich gewinnen. Gemeinsam gründeten sie DreamWorks SKG, das aufregendste Studio in Hollywood. Nicht das Geld bewog sie zum Handeln – alle drei sind steinreich. Was sie beflügelte, war die leidenschaftliche Begeisterung, mit der sie – noch immer – bei der Sache sind: Spaß und die Chance, ihr Können in einem Unternehmen unter Beweis zu stellen, das Millionen von Menschen auf der ganzen Welt Freude bereitet. Der Grund für das Engagement der drei ist die gelungene Verbindung von Talent, Leidenschaft und eigentlicher Aufgabe.

Zum Teil ist der Erfolg dieser besonderen Branche auf ihre Struktur zurückzuführen. Die riesigen, seelenlosen Dinosaurier der Vergangenheit sind verschwunden. An ihrer Stelle entstand ein Netzwerk aus zahlreichen kleinen Teams – flexibel, kooperativ und äußerst unternehmerisch. Für bestimmte Projekte, wie zum Beispiel einen Film, schließen sich diese Teams zusammen, um sich nach dessen Fertigstellung sofort wieder auf andere Projekte zu verteilen. In diesen wechselseitig voneinander abhängigen Gruppen gilt der Grundsatz *Könnerschaft*, *Menschenfreundlichkeit* und *Hingabe*. Jeder setzt Geld und seinen Ruf aufs Spiel, daher besteht für alle Beteiligten ein innerer Zusammenhang zwischen Lebensquell und Ergebnissen.

Die Branche hat sich zu Amerikas zweitgrößtem Exporteur gemausert; jährlich werden für annähernd vier Milliarden Dollar Produkte aus dem Unterhaltungsbereich ins Ausland verkauft. Die durch Arbeitsplatzvernichtung und Ausgabenkürzungen im Verteidigungshaushalt bedingte Flaute in Los Angeles und Umgebung wurde von Kunst, Phantasie und Spaß aufgefangen, wodurch auf wundervoll ironische Weise die alte Parole »Make love, not war« verwirklicht wurde. Heute leben hier 92 Prozent der 370 000 Menschen, die ihren Lebensunterhalt in der kalifornischen Unterhaltungsindustrie verdienen. In einer der anspruchsvollsten Branchen der Welt ist *Könnerschaft* der Schlüssel zum Überleben und zum Erfolg. In Hollywood wurde *Könnerschaft* durch Spezialisierung, Flexibilität, *kaizen*, Lernen und intensive Zusammenarbeit zwischen den vernetzten Teams erreicht.

Der Erfolg der Unterhaltungsindustrie beruht aber ebenso darauf, daß für die Beteiligten ein unmittelbarer Zusammenhang zwischen ihrem Lebensquell und ihrer faßbaren Leistung besteht. Wird ein Film zu einem Kassenschlager, läßt sich in vielerlei

Hinsicht daran verdienen; ist er jedoch ein Flop, wie *Heaven's Gate* oder *Ishtar*, hat man bis zum – hoffentlich – nächsten Projekt genügend Zeit, bei Hafergrütze über die daraus gezogenen Lehren nachzudenken. In einer solchen Welt engagiert sich die Seele, weil sie unmittelbar an den Ergebnissen beteiligt ist. Viele Unternehmer in Hollywood sehen sich eher als Handwerker denn als Geschäftsleute. Ihr Verdienst schwankt je nach persönlichem Engagement und handwerklichem Können sowie möglichen positiven Auswirkungen ihres Beitrags auf die Einnahmen an den Kinokassen. Da dieses Geld für die Geschäftsleute Hollywoods dem Gesellschaftsvermögen entspricht, liegt ihnen nicht nur der eigene Anteil, sondern das Gesamtergebnis am Herzen.

Die Kombination aus vernetzter Struktur und Verknüpfung von Lebensquell und Ergebnis fördert das Engagement für den Erfolg des gesamten Projekts – Großbildperspektive könnte man es auch nennen. Mit einer klaren Vorstellung von Eigentum, Verantwortung für das Endergebnis, einem Blick für das Ganze sowie Erfolgsbeteiligung läßt sich die Seele inspirieren. Auch wenn die Persönlichkeit dabei gut bezahlt wird – den großen inneren Lohn streicht doch die Seele ein. An diesem Modell wird sich jedes entwickelte Unternehmen der Zukunft orientieren.

Beteiligung am Gesellschaftsvermögen

Für die Seele ist es verwirrend, im Unternehmen zwar beschäftigt zu sein, ihm aber dennoch nicht anzugehören. Ich frage mich oft, warum die Lichter in den größten Wolkenkratzern im Stadtzentrum die ganze Nacht hindurch brennen. Dient es der Selbstdarstellung oder Werbezwecken, oder geschieht es nur aus Nachlässigkeit oder Vergeßlichkeit? Würden die Lichter in diesen Gebäuden gelöscht, wenn das Personal an den Stromkosten beteiligt wäre? Würden die Beschäftigten als Eigentümer eher den Zusammenhang zwischen dieser und vielen anderen verschwenderischen Angewohnheiten und deren Auswirkungen auf den Unternehmensgewinn und die wertvollen Ressourcen unseres Planeten erkennen? Würden sie ihre Einstellung ändern, wenn jeder von ihnen aufgefordert würde, sich an den Unsummen, die das nächtelange Beleuchten des Gebäudes verschlingt, zu beteiligen – was sie als Eigentümer ja müßten? Auf alle Bereiche eines Unternehmens übertragen, würde ein solcher Sinneswandel die Betriebskosten in den Keller treiben, das Instandhaltungsniveau erhöhen, die Ressourcen der Erde schonen, die Mitarbeiter dazu bewegen, daß sie sich mit Herz und Verstand engagieren, und zur Inspiration der Seele beitragen.

Die Seele will in einer Beziehung zum Ganzen stehen; das schließt auch die Unternehmensergebnisse ein. Den Lebensquell des Unternehmens mit seinem Gesellschaftsvermögen zu verknüpfen ist kein materielles, sondern ein emotionales Ziel. Mit der Kapitalbeteiligung der Beschäftigten soll nicht der Traum vom schnell verdienten Reichtum verwirklicht, sondern versucht werden, einen Sinneswandel zu bewirken und eine Verbindung zwischen den Leistungen eines Unternehmens und jedem einzelnen von uns herzustellen. Das Ziel einer solchen Beteiligung besteht nicht darin, lediglich den persönlichen Reichtum durch Optionen auf Aktien und dergleichen zu erhöhen (was nur die Persönlichkeit direkt anspricht), sondern auch in der Förderung der persönlichen Entwicklung, wodurch sich auch die Seele unmittelbar angesprochen fühlt. Von einigen wenigen Ausnahmen wie United Airlines, UPS und Avis abgesehen, ist diese Praxis in größeren Unternehmen nahezu unbekannt. Beteiligung am Gesellschaftsvermögen erweckt aber in den Menschen ein Gefühl persönlicher Teilhabe und befähigt sie dazu, zur Gesundung des Unternehmens und zur Wiederherstellung seiner Ganzheitlichkeit beizutragen. Sie hebt sowohl die Klassenschranken als auch die künstliche

Der Trieb nach Besitz ist ein Grundtrieb des Menschen.
William James

Trennung in Aktionäre und Arbeitnehmer auf. Alle werden ein Ganzes, denn sie *sind* es auch – sie verfolgen dieselben Ziele und werden vom selben Verlangen getrieben, das alle Eigentümer beseelt.

Durch Beteiligung am Gesellschaftsvermögen entsteht ein neues Verhältnis zwischen den Menschen und ihrer in der Gewinn-und-Verlust-Rechnung bilanzierten Leistung, über das entsprechend Rechenschaft abgelegt werden muß. Aber Eigentum heißt auch Verantwortung. Persönliche Teilhaber ernten die Früchte ihres Handelns und der von ihnen getroffenen Entscheidungen und tragen daher die Verantwortung für ihre Leistung. Dies stellt einen radikalen Bruch mit der herkömmlichen Praxis in den meisten Unternehmen und nahezu allen nicht gewinnorientierten Organisationen dar – ein Kulturwandel, der auf eine Revolution hinausläuft: die Ausrufung der Demokratie, in der wahre Autorität und Verantwortlichkeit ebenso wie Beteiligung am finanziellen und geistigen Erfolg oder Scheitern des Unternehmens von allen statt nur von einigen wenigen Führungskräften getragen werden. Dieses Ziel läßt sich leichter erreichen, wenn die Hierarchien abgeflacht und die traditionellen Organisationsstrukturen aufgelöst sind.

Echte innerbetriebliche Demokratie läßt sich am besten durch Beteiligungen in Form realer Finanzwerte, wie etwa Aktienbesitz, verwirklichen. Sie sind die Voraussetzung dafür, daß ein Gefühl persönlicher Teilhaberschaft entstehen kann. Der springende Punkt dabei ist nicht, wie die Umwandlung der Eigentumsrechte im einzelnen zu bewerkstelligen wäre, sondern daß wir uns tatsächlich so verhalten, als gehöre uns ein Teil des Unternehmens. Allerdings zielt diese Veränderung nicht auf eine Bedrohung bestehender Eigentumsverhältnisse ab: Allein der Markt wird die Weichen für eine gerechte Übertragung von Gesellschaftsvermögen stellen, wobei der Phantasie bei der Gestaltung von Beteiligungsmodellen freilich keine Grenzen gesetzt sind. Und der Wunsch nach Übertragung von Gesellschaftsvermögen entspringt auch keinem politischen oder intellektuellen Programm, sondern er ist das Ergebnis einer Bewußtseinsentwicklung des Menschen, eines Prozesses, der dem Wunsch entspringt, die Seele zu beflügeln – zum Nutzen, nicht zum Schaden aller.

Um eine Vorstellung von der Zukunft zu bekommen, genügt ein Blick auf das Phänomen Franchising, das auf anschauliche Weise zeigt, welches Potential in unserem Vorschlag steckt. Ungefähr ein Drittel des amerikanischen Einzelhandels wird über Franchisenehmer abgewickelt. Kein anderer Wirtschaftszweig ist derart rasch gewachsen, wobei diejenigen, die ihren Firmen den Rücken gekehrt haben, weil sie das Gefühl von Teilhabe vermißten, den Löwenanteil an diesen neuen Unternehmern bilden. Viele von ihnen haben sich für eine weitaus beschwerlichere und weniger einträgliche Tätigkeit entschieden und ihren früheren Arbeitsalltag zugunsten einer durch Eigentum erfahrenen, persönlichen Wiederbelebung aufgegeben, kurz, Persönlichkeit gegen Seele eingetauscht.

Franchising ist schlicht und ergreifend einer der Indikatoren der kommenden Revolution. Die herkömmlichen Eigentumsvorstellungen sind überholt, und unsere Gesellschaft wird sich in den nächsten zwanzig Jahren grundlegend wandeln. Das gegenwärtige Modell funktioniert nicht mehr; es hat zu Machtkonzentration und zu Konkurrenzdenken geführt und die Beschäftigten dadurch ihrer Arbeit entfremdet, ihnen Angst eingeflößt und ein Gefühl der Hilflosigkeit gegeben. Unser Ziel ist es, diesen grundlegenden Wandel mit sicherer Hand zu steuern, damit ein neues unternehmerisches Denken zum Tragen kommt und die alte Konzentration von Macht und Kapital einer neuen weicht. Die meisten von uns sind zwar durch Pensions- und

Glücklich der Mann, der, jenseits eingefahrener Geschäftspraktiken und frei von jeglichem Wucher, wie die ersten Generationen der Menschheit mit selbstgezüchteten Ochsen das Land seiner Vorfahren bestellen kann.

Mark Twain

Investmentfonds indirekt bereits Eigentümer, doch wecken solche Fonds nicht gerade das Gefühl von Kontrolle oder Beteiligung. Unmittelbare Eigentümerschaft – worunter ich eine wirkliche und keine Pseudobeteiligung verstehe – ist der wichtigste Schritt bei diesem Wandel.

Weitblickende Führungskräfte sind sich über die gewaltigen Auswirkungen, die eine solche Teilhabe auf die Seele und infolgedessen auch auf die Leistung des Unternehmens hat, im klaren. Deshalb wird die Ausarbeitung von Plänen für die Eigentumsübertragung für sie Priorität haben. Zwar werden sich traditionelle Manager auch weiterhin mit der Umsetzung von persönlichkeitsbezogenen Konzepten wie Restrukturierung, Entflechtung, TQM und dergleichen abplagen, doch wahre Durchbrüche lassen sich auf diese Weise nicht erzielen. Zum Durchbruch kommt es dort, wo aus innerer Überzeugung heraus kühne Schritte unternommen werden, um eine dauerhafte Verbindung zwischen dem Lebensquell eines Unternehmens und seinen Kunden, Beschäftigten und Zulieferern zu knüpfen. Die Übertragung von Eigentum fördert das Entstehen einer neuen Unternehmenskultur, die von Verantwortungsbewußtsein, Engagement und Lebendigkeit geprägt ist, nicht von Gleichgültigkeit und Desinteresse.

Abschließend gesagt, besteht unser Ziel darin, die seelische Bereitschaft und Inspiration zu fördern und all jene zu beflügeln, die ihre Arbeit verabscheuen – und das sind zur Zeit immerhin achtzig Prozent der Beschäftigten. Seit jenen Tagen unserer Kindheit, als wir an einem eigenen Stand für ein paar Cents Limonade verkauften, hat jeder von uns nach der einen Sache gestrebt, die unsere Seele begeistert – Eigentum. Besinnen Sie sich einmal kurz auf diesen Limonadenstand aus der Kindheit, und erinnern Sie sich daran, wie stolz und fleißig Sie waren, wie Sie sich bemühten, die Kunden

> Was die Welt braucht, sind ein paar ordentliche »Kümmere dich gefälligst«-Pillen.
>
> *William Menninger*

freundlich und zuvorkommend zu bedienen, wie gut Sie Ihren Stand in Schuß hielten, wie sparsam und umsichtig Sie wirtschafteten und wie erschöpft, aber zufrieden Sie hinterher waren. Eigentum weckt in uns dieselben Gefühle, fördert dieselben Tugenden, veredelt unseren Charakter und beflügelt unsere Seele. Wir alle sehnen uns danach, dieses Glück aufs neue zu erfahren und unsere seelische Energie für die Umwandlung der Unternehmen nutzbar zu machen. Wenn wir das Gefühl persönlicher Teilhabe verspüren, wird sich auch unsere Arbeit verändern, und wir werden uns auf eine höhere Bewußtseinsstufe erheben.

16 Wenn Mitarbeiter kommen oder gehen

Stellen Sie sich vor, Sie sind Ruderer und sitzen im Olympia-Achter. Ein neues Mitglied soll in die Mannschaft aufgenommen werden. Wer trifft diese Entscheidung? Der Trainer? Der Kapitän? Der Präsident des olympischen Ruderkomitees? Wäre es nicht sinnvoll, zuerst Sie zu Rate zu ziehen und an der Entscheidung zu beteiligen, da Sie ja von der Leistungsfähigkeit des neuen Mannschaftskameraden betroffen sind?
Diese Frage betrifft alle, denn zwischen einem Arbeitsteam und einer Rudermannschaft besteht im Prinzip kein Unterschied. Nach welchen Kriterien wird ein neues Teammitglied ausgesucht? Beziehen sich diese Auswahlkriterien ebenso auf seine Persönlichkeit wie auf seine Seele? Sollte bei Neueinstellungen, Versetzungen oder Kündigungen nicht jedes Mitglied des Teams gehört werden? Personalentscheidungen werden seit eh und je in der Chefetage getroffen und sind vielleicht das beste Beispiel für autokratische Strukturen in heutigen Unternehmen.
Traditionelle Manager haben ein tiefes Bedürfnis, über Neueinstellungen und Umbesetzungen im Alleingang zu entscheiden, und mitunter grenzt es fast an Paranoia, mit welcher Vehemenz sie sich dagegen wehren, ihre Kontrolle über Personalentscheidungen zu lockern. Die Zukunft wird sie allerdings eines Besseren belehren, denn es ist doch nur logisch, daß diejenigen über Einstellungen entscheiden, die am unmittelbarsten von der Leistungsfähigkeit neuer Mitarbeiter betroffen sind. Mit der Zeit werden Unternehmen demokratischere Strukturen hervorbringen, es sei denn, eine Revolution kommt ihnen zuvor.

Die finstere Ära des Reengineering

Viele Menschen haben Angst am Arbeitsplatz. Und dazu haben sie auch allen Grund, denn im vergangenen Jahrzehnt wurden sie mit immer neuen Managementmethoden terrorisiert, hinter denen sich meist eine »Ex und hopp«-Politik verbarg, die auf eine Senkung der Personalkosten abzielte. Die Mitarbeiter leben in ständiger Furcht vor dem Tag, an dem eine Art Sensenmann durch die Unternehmen geht und sie alle niedermäht. Jack Welch, Vorstandsvorsitzender von General Electric, erhielt den Spitznamen »Neutronen-Jack« – nach der Neutronenbombe, die jedes Menschenleben vernichtet, Gebäude aber unbeschadet läßt. Später ist Welch etwas humaner geworden. Richard Barton, der ehemalige Vorstandsvorsitzende von Xerox Canada, hat an einem einzigen Tag eine ganze Managementabteilung gefeuert. »Es war 1993, gleich nach Neujahr. Krankenwagen haben vor dem Gebäude gestanden, weil man befürchtet hat, daß einige Leute einen Herzanfall bekommen, wenn sie die Neuigkeit erfahren«, erinnert sich ein ehemaliger Mitarbeiter von Xerox.[1] Bei der Fusion der Chemical Bank und der Chase Manhattan Bank posaunten die Vorstände freudig in die Welt hinaus, welche Einsparungen sie sich von der Bankenehe erhofften.

Und zu allem Übel haben sich all diese Kosteneinsparungen im Personalbereich nicht ausgezahlt. Einstellungsstopps, Entlassungen, Betriebsschließungen und vielfältige Versuche, die Unternehmen schlanker zu machen, haben die Erwartungen nicht erfüllt. Die Produktivität der US-Wirtschaft ist in den achtziger Jahren um 1,2 Prozent jährlich gestiegen, was gegenüber den siebziger Jahren praktisch keine Verbesserung bedeutet. Bei der Hälfte der Unternehmen, die von der Society for Human Resource Management befragt wurden, war die Produktivität nach den Entlassungen gesunken oder unverändert geblieben.

Nach einer Untersuchung der Rights Associates of Philadelphia gaben 74 Prozent der befragten Manager kürzlich »gesundgeschrumpfter« Firmen an, daß die Moral der Mitarbeiter gesunken sei, die Angst vor weiteren Einsparungen umgehe und das Vertrauen in die Unternehmensleitung zerstört sei. Besonders verbittert sind Teams, denen man versprochen hat, daß sie mehr Kompetenzen erhalten sollen – sie reagieren erschreckt und verwirrt, wenn ihnen traditionelle Manager, die sich unvermindert an ihre Macht klammern, »Kompetenzen« übertragen. Das ist ein bißchen so, wie wenn man einem Pferd Streifen aufmalt und dann meint, man hätte ein Zebra. In ein paar Jahren werden wir auf die finstere Ära des Reengineering zurückblicken und erkennen, daß sie eines der unproduktivsten Jahrzehnte in der Geschichte des modernen Managements war.

So muß es nicht sein

In mechanistisch geführten Unternehmen wurde die Persönlichkeit zu einer »Ex und hopp«-Strategie ermutigt, um die Kostenentwicklung in den Griff zu bekommen. Doch eine solche Strategie ist feige. Es gibt noch mehr im Leben als Reengineering und Downsizing (das sogenannte »ing-Management«, wie es ein Freund von mir nennt). Wir müssen uns etwas einfallen lassen, statt einfach nur die barbarischen und rücksichtslosen Methoden anderer zu übernehmen. Das sind wir uns einfach schuldig.

Die Wisconsin Public Serve Corporation (WPSC), ein Energieversorgungsunternehmen mit 2500 Mitarbeitern, das in einem 25 000 Quadratkilometer großen Gebiet im Nordosten Wisconsins und einem angrenzenden Teil Michigans 400 000 Haushalte versorgt, wird von einem leidenschaftlichen Mann geleitet, der ein »Heiligtum« aufbauen möchte. Ziel des Unternehmens ist es, »den Verbraucher mit preiswerter Energie zu versorgen und einen erstklassigen Service anzubieten«, und er folgt seiner Vision, »mit einem echten Team den besten Energieversorgungsbetrieb der Welt aufzubauen«.

Vor das Problem gestellt, die Kosten den Marktkräften anzupassen, wählte das Unternehmen den schwierigeren Weg – aber einen zukunftsweisenden. WPSC war bereits ein Branchenführer, wollte aber noch besser werden. Daniel A. Bollom, Präsident und Vorstandsvorsitzender, hatte sich stets um ein gutes Verhältnis zur Gewerkschaft bemüht, und davon profitierte er jetzt: Er und das Management wußten, daß die Kostenstruktur des Unternehmens die Zukunftspläne bedrohte und daß WPSC angesichts der Deregulierung in der Branche ohne einen grundlegenden Sinneswandel in der Belegschaft wenig Überlebenschancen hatte. Und so beschloß Bollom, bei den anstehenden Tarifverhandlungen von der historisch gewachsenen Rivalität zwischen Gewerkschaft und Arbeitgeber noch weiter abzurücken und – wie zuvor schon mehrfach – auf einen Verhandlungsstil zu setzen, der darauf abzielte, Abmachungen zu treffen, von denen beide Seiten gleichermaßen profitierten.

Wenn der Mensch die Fähigkeit besitzt, Maschinen zu erfinden, die Menschen arbeitslos machen, dann besitzt er auch die Fähigkeit, diesen Menschen wieder Arbeit zu verschaffen.
John F. Kennedy

Im Tarifvertrag von 1990 wurde die Grundlage für eine bessere Kommunikation und Zusammenarbeit gelegt. Er hatte eine Laufzeit von drei Jahren. Und 1994, bei den nächsten Tarifverhandlungen, trugen beide Seiten offen ihre Anliegen vor: Die Gewerkschaft wollte Entlassungen verhindern, das Unternehmen wollte flexiblere Arbeitsstrukturen. Normalerweise hätten beiden Seiten hart um diese gegensätzlichen Positionen gerungen. Doch diesmal war es anders: Um ein Ergebnis zu erzielen, das beide entgegenkam, fragte eine Seite die andere, ob sie bereit sei, ernsthaft für beide Ziele zu kämpfen. Bollom machte sein Angebot: »Wir versprechen, daß es keine Entlassungen gibt, wenn Sie versprechen, daß Sie flexibel sind.« Beide Seiten kamen überein, sich künftig als Partner und nicht mehr als Gegner zu betrachten. An diesem Tag wurde bei WPSC Geschichte geschrieben.

Für das gesamte Unternehmen wurde eine Reihe von Grundsätzen aufgestellt, die es auf seiner neuen Reise begleiten sollten:

- Unsere Kunden stehen im Mittelpunkt unserer Bemühungen.
- Ehrlichkeit und Integrität müssen stets die Richtschnur unseres Handelns sein. Wir müssen uns stets bemühen, Vertrauen, Glauben, Fairneß und Respekt zu fördern.
- Weiterbildung durch Lernen, Prüfen, Fragen und Erproben nützt unseren Kunden, uns selbst und dem Unternehmen.
- Durch ständige Zusammenarbeit werden neue Arbeitsprozesse entwickelt, bestehende verbessert und nutzlos gewordene abgeschafft.
- Wir dürfen keine Verhaltensweisen tolerieren, die das Selbstwertgefühl der Menschen, ihre Hoffnungen, ihre Individualität oder ihre Würde untergraben.
- Wir müssen uns klarmachen, daß jeder Mitarbeiter zum Erfolg des Unternehmens beiträgt; deshalb müssen wir verhindern, daß jemand eine Arbeit verrichten muß, die seinen Fähigkeiten nicht entspricht oder ihn daran hindert, zum Erfolg des Unternehmens beizutragen.
- Wir müssen die Erfahrungen und die Kenntnisse, die Menschen mit unterschiedlicher Ausbildung, unterschiedlichen Vorlieben und Perspektiven in die Firma einbringen, anerkennen und nutzen und dabei gewährleisten, daß jeder ungehindert seiner Individualität Ausdruck verleihen kann.
- Wir müssen flexibel sein, als Individuen und als Unternehmen.
- Wir müssen Ideen, Informationen und Kenntnisse großzügig weitergeben, zügig, ehrlich und unbelastet von Organisationsstrukturen oder den Interessen anderer.
- Wir müssen verantwortungsvoll mit den uns anvertrauten Mitteln umgehen.
- Die Arbeit sollte jeden Mitarbeiter bereichern und jedem Spaß machen.

Mit diesen Grundsätzen stellte man die Weichen für die anschließenden Verhandlungen und die Erarbeitung und Umsetzung einer neuen Strategie. In den Folgejahren hat praktisch jeder andere Energieversorgungsbetrieb einen massiven Personalabbau vorgenommen, doch WPSC ist ein integres Unternehmen geblieben und versorgt die Region weiter mit preisgünstiger Energie. In den USA gibt es 109 Kernkraftwerke, und der WPSC-Ableger Kewaunee Plant ist eines von vier Werken, die von der Branche fünfmal für herausragende Leistungen ausgezeichnet wurden. WPSC-Aktien zählen heute zu den Spitzenwerten der Branche, und durch seinen einfühlsamen und innovativen Führungsstil hat das Unternehmen die Aufmerksamkeit der Finanzwelt auf sich gezogen.

Unter anderem konnte WPSC das Versprechen, Entlassungen zu verhindern, einlösen und Downsizing und Reengineering vermeiden. All dies wurde durch den Aufbau eines »Heiligtums« ereicht. Dazu Bollom: »Wir sind nicht gewillt, unsere Zukunft kurzfristigen Profitinteressen zu opfern. Wir werden weder willkürlich Stellen oder Gelder streichen, noch werden wir unser Wachstum bremsen.« Der WPSC-Chef hat gezeigt, daß es sowohl effizient als auch lukrativ sein kann, Rücksicht auf die Menschen zu nehmen.

Dan Bollom und sein Team forderten alle Mitarbeiter auf, sich selbst und ihre Arbeit neu zu definieren. Zur Sicherung der Arbeitsplätze wurden Angestellte auf Schulungen geschickt, wo sie sich neue Fähigkeiten aneigneten, alte ausrangierten, Führungsqualitäten erwarben und ihr Kommunikationsverhalten verbesserten. Zudem bat man die Kundschaft um Veränderungsvorschläge und um Anregungen für neue Serviceangebote. In einem Fall suchte man innerhalb der Firma zwanzig Freiwillige für eine neue Gas-Marketing-Gruppe, die ins Leben gerufen wurde, um die neu definierten Wünsche der Verbraucher zu befriedigen. Jeder Freiwillige wurde für ein Jahr freigestellt und besuchte eine technische Schule, bevor er seine neue Stelle antrat. Die Verbraucher sind zufrieden, die Mitarbeiter motiviert, die Unternehmensführung begeistert. »Ich liebe diese Firma!« vertraute mir ein leitender Angestellter an.

Heute muß das Unternehmen nicht mehr ums Überleben kämpfen. Seine größte Sorge ist derzeit, daß der außerordentliche Erfolg und das hervorragende Betriebsklima ein größeres Unternehmen auf die Idee bringen könnte, WPSC aufzukaufen. Dies wirft die Frage auf, ob der Käufer das von Bollom und seinem Team geschaffene »Heiligtum« respektieren oder aber mit traditionellen Managern besetzen würde, die dieses leuchtende Beispiel moderner Unternehmensführung wieder zunichte machen würden. Das aber sind Probleme, an denen wir Gefallen finden!

Empowerment und Inspiration

Weiter oben habe ich darauf hingewiesen, daß zwar viel über *Empowerment* geredet wird, den Worten aber nur selten Taten folgen. Hat ein Team weitreichende Vollmachten, trägt es natürlich auch die Verantwortung für das Erreichen der gemeinsamen Ziele. Freilich ist das Konzept noch so neu und unerprobt, daß sich in der Praxis kaum Beispiele dafür finden. Auch wenn meine Leser sich die Grundsätze von Empowerment schon längst zu eigen gemacht haben, so bleiben in der Praxis doch noch mehrere entscheidende Schritte zu tun, bevor man von Empowerment sprechen kann. Einer dieser Schritte besteht darin, dem Team das unumschränkte Recht einzuräumen, neue Teammitglieder einzustellen und geeignete Maßnahmen zu ergreifen, wenn Kollegen den vereinbarten Anforderungen der Gruppe nicht mehr genügen. Im Sport kommt es häufig vor, daß über die Köpfe der Mannschaft hinweg neue Spieler verpflichtet werden. Natürlich wirkt sich das nachteilig auf Moral und Leistung aus. Clubbesitzer stehen unter enormem Druck und versuchen daher, den Erfolg zu erzwingen, indem sie Topspieler unter Vertrag nehmen und ihnen Konditionen einräumen, die eher eine Garantie dafür sind, daß die Mannschaft keinen Titel erringen wird. 1994 unterschrieb Glenn Robinson, ein hoffnungsvoller Nachwuchsbasketballer, bei den Milwaukee Bucks einen Zehnjahresvertrag über 68 Millionen Dollar. Er hatte gerade das College-Studium abgebrochen und noch kein einziges Spiel in der Profiliga NBA absolviert. Wen wundert es, daß die Mannschaft murrte? Im Mannschaftssport gibt es ein Gesetz: Eine Mannschaft, die nur aus Stars besteht, gewinnt keinen Titel. Natürlich ist eine Mannschaft auch auf die Unterstützung von Trainern, Fachleuten und Beratern angewiesen – von den Banken gar nicht zu reden –, aber auf dem Spielfeld muß *sie* Leistung bringen; daher sollte sie auch über Neuzugänge entscheiden dürfen.

Manager, die jede Mode mitmachen, haben den Begriff Team in ihr Vokabular aufgenommen und hoffnungslos korrumpiert. Jeder redet heute von »Teamgeist«, »Teamarbeit« und so weiter. Wir verwenden den Begriff wahllos und kritiklos in jedem nur erdenklichen Zusammenhang, ohne uns zu überlegen, was ein wirkliches Team ausmacht. Laut Wörterbuch ist ein Team eine Gruppe von Leuten, die gemeinsam an einer Sache arbeiten. Teams haben ein gemeinsames Ziel. Die Mitglieder vertrauen einander, sagen einander die Wahrheit, respektieren, unterstützen und ermutigen sich gegenseitig, haben gemeinsame Visionen, Ziele und Werte. Ein Spitzenteam ist der Inbegriff des »Heiligtums«.

Die Auswahl von Teammitgliedern

Entscheidungen, die Menschen betreffen, sind genauso wichtig wie Entscheidungen, die den Gewinn betreffen. Tatsächlich betrifft jede Entscheidung zuerst die Menschen, die den Gewinn erwirtschaften sollen. Daher sollte keine Personalentscheidung ohne die betroffenen Mitarbeiter gefällt werden. Das ist nicht nur

eine Frage der Wirtschaftlichkeit, sondern auch eine Frage der Integrität und des Vertrauens, denn wir sollten Sorge dafür tragen, daß jedes Team ein »Heiligtum« in einem »Heiligtum« wird.
Ricardo Semler, Vorstandsvorsitzender von Semco in Brasilien, hat ein Unternehmen aufgebaut, in dem die Mitarbeiter ein hohes Maß an Freiheit genießen. Faktisch teilt sich Semler den Vorsitz mit sechs erfahrenen Managern, die nach dem Rotationsprinzip alle sechs Monate die Leitung übernehmen – faktisch aber führen die Mitarbeiter das Unternehmen. Ein Drittel der Belegschaft legt die Gehälter selbst fest, dafür müssen sich die Betreffenden alle sechs Monate neu auf ihre Stelle bewerben. Ob die Führungskräfte ihre Stellung behalten, liegt im Ermessen derer, die von ihnen geführt werden und die regelmäßig ihre Leistung beurteilen. Semco ist ein Privatunternehmen, das 23 Prozent seiner Gewinne an die Mitarbeiter weitergibt; 1994 hat das Unternehmen 30 Millionen Dollar Umsatz gemacht und 278 000 Dollar an die Belegschaft ausgeschüttet. Fünfzig Zweigfirmen arbeiten unter dem Dach von Semco, und einige werden von Angestellten geleitet, die halb für Semco, halb für ihre eigene Firma arbeiten. »Wenn ich anderen Geschäftsleuten von Semco erzähle«, sagt Semler, »lachen sie nur und fragen: ›Was stellen Sie her? Betten?‹ Und ich antworte: ›Nein, unter anderem Treibstoffmischgeräte für Satelliten.‹«
Vertrauen sei der rote Faden, der sich durch seine Philosophie ziehe, sagt Semler und fügt hinzu: »Das System erscheint chaotisch und kann manchmal auch frustrierend sein. Und in gewisser Weise ist es nicht zu kontrollieren… Mit den Sicherheitsvorkehrungen in anderen Unternehmen hat das nichts mehr zu tun. Man muß jeden Tag aufs neue daran glauben.« Semler hat die Firma vor vierzehn Jahren als Einundzwanzigjähriger übernommen. Seither hat sich der Umsatz pro Mitarbeiter von 10 800 auf 135 000 Dollar erhöht und liegt damit um mehr als das Vierfache über dem Branchendurchschnitt.[2]
Zyniker werden sagen, dies alles sei zu kompliziert für ein

modernes Unternehmen, das sich im Markt behaupten muß. Und wenn wir nicht umdenken, sondern weiter an den alten Strukturen mechanistischer Unternehmen festhalten, werden sie auch recht behalten. Dagegen würde uns eine Änderung der Strukturen ganz neue Möglichkeiten eröffnen. Wenn wir ein neues Teammitglied einstellen, stellen wir sowohl eine neue Persönlichkeit als auch eine neue Seele ein. Daher sollten wir uns fragen, ob beide zu uns passen. Um den Charakter eines Teams zu formen und es auf seinem Weg zu bestärken, müssen wir klar bestimmen, inwieweit seine Mitglieder seelisch gereift sind. Ferner müssen wir wissen, ob sie sich in spiritueller Hinsicht weiterentwickeln und wachsen oder ob sie nur egogesteuerte, leistungsorientierte Menschen sind. Ein Team muß sich ein Bild von der Persönlichkeit und der Seele neuer Mitarbeiter machen. Auf dem Markt gibt es Hunderte von psychometrischen Tests für die Beurteilung der Persönlichkeit – mehr aber auch nicht. Wir sind Experten im Bewerten der Persönlichkeit, aber Anfänger, wenn es darum geht, die Seele zu verstehen. Die folgende *Seelentafel* soll Teams bei der Ermittlung einiger seelischer Merkmale helfen, die bei einer Analyse der Persönlichkeit nur schwer festzustellen sind. Wenn wir ein neues Teammitglied bekommen, wollen wir wissen: »In welchem Maß verfügt dieser Mensch über Seelenqualitäten?« – »Wie reif ist dieser Mensch?« Die ersten fünf Fragen basieren auf den Werteverschiebungen auf dem Vorderrad unseres Werte-Fahrrades, wie in Kapitel 2 beschrieben. Ich halte sie für wichtig, weil wir mit ihrer Hilfe zusätzliche Informationen über einen Menschen erhalten, und möglicherweise sind sie wichtiger als Fragen, die sich lediglich auf die Persönlichkeit beziehen. Zumindest können sie zeigen, ob das neue Teammitglied Qualitäten mitbringt, die für den Aufbau eines »Heiligtums« notwendig sind.

Ein Team ist ein System ineinandergreifender Elemente. Daher ist es wichtig, daß jedes Mitglied die Einstellung neuer Mitglieder billigt. Genauso wichtig ist es, daß das Team die Auswahlkriterien gutheißt und daß diese Kriterien im Einklang mit den spirituellen

Die Seelentafel – ein Leitfaden für die Auswahl neuer Mitarbeiter

In welchem Maß verfügt der künftige Mitarbeiter über folgende Merkmale? Bewerten Sie bitte jede Frage mit einer Punktzahl von **0–10**

1. Vom ICH zum DU: Bringt er dem Du (der anderen Person) eine tiefe Wertschätzung entgegen? Erkennt er an, daß andere Menschen und ihre Bedürfnisse ebenso wichtig sind wie er selbst und seine Bedürfnisse? Sind ihm die seelischen Bedürfnisse anderer wichtig?

2. Vom DING zum MENSCHEN: Ist sein Interesse an den Menschen, ihren inneren Werten und ihrer individuellen Besonderheit größer als sein Interesse an der Anhäufung materieller Dinge?

3. Vom DURCHBRUCH zu KAIZEN: Ist sein Bemühen, dasselbe immer besser zu machen (*kaizen*), größer als sein Bemühen um Durchbrüche und Innovationen?

4. Von SCHWÄCHEN zu STÄRKEN: Baut er auf Stärken und feiert sie, statt sich bei Schwächen aufzuhalten, und erkennt er den spirituellen Wert dieses Tuns?

5. Von KONKURRENZDENKEN und ANGST zu LIEBE: Ist er in jeder Hinsicht liebenswürdig und freundlich, und ist sein Verhalten von Mitgefühl und Großzügigkeit statt von Konkurrenzdenken, Angst und Konfliktbereitschaft geprägt?

6. Im HIER UND JETZT leben: Verbreitet er Lebensfreude und Zufriedenheit, weil er es genießt, im Hier und Jetzt zu leben, statt aus Unsicherheit ständig nach etwas anderem und mehr zu verlangen?

7. WAHRHEITSLIEBE und ZUVERLÄSSIGKEIT: Ist er gewillt, in jeder Hinsicht die Wahrheit zu sagen, sich für das Recht anderer einzusetzen, dasselbe zu tun und alle schriftlich und mündlich gemachten Versprechen zu halten?

8. INTEGRITÄT: Ist er um Redlichkeit bemüht und gewillt, sich stets nobel und anständig zu verhalten?

9. GLAUBE: Besitzt er eine innere Ruhe, die auf der Verbindung zu einem höheren Wesen oder Bewußtsein beruht, welches das Universum transzendiert?

10. Von der PERSÖNLICHKEIT zur SEELE: Folgt er einem spirituellen Pfad, der die persönliche Entwicklung fördert und von Ego und Persönlichkeit zur Seele führt?

Werten stehen, die es verwirklichen will. Herausragende Teams planen gezielt ihre spirituelle Entwicklung; sie berücksichtigen sowohl den aktuellen Entwicklungsstand jedes einzelnen als auch die Bedürfnisse des Teams. Ziel muß es sein, das Team auf eine höhere Ebene zu führen.

Die Trennung von Teammitgliedern

Mangelnde Sensibilität bei der Beendigung von Arbeitsverhältnissen ist in Nordamerika heute gang und gäbe. Dies ist nicht weiter verwunderlich, wenn man bedenkt, daß solche Entscheidungen meist von der Persönlichkeit diktiert werden. Wenn traditionelle Manager unter Druck geraten und vor der Alternative stehen, entweder neue, anspruchsvolle Leistungsziele zu akzeptieren oder sich einen neuen Job zu suchen, fangen sie an, Leute zu feuern. Viele loyale Mitarbeiter sind Opfer dieser Tyrannei geworden und bescheren den Psychotherapeuten einen beispiellosen Zulauf. Am schmerzlichsten für die Opfer des Downsizing aber war der Verrat – die Tatsache, daß man ihnen nicht die Wahrheit gesagt hatte.

Unter der Auflösung einer Beziehung leidet immer nur einer, doch jeder weiß – auch wenn er es nicht zugibt –, daß immer zwei dazu gehören. Jedes Mitglied eines Teams verpflichtet sich, durch seine Leistung zum Erfolg beizutragen und sich persönlich weiterzuentwickeln, und wenn es dieser Pflicht nicht nachkommt, kann es ersetzt werden. In einem »Heiligtum« ist dies nicht das Recht eines einzelnen, sondern der Gruppe. Wenn das Team zu der Überzeugung gelangt, daß die Gesamtleistung erhöht werden kann, wenn ein bestimmtes Mitglied ausgewechselt wird, so hat es die Pflicht, die Sache mit Anstand über die Bühne zu bringen. Wir können John Miller nicht einfach den Laufpaß geben und ihn danach vergessen. Er ist auch eine Seele, und in einem »Heiligtum« wird vorausgesetzt, daß sich eine Seele für die andere einsetzt.

Wenn wir uns unserer Verantwortung für die Seele bewußt werden, erhöhen wir das Niveau des ganzen Teams und tragen so dazu bei, daß ein »Heiligtum« entstehen kann. Wie wir miteinander umgehen, ist für unser Team von großer Wichtigkeit. Wenn wir Mitarbeiter wie Dreck behandeln und uns ihrer entledigen, sobald sie für uns nicht mehr von Nutzen sind, berauben wir uns selbst unseres inneren Wertes. Wenn wir Mitarbeiter wie Inventar behandeln, das man nach Belieben austauscht oder ersetzt, wird uns dasselbe widerfahren. Wenn wir Mitarbeiter aber wie Menschen behandeln, begeben wir uns auf eine höhere Ebene, wo Vertrauen, Respekt, Würde und Mitgefühl die Seele beflügeln und Spitzenteams von Weltruf entstehen können – »Heiligtümer«, in denen die Menschen keine Angst mehr zu haben brauchen. Die Seele sehnt sich nach solchen Orten.

Die Seelentafel – ein Leitfaden für die Trennung von Mitarbeitern

In welchem Maß ist das Team seinen Verpflichtungen gegenüber dem scheidenden Mitarbeiter nachgekommen? Bewerten Sie bitte jede Frage mit einer Punktzahl von **0–10.**

1. Vom ICH zum DU: Haben wir den wirklichen Wert des anderen Menschen erkannt? Haben wir uns stets bemüht, seine Bedürfnisse ebenso zu befriedigen wie unsere eigenen? Haben wir seine seelischen Bedürfnisse befriedigt? Haben wir ihm genügend Gelegenheit gegeben, zu lernen und sich weiterzuentwickeln?

2. Vom DING zum MENSCHEN: Haben wir der Besonderheit des Menschen und dem ihm innewohnenden Wert mehr Beachtung geschenkt als dem Erwerb und der Verwaltung materieller Dinge? Ist uns die Seele der Menschen wichtiger als die Kosten, die sie verursachen?

3. Vom DURCHBRUCH zu KAIZEN: Haben wir andere ebenso ermutigt, dieselben Dinge besser zu machen (*kaizen*), wie wir sie ermutigt haben, sich um Durchbrüche und Innovationen zu bemühen? Tun wir es jetzt?

4. Von SCHWÄCHEN zu STÄRKEN: Haben wir konsequent auf die Stärken der Menschen gesetzt und sie gefeiert? Oder haben wir uns bei ihren Schwächen aufgehalten? Tun wir es jetzt?

5. Von KONKURRENZDENKEN und ANGST zu LIEBE: Waren wir in unserer Beziehung stets liebenswürdig und freundlich? War unser Verhalten stärker von Mitgefühl und Großzügigkeit als von Konkurrenzdenken, Angst und Konfliktbereitschaft geprägt? Haben wir uns der Sprache der Liebe statt der Sprache des Krieges bedient?

6. Im HIER UND JETZT leben: Haben wir Lebensfreude und Zufriedenheit verbreitet, weil wir es genießen, im Hier und Jetzt zu leben, statt aus Unsicherheit ständig nach etwas anderem oder mehr zu verlangen?

7. WAHRHEITSLIEBE und ZUVERLÄSSIGKEIT: Haben wir in jedem Lebensbereich die Wahrheit gesagt, und haben wir uns für das Recht der anderen eingesetzt, dasselbe zu tun? Sagen wir jetzt die Wahrheit? Halten wir alle unsere schriftlich und mündlich gemachten Versprechen?

8. INTEGRITÄT: Waren wir immer um Redlichkeit bemüht? Haben wir uns immer nobel und anständig verhalten?

9. GLAUBE: Haben wir in der Vergangenheit unserem Glauben gemäß gehandelt? Tun wir es jetzt?

10. Von der PERSÖNLICHKEIT zur SEELE: Haben wir dem Mitarbeiter die notwendige spirituelle Hilfe geleistet, um ihn in seiner persönlichen Entwicklung zu fördern? Haben wir ihm geholfen, den Übergang von Ego und Persönlichkeit zur Seele zu vollziehen?

17 Die Gemeinschaft

Ich habe das »Heiligtum« als einen sicheren Ort für die Seele beschrieben, an dem es keine Angst gibt und Inspiration ein ständiger Begleiter ist. Ein »Heiligtum« ist eine in sich geschlossene Gemeinschaft gleichgesinnter Seelen, die jedoch innerhalb einer offenen und größeren Gemeinschaft existiert. Das Konzept des »Heiligtums« kann ein Unternehmen und die Seelen darin retten. Aber nicht nur das: Das Konzept dieser Gemeinschaft ist noch umfassender – es kann die ganze Welt retten.

»Es liegt an mir, ob es klappt«

> **Es gibt keinen Gott, der über der Wahrheit steht.**
> ***Mahatma Gandhi***

Wenn wir die Welt so verändern wollen, daß sie die Seele beflügelt, muß jeder einzelne etwas dafür tun – »es liegt an mir, ob es klappt.« Natürlich können wir uns weiter über die Zustände beklagen, verzweifelt die Hände ringen und behaupten, da könne man eben nichts machen. Wir können uns aber auch aufraffen und beschließen, künftig an der Lösung der Probleme mitzuarbeiten. Nur so gewinnen wir die kollektive Seele wieder, die unserem Gemeinwesen verlorengegangen ist.

Veränderungen in unserem Gemeinwesen wird es erst geben, wenn wir sie selbst in Angriff nehmen. Wir haben die Möglichkeit, die vielfältigen Talente, die in unseren Unternehmen schlummern, zu wecken und dafür zu nutzen, in positiver Weise auf unser politisches System einzuwirken. Das ist eine reizvolle Aussicht – es gibt viel zu tun.

In Kapitel 3 haben wir gezeigt, wie sehr die Seele unter Lügen und Halbwahrheiten leidet. Daher können wir nur dann eine höhere Ebene erreichen, wenn wir uns nicht um die Wahrheit drücken und erkennen, daß die Wahrheit absolut ist. Genauso verhält es sich mit der Gewalt. In Kapitel 9 haben wir gesehen, daß Gewaltlosigkeit absolut sein muß, denn selbst Grobheiten, Unhöflichkeiten oder Kränkungen sind Formen von Gewalt, deren extremste Form der Krieg ist.

Schneeflocken gehören zum Schwächsten und Vergänglichsten, was die Natur hervorgebracht hat, doch man führe sich vor Augen, was sie in der Masse ausrichten können.

Vesta M. Kelly

In diesem Sinne können Veränderungen in unserem Gemeinwesen nur durch viele kleine Schritte erreicht werden. Die Heilung der Seele ist ein Prozeß, der beim Individuum – bei jedem einzelnen – beginnt; er geht von einem Menschen auf den anderen über und greift um sich. Unsere Gleichgültigkeit gegenüber dem Gemeinwesen als belanglos abzutun ist genauso fatal, wie die Gefahren von Unwahrheit und Gewalt herunterzuspielen. Man kann nicht ein bißchen schwanger sein. Alles, was wir tun, ist wichtig, jeder einzelne Mensch hat Macht. Die Gemeinschaft kann geheilt werden, wenn alle ihre Mitglieder daran mitarbeiten. Unsere Macht wächst mit unserer Zahl. Die Behauptung, wir alle seien nur unbedeutende Rädchen, entspringt dem mechanistischen Denken. Der Systemgedanke hingegen umfaßt das Ganze und läßt unsere Möglichkeiten in einem anderen Licht erscheinen. Veränderung vollzieht sich in vielen kleinen Schritten, und sie beginnt, wenn Menschen beschließen, weniger zu nehmen und mehr zu geben. Für Steven Hines aus Pine Bluff in Arkansas sah es nicht so aus, als stünde sein Leben unter einem günstigen Stern. Der Vater verließ die Familie, die Mutter starb an Krebs, und der geliebte ältere Bruder wurde bei einem Streit mit Nachbarn getötet. Damals war Steven siebzehn. Er hatte die Schule abgebrochen und stand unter polizeilicher Aufsicht, weil er bereits zweimal wegen Körperverletzung und Diebstahls in Erziehungsanstalten eingesessen hatte.

Eines Abends im Jahr 1994, als er durch sein ärmliches Viertel radelte, um sich Chips und etwas zu trinken zu besorgen, sah er Flammen aus einem Wohnwagen schießen. Er sprang vom Rad und rannte hin.

»Ich klopfte und rief – nichts«, erinnert er sich. »Ich sah Kinder auf der Couch und auf dem Boden schlafen.« Ohne zu zögern, brach er die Tür auf. »Als ich mich zu den Kindern durchgekämpft hatte, hatten die Flammen schon die Decke erreicht. Das Feuer breitete sich in Windeseile aus, die Hitze war unerträglich. Ich dachte, ich schaff' es nicht, die Decke bricht runter, und ich bekomme die Kinder da nicht raus!« Hines konnte zwölf Kinder zwischen vier und vierzehn Jahren aus dem Inferno retten, bevor er das Schlafzimmer des älteren Ehepaares erreichte. »Die Frau saß im Rollstuhl. Ich schob ihn durch das Feuer. Der Mann folgte uns, er hielt sich an meinem Hemd fest, denn man konnte kaum etwas sehen.«

> Ich glaube, daß mit jedem Recht, jeder Chance und jedem Besitz eine Verpflichtung verbunden ist.
>
> *John D. Rockefeller jr.*

Als die Feuerwehr schließlich eintraf, war der schmächtige junge Mann verschwunden. Er hatte kein Wort darüber verloren, daß er vierzehn Menschen vor dem sicheren Tod bewahrt hatte. »Man tut eben, was man tun muß«, erklärte Hines. »Wenn ich dabei umgekommen wäre, wäre es für eine gute Sache gewesen.« Die zahlreichen Glückwünsche, die er bekam – unter anderem von Präsident Clinton –, haben Hines wieder aufgerichtet, sein Bankkonto gefüllt und ihm Mut gemacht, wieder zur Schule zu gehen und vielleicht einmal zu studieren. »Ich habe gemerkt, daß ich ein Herz habe und daß man im Leben mehr erreichen kann, wenn man Gutes tut. Ich möchte anderen Menschen helfen, denn sie helfen auch mir. Wenn ich die Menschen aufgäbe, würde ich mich selbst aufgeben.«

Dies ist die wunderbare Geschichte eines Menschen, der statt Egoismus und Gier Großzügigkeit und Mitgefühl auf seine Fahne geschrieben hat – er hat den Schritt vom Ich zum Du vollzogen. Solche Beispiele regen zur Nachahmung an. Sie heben das Selbstwertgefühl und lehren uns, daß Geben wichtiger ist als Nehmen. Und dies gilt nicht nur für Individuen, sondern auch für Unternehmen.

Verantwortung ist der Preis für Größe.
Winston Churchill

Viele Führungskräfte in der Wirtschaft glauben anscheinend, daß ihrer politischen Pflicht Genüge getan ist, wenn sie sich einer Lobby anschließen, ein Aktionskomitee unterstützen, bei einer Parteispendenaktion 500 Dollar für ein Abendessen bezahlen oder mit Verbänden flirten, die dem Geschäft von Nutzen sein könnten. Diese oberflächliche und oft zynische Beziehung zwischen politischen Organisationen und Wirtschaftsunternehmen hat dem öffentlichen Ansehen beider geschadet. Wir haben die Chance, den Wert zu erkennen, der darin liegt, den Gemeinschaftssinn wiederzubeleben und den Menschen am Arbeitsplatz eine tiefere Seelenerfahrung zu ermöglichen.

Aber dazu müssen die Menschen auf die Entscheidungen Einfluß nehmen können, die über ihr Leben und das all der anderen Menschen auf diesem Planeten bestimmen. Der Wunsch, am Arbeitsplatz und in der Gemeinschaft etwas Sinnvolles zu tun, ist ein grundlegendes Bedürfnis der Seele. Nach einer Untersuchung der Harvard University erleben 98,3 % der Freiwilligen, die Hilfsbedürftigen unentgeltlich ihre Zeit opfern, einen psychischen Zustand, der unter Psychologen als »Helper's High« bekannt ist – das Hochgefühl des Helfers, das aus der Freude am Geben als natürlichem Seelenverhalten erwächst. Wie befriedigend ist es für unsere Persönlichkeit und unsere Seele, wenn wir am Abend nach einem Arbeitstag sagen können, daß wir heute für

unsere Kunden, Mitarbeiter und Zulieferer – und damit auch für die Gemeinschaft – etwas Nützliches getan haben.
Ich möchte an dieser Stelle betonen, daß ich für niemanden Partei ergreifen will. Daß wir heute in so schicksalhafter Form den Triumph der Persönlichkeit über die Seele erleben, ist das Produkt einer langen Geschichte des Eigennutzes. Das Bedürfnis der Persönlichkeit, zu nehmen, hat den Wunsch der Seele verdrängt, zu geben. Das hat das Verhältnis zwischen Gemeinwesen und Wirtschaft lange geprägt. Um dem entgegenzuwirken, müssen wir jetzt zu Botschaftern der »Heiligtümer« werden, die wir aufbauen, und sie dem größeren Gemeinwesen, in dem wir leben, öffnen. Das erfordert mehr als nur Geld, nämlich Zeit, Energie, Entschlossenheit, Intelligenz, Liebe, Zusammenarbeit und Geist. Unser Engagement muß sich auf Partnerschaft gründen, nicht auf Konkurrenzdenken, auf eine Philosophie des Überflusses und nicht des Mangels. Es muß auf dem Prinzip der Zirkulation beruhen, damit alle spirituellen, intellektuellen, materiellen und finanziellen Elemente ungehindert zwischen »Heiligtum« und Gemeinwesen fließen können. Die Chinesen verstehen Krankheit als eine Störung des Energiegleichgewichts. Auf uns übertragen, heißt das: Wir leiden an einem Energieüberschuß in den Unternehmen und einem Energiemangel im Gemeinwesen.

Wie können wir uns für das Gemeinwesen engagieren?

Manche Führungskräfte halten einen Mitarbeiter, der sein Leben nicht 110prozentig dem Unternehmen verschreibt, weniger als 80 Stunden die Woche arbeitet und sein Privatleben nicht dem »Team« opfert, für illoyal. Ein Team von Software-Spezialisten entwickelte 1993 einen Video-Server für die Firma Oracle. Die Programmierer arbeiteten wochenlang rund um die Uhr. Eines

Samstagabends waren sie schließlich fertig und riefen kurz vor Mitternacht Lawrence J. Ellison, den Gründer und Generaldirektor von Oracle, zu Hause an. Ellison hatte zwar Besuch, aber er kam, so schnell er konnte, seine Freundin im Schlepptau. »Ich mußte das Ding einfach sehen«, sagte Ellison. »Und ich konnte sie doch nicht einfach zu Hause sitzen lassen!«

Oracle entwickelte in zwei Monaten ein Produkt, für das Microsoft ein ganzes Jahr brauchte. Auf die Frage, wie das möglich gewesen sei, antwortete William Bailey, ein Mitglied des Teams: »Die Programmierer von Microsoft brauchen eben mehr Schlaf als wir.«[1] Vergessen wir für einen Moment unseren *Workaholismus* und betrachten die Persönlichkeit aus der Distanz, dann wird klar, daß die Firma nicht das ganze Leben ist, sondern nur ein *Teil* unseres Lebens – ein wichtiger Teil zwar, aber eben nur ein Teil. Wir sind nicht nur Mitarbeiter eines Unternehmens und Mitglieder eines Teams, wir sind auch Mitglieder einer größeren Familie, des »Teams Erde«.

Wie sollen wir uns nun in bezug auf das Gemeinwesen verhalten? Ich habe an anderer Stelle bereits darauf hingewiesen, daß wir 10 Prozent unserer Zeit auf unsere Weiterbildung verwenden sollten. Dies ist kein Luxus, sondern ein Muß, wenn wir Dilettantismus auf persönlicher und unternehmerischer Ebene vermeiden wollen. Genauso muß man das Umfeld des »Heiligtums« pflegen, denn ohne das Gemeinwesen, in dem es existiert, kann es nicht überleben – zwischen ihnen besteht eine symbiotische Beziehung. Das ist nicht die Aufgabe der anderen, sondern *unser aller Aufgabe*, und es wird Zeit, daß wir die Ärmel hochkrempeln und uns an die Arbeit machen. Doch obwohl die Notwendigkeit, der Gemeinschaft zu dienen, groß ist, sollten wir nicht den zweiten Schritt vor dem ersten tun; zunächst einmal müssen wir unsere Ideen in den

Klagst du, bist du ein Teil des Problems, schlägst du eine gute Lösung vor, bist du ein Teil der Lösung.

Lance H. K. Secretan, Der Weg des Tigers

Unternehmen erproben und vervollkommnen, bevor wir versuchen, sie in einer größeren Gemeinschaft zu verwirklichen.
Mit dem Argument, dies sei eine Frage der Gesinnung, engagieren sich Führungskräfte aus der Wirtschaft nur ungern in der Parteipolitik. Sie haben oft unbegründete Angst davor, Mitarbeiter oder Kunden zu befremden, wenn sie sich für eine bestimmte Partei oder für eine bestimmte Sache stark machen. Wer aber soll es dann tun? Die anderen? Wer sind die »anderen«? Wie soll sich etwas zum Besseren wenden, wenn wir uns nicht engagieren und unsere Fähigkeiten in unser Gemeinwesen einbringen?

Die Beurteilung von Politikern zwischen den Wahlen

Ein Politiker mit moralischen Grundsätzen ist für viele Leute ein Widerspruch in sich. Das mag in einigen Fällen zutreffen, läßt sich aber nicht verallgemeinern – das wäre zynisch. Wir müssen die Möglichkeiten, die wir haben, konstruktiv nutzen und in den Dienst der Veränderung stellen. Die Prinzipien des Werte-Fahrrads können uns dabei helfen. Den nachstehenden Fragebogen hat meine Firma für einen Regionalverband von Gemeindevertretern entworfen, der seinen »Kunden« – den Wählern – Gelegenheit geben wollte, das Engagement ihrer gewählten Vertreter zu beurteilen. Ursprünglich sollte er anonym an einen repräsentativen Querschnitt von Wählern verschickt werden, doch er eignet sich auch als Grundlage für eine Diskussion zwischen Wählern und Politikern, für die Sitzung eines Wahlkomitees und ähnliches. Der Fragebogen war (für den Empfänger nicht sichtbar) codiert, so daß die Daten statistisch ausgewertet und der *Vektor* errechnet werden konnte (siehe Kapitel 2). Der Vektor gibt darüber Auskunft, ob der Politiker in seiner persönlichen Entwicklung Fortschritte oder Rückschritte gemacht hat, und der Politiker selbst kann ihm entnehmen, wie er sich ändern muß, um dem Wähler effizienter zu dienen.

Wählerumfrage zwischen den Wahlen

Mit diesem Fragebogen wollen wir Ihre aktuelle Meinung über Ihren Gemeindevertreter in Erfahrung bringen. Beantworten Sie bitte alle Fragen, auch wenn Sie Ihren Gemeindevertreter nicht gut kennen.

Schreiben Sie Ihre Meinung nieder, auch wenn Sie sich nicht sicher sind – es ist Ihr Eindruck, der zählt. Diese Umfrage ist anonym, trotzdem möchten wir Sie bitten, folgende vier Fragen zu Ihrer Person zu beantworten:

1. In welcher Gemeinde leben Sie?

____

2. Haben Sie Ihren Gemeindevertreter schon einmal persönlich getroffen?

○ Nein ○ Ja, einmal ○ Ja, mehrmals

3. Haben Sie schon einmal eine lokalpolitische Veranstaltung besucht?

○ Nein ○ Ja, einmal ○ Ja, mehrmals

4. Betrachten Sie Ihren Gemeindevertreter als

○ Delegierten (der so abstimmt, wie Sie es tun würden) oder als

○ Repräsentanten (der nach bestem Wissen und Gewissen abstimmt)?

Füllen Sie den Fragebogen bitte so schnell wie möglich aus, und senden Sie ihn in dem beigelegten frankierten Umschlag zurück. Vielen Dank für Ihre Mitarbeit.

Wie beurteilen Sie Ihren Gemeindevertreter?			
*		stimmt	stimmt nicht
M	1. Mein Gemeindevertreter ist aufgeschlossen		
K	2. Mein Gemeindevertreter ist mit den Problemen meiner Gemeinde vertraut		
M	3. Mein Gemeindevertreter kann sich gut in andere einfühlen und hineindenken		
H	4. Mein Gemeindevertreter ist ein guter Zuhörer		
K	5. Mein Gemeindevertreter arbeitet so lange an einer Aufgabe, bis sie erfüllt ist		
H	6. Mein Gemeindevertreter ist leicht zu erreichen		
M	7. Mein Gemeindevertreter baut tragfähige emotionale Beziehungen auf		
H	8. Mein Gemeindevertreter beantwortet Telefonanrufe zuverlässig		
K	9. Mein Gemeindevertreter hat Verhandlungsgeschick		
M	10. Mein Gemeindevertreter kümmert sich ernsthaft um die Probleme anderer		
H	11. Mein Gemeindevertreter hat Verständnis für meine Belange		

K	12. Mein Gemeindevertreter trifft sinnvolle Entscheidungen		
H	13. Mein Gemeindevertreter ist stets bemüht, den Wünschen der Wähler nachzukommen		
M	14. Mein Gemeindevertreter ist verständnisvoll		
K	15. Mein Gemeindevertreter ist ein Profi		
H	16. Mein Gemeindevertreter entspricht nicht dem negativen Bild, das viele Leute von Politikern haben		
K	17. Mein Gemeindevertreter verwendet viel Zeit darauf, sich über die Belange unserer Gemeinde zu informieren		
M	18. Mein Gemeindevertreter tut mehr als nur seine Pflicht, um den Wünschen der Wähler nachzukommen		
M	19. Ich habe Vertrauen in meinen Gemeindevertreter		
K	20. Mein Gemeindevertreter ist eher unkonventionell		
H	21. Mein Gemeindevertreter hält seine Versprechen		
K	22. Mein Gemeindevertreter hat das große Ganze im Auge, nicht nur persönliche oder lokale Interessen		

M	23. Mein Gemeindevertreter nimmt auch Unannehmlichkeiten in Kauf, wenn er dadurch anderen Menschen hilft		
H	24. Mein Gemeindevertreter hat die gleichen Interessen wie ich		
M	25. Mein Gemeindevertreter ist ein nützliches Mitglied des Gemeinderates		
K	26. Mein Gemeindevertreter kann Kritik vertragen		
M	27. Mein Gemeindevertreter wird nicht so leicht wütend		
H	28. Mein Gemeindevertreter vertritt meine Interessen		
H	29. Mein Gemeindevertreter kann gut Kompromisse aushandeln		
K	30. Mein Gemeindevertreter ist ein fähiger Politiker		

* In Spalte 1: K = Könnerschaft, M = Menschenfreundlichkeit, H = Hingabe

Wie man aus einem Gemeinwesen ein »Heiligtum« macht

Die Seele braucht Zuspruch. Wir alle wissen, daß die Dinge nicht so sind, wie sie sein sollten, und wir sehnen uns nach Veränderung, aber uns fehlen der nötige Mut und der Zuspruch, um aktiv daran zu arbeiten, diesen Wandel herbeizuführen. Unsere Seele erkennt die Notwendigkeit, aber sie erhält keine Unterstützung. Unsere Aufgabe besteht nun darin, diese Unterstützung – moralischer, finan-

Es sieht kein Lawinenstein seine Verantwortung ein.
Stanislaw Jerzy Lec

zieller und vor allem spiritueller Art – zu leisten. Wir sollten Mitarbeiter, die bereit und fähig sind, für ein politisches Amt zu kandidieren, darin bestärken; wir sollten sie eine angemessene Zeit freistellen, sie finanziell unterstützen, beraten und ihnen unsere technischen Möglichkeiten und andere Hilfsmittel zur Verfügung stellen, kurz, wir sollten alles tun, damit sie gewählt werden, und sie darin unterstützen, effektiv für ihre Wähler und die Allgemeinheit zu arbeiten.

Faith Popcorn hat über den Rückzug in den Kokon geschrieben, über die verbreitete Tendenz, aus Ernüchterung und Angst dem öffentlichen Leben den Rücken zu kehren und unsere Häuser in befestigte Vergnügungscenter zu verwandeln. Darin drückt sich Verzweiflung und Hoffnungslosigkeit aus. Wenn wir diesen Gefühlen nachgeben, ist die Menschheit bald erledigt. Dr. Dean Ornish, Herzspezialist aus Kalifornien und medizinischer Berater von US-Präsident Clinton, schreibt in seinem Aufsatz *Dr. Dean Ornish's Program for Reversing Heart Disease*: »... alles, was dem Gefühl der Isolation Vorschub leistet, führt zu chronischem Streß und oft auch zu Herzkrankheiten und anderen Beschwerden. Demgegenüber kann sich alles, was zu wirklicher Vertrautheit und dem Gefühl der Verbundenheit führt, heilend auswirken im Sinne von ›zusammenbringen‹, ›ganz machen‹. Die Fähigkeit zu menschlicher Nähe gilt schon lange als Schlüssel zu psychischer Gesundheit – für ein gesundes Herz ist sie meines Erachtens nicht weniger wichtig.«

Die Hoffnung aufzugeben wäre genauso falsch, wie über Nacht eine wundersame Veränderung zu erwarten. Wir müssen Vertrauen haben. Wir müssen bereit sein, zu dienen und unsere Rolle als Wegbereiter einer neuen Idee anzunehmen. Vertrauen und Engagement können uns vor dem Absturz in die Verzweiflung bewahren, sie können die Energie unserer Seele für die Heilung unseres Gemeinwesens nutzbar machen. Dazu müssen aber alle – und nicht nur einige wenige – diese Herausforderung annehmen. Wir alle werden bei der Umgestaltung unseres Gemeinwesens gebraucht – der Schritt auf eine höhere Ebene ist eine Aufgabe aller Seelen.

Kürzlich arbeitete ich als Berater für den städtischen Energieversorgungsbetrieb von Green Bay in Wisconsin. Ich empfahl dem Direktor, jeden seiner 2600 Mitarbeiter aufzufordern, zehn Prozent seiner Jahresarbeitszeit der Gemeinde zu widmen und in der Kommunalpolitik aktiv zu werden. Auf den ersten Blick scheint dieses Ansinnen unrealistisch, zumal wenn man bedenkt, daß weitere zehn Prozent der Jahresarbeitszeit bereits der Weiterbildung dienen, doch der spirituelle und materielle Nutzen, der aus solch einer visionären Politik erwachsen könnte, wäre immens. Green Bay mit seinen 100 000 Einwohnern ist schon heute eine großartige Stadt – aber sie könnte noch großartiger werden.

Alle reden vom Wetter, aber keiner tut etwas dagegen.
Mark Twain

Man muß sich vor Augen führen, wie die Stadt umgestaltet werden könnte, wenn jedes Unternehmen im Bezirk Green Bay meinen Vorschlag aufgriffe. Wieviel Energie könnte man freisetzen und in den Dienst einer gemeinsamen Vision, einer qualifizierteren Kommunalpolitik stellen! Die Bürger würden mehr Verantwortung übernehmen, enger zusammenrücken und gemeinsam die bestehenden Probleme anpacken. Die Lebensqualität und das Niveau der Dienstleistungen würden steigen, und gleichzeitig würden die Steuern sinken. Die Unternehmen könnten ihre Beziehungen zur Kommune neu gestalten, synergetische Zusammenarbeit würde an die Stelle bloßer Koexistenz treten. Der neue Geist von Green Bay würde sich herumsprechen und bei anderen den Wunsch wecken, ebenfalls hier zu leben. Seelen suchen ihresgleichen, sie sehnen sich danach, einer inspirierten Gemeinschaft anzugehören. Neue Investoren und neue Talente würden kommen, und die Zugezogenen würden mit den Eingesessenen fruchtbare Beziehungen eingehen, die auf Freundschaft und gutem Willen basieren. Green Bay wäre eine Gemeinschaft von Seelen, die bemüht wären, sich in die Gemeinschaft einzubringen und in einer Atmosphäre zu leben, die jedem Nutzen bringt – Green Bay wäre eine Gemeinde, die zu neuem Leben erweckt wurde.

Denken Sie einen Augenblick darüber nach, welche Auswirkungen ein solches Engagement auf die Gemeinde haben könnte, in der Sie leben. Ein solcher Strom von Energie, eine solche Flut von Neuerungen würde die Umgebung, in der Sie arbeiten und leben, genauso verändern wie die Beziehungen zwischen Menschen, Unternehmen und Behörden. Damit würde man der Seele ein großes Geschenk machen.

Der Fischerkönig aus der Artussage ist eine jämmerliche Gestalt, weil sein Reich verödet ist. Er symbolisiert die Verwüstung und gleichzeitig deren Ursache. Und wie Parzival können auch wir den Bann brechen und fragen: »Was fehlt dir?« Haben wir nicht die spirituelle Verantwortung, es ihm gleichzutun? Wenn wir die richtigen Fragen stellen, brechen wir den Bann, und das Ödland unseres Gemeinwesens verwandelt sich in eine blühende Landschaft.

18 Ehrbare Gewinne

Gewinn zu machen oder Reichtum zu erlangen ist ein berechtigter Wunsch der Seele. Gewinn kann die Persönlichkeit und die Seele nähren, aber nur, wenn er mit Anstand erwirtschaftet wird.
In Gesprächen mit Führungskräften bekomme ich häufig zu hören, daß die Erwirtschaftung von Gewinn das oberste Ziel ihres Unternehmens sei. Milton Friedman hat uns das eingebleut, und unsere Aktionäre lassen keine Gelegenheit aus, uns daran zu erinnern. Das oberste Ziel eines Unternehmens besteht aber *nicht* darin, Gewinn zu machen, sondern Menschen die Möglichkeit zu geben, zu wachsen, sich kreativ zu betätigen und einen konstruktiven Beitrag zur Verbesserung der Welt zu leisten. Vor allem aber hat es die Aufgabe, Wissen zu verbreiten, die Lebensqualität zu verbessern und die Menschen zufriedener zu machen.

> **Profit ist wie Sauerstoff – wir brauchen ihn zum Leben, aber er ist nicht unser Lebenszweck.**
>
> *Lance H. K. Secretan, Der Weg des Tigers*

Ohne Gewinn gibt es zwar keine Erfüllung und keine Befreiung der Seele, doch er darf nicht zum Selbstzweck werden. Tatsächlich gründen die meisten Unternehmer ihre Firma nicht in erster Linie des erhofften Gewinns wegen, sondern aus dem Wunsch heraus, etwas besser zu machen, als es bisher gemacht wurde. Und sie glauben daran, daß sie, wenn sie ihren Traum erst verwirklicht haben, auch beträchtlichen Gewinn machen werden. In diesem Sinn ist Gewinn bis zu einem gewissen Grad ein Maßstab dafür, wie gut die Bedürfnisse anderer Menschen befriedigt werden.

Gewinn: Geld oder Wert?

Was meinen wir, wenn wir von Gewinn sprechen? Geld verdienen oder Werte schaffen? Es gibt verschiedene Formen von Gewinn. Herkömmlicherweise errechnen wir den Gewinn, indem wir Ausgaben und Einnahmen bilanzieren, ungeachtet der *Qualität* des Gewinns. Berücksichtigen wir aber das Kriterium der Qualität, müssen auf der Sollseite auch die Kosten erscheinen, die etwa durch Verkehrsunfälle und Fehlzeiten infolge streßbedingter Krankheiten entstehen, ferner die durch Nikotin-, Alkohol- und Drogenmißbrauch verursachten Ausgaben im Gesundheitswesen, die Finanzhilfen an Länder, denen der Einsatz militärischer Waffen Tod und Verwüstung gebracht hat, und die durch Kriminalität, Spionage und Schmuggel verursachten Schäden – alles, was mit menschlichen Schwächen zu tun hat, schlägt hier zu Buche. Vergessen wir nicht, daß die verborgenen Kosten, die der Menschheit langfristig etwa durch die Abholzung des Regenwaldes entstehen, schätzungsweise zwanzigmal so hoch sind wie der durch den Verkauf des Holzes erzielte Gewinn. Das müssen wir in die Rechnung mit einbeziehen, dann sehen wir die Dinge in einem anderen Licht. Wenn wir unsere Gewinne weiter so berechnen wie bisher und so tun, als könnten wir ewig so weiterwirtschaften, machen wir uns etwas vor.
Als Ausgleich für die verborgenen Kosten, die der Menschheit und diesem Planeten durch blindes Profitstreben entstehen, müssen wir einen Teil unserer Gewinne beiseite legen. Eine solche Kalkulation sieht ganz anders aus als die übliche Kostenaufstellung – und sie ist auch erheblich genauer.
Zu den 20 Billionen Dollar an Derivaten, die in der ganzen Welt bei Banken und anderen Gesellschaften liegen, kommen ungefähr eine Billion Yen, Pfund, Mark und Franc, die internationale Devisenspekulanten jeden Tag untereinander verschieben. Der Gesamtwert der in derselben Zeit weltweit produzierten Güter beläuft sich dagegen nur auf 30 Milliarden Dollar. Jeden Tag

werden in der New Yorker Wall Street, dem größten Finanzzentrum der Welt, allein durch Computerbuchungen 1,3 Billionen Dollar bewegt. Sowohl die »realen« als auch die spekulativen Transaktionen werfen Gewinn ab, aber gibt es einen meßbaren qualitativen Unterschied zwischen beiden? Nimmt die Seele diese Unterscheidung vor? Ich glaube, daß Anita Roddick, Thomas Chappell (Gründer von Tom's of Maine) oder Ben Cohen (Mitgründer von Ben and Jerrys Homemade Ice Cream) besser schlafen als Gordon Gekko, Ivan Boesky, Michael Milken oder Donald Trump. Langfristig macht sich das unter dem Strich bemerkbar.

Entgegen der landläufigen Meinung ist ein »sozial verantwortlich handelndes Unternehmen« kein Widerspruch in sich – »sozialverträgliche Maximierung von Aktiengewinnen« dagegen sehr wohl. Robert Goizueta, Vorstandsvorsitzender von Coca-Cola, spricht für viele Kollegen, wenn er sagt: »Ich werde dafür bezahlt, daß ich die Besitzer von Coca-Cola immer reicher mache. Alles andere ist nur Schnickschnack.« Ist die Inspiration von Menschen Schnickschnack? Sind Integrität, Wahrheitsliebe, Ehrlichkeit, Respekt, Zusammenarbeit und Freude Schnickschnack? Ist es Schnickschnack, die Seele zu respektieren und zu beflügeln? »Gewinnt« ein moderner Manager, wenn er sein Unternehmen »schlank und krank« macht? Wo bleiben Güte, Liebenswürdigkeit und soziale Verantwortung?

Wie sich die Kraft von Herz und Verstand auf den Gewinn auswirkt

Wir haben Gewinn als finanziellen Profit kennengelernt, aber es gibt auch noch eine andere Art von Gewinn. Peter Barnes, Präsident von Working Assets Long Distance, einer Telekommunikationsgesellschaft mit Sitz in San Francisco, beschreibt ihn als »Eintreten für Veränderungen ohne Rücksicht darauf, ob wir

Gewinn machen«. Der Erfolg seines Unternehmens ist dafür ein gutes Beispiel. Im Jahr 1985 gegründet, hat es 1993 bei 35,8 Millionen Dollar Umsatz einen Gewinn von 2,7 Millionen Dollar erwirtschaftet. Barnes läßt sich soziale Verantwortung etwas kosten, ob sein Unternehmen Gewinn macht oder nicht.

> Wenn du etwas tust, mach es sehr gut oder laß es. Denn wenn es nicht sehr gut ist, bringt es weder Gewinn, noch macht es Spaß. Und wenn etwas weder Spaß macht noch Gewinn bringt – warum, zum Teufel, tust du es dann?
>
> *Robert Townsend*

Ein anderes Beispiel ist Dayton Hudson, eine Handelskette mit einem Umsatz von 21 Milliarden Dollar: Die Firma wendet viel Zeit für die Gemeinden auf, in denen sie Filialen unterhält, und läßt ihnen für soziale und kulturelle Zwecke fünf Prozent des zu versteuernden Einkommens zukommen. Der Generaldirektor und Vorstandsvorsitzende von Dayton Hudson glaubt, daß die betreffenden Gemeinden heute viel gesünder sind als früher und daß die Initiative dem Unternehmen Marktvorteile verschafft hat– im Einkauf, im Verkauf und bei Einstellungen. Ja, sie habe die Position des Unternehmens so gestärkt, daß es kürzlich eine drohende Übernahme habe abwenden können.

Special Olympics, vom *Journal for Philanthropy* zur »glaubwürdigsten Wohltätigkeitsorganisation in Nordamerika« gekürt, ist weltweit die größte Initiative für geistig behinderte Kinder und Erwachsene. Vor fünfundzwanzig Jahren von Eunice Kennedy Shriver und Sargent Shriver ins Leben gerufen und von der Joseph-Kennedy-Stiftung unterstützt, bietet sie geistig behinderten Sportlern das ganze Jahr über Trainingsmöglichkeiten und organisiert Sportveranstaltungen für sie. Heute gibt es über eine Million geistig behinderter Olympioniken in 140 Ländern, die bei Wettkämpfen in 23 olympiaähnlichen Disziplinen antreten.

Die Freude, die diese Sportler empfinden, wenn sie ihre Medaillen in Empfang nehmen oder einem gestürzten Kameraden helfen, wenn sie den Triumph ihres Willens über ihre geistigen Mög-

lichkeiten feiern oder ihre Angehörigen, Trainer und Freunde umarmen, können »normale« Sportler kaum nachempfinden. Aber auch die Helfer und Sponsoren sind stolz auf ihre Olympioniken und lieben sie. Diese Sportler haben keine Anwälte und Millionenverträge, sie bekommen keine Wutanfälle und wollen nicht um jeden Preis siegen – sie haben Freude an ihrem Sport.
Als Vorsitzender des Beraterausschusses der Winterspiele 1997 hatte ich die Ehre, den Sommerspielen 1995 in New Haven, Connecticut, beiwohnen zu dürfen – es war die weltweit größte Sportveranstaltung des Jahres. Als Vertreter Kanadas nahmen John Scott und ich von Lowell P. Weicker jr., dem damaligen Governeur von Connecticut, die Fahne der Special Olympics entgegen. Bei diesen Feierlichkeiten hatte ich auch Gelegenheit, Jean-Pierre van Rooy, den Präsidenten von Otis Elevator, kennenzulernen, dessen Großzügigkeit und soziales Engagement mich tief beeindruckten. Otis Elevator ist ein Tochterunternehmen von United Technologies, die seit siebzehn Jahren die in Connecticut ausgetragenen Sommerspiele unterstützen. Mit 66 000 Mitarbeitern in weltweit 1700 Niederlassungen ist Otis der größte Aufzughersteller der Welt. Als van Rooy aus Europa in die USA versetzt wurde und Otis übernahm, wurde er gebeten, die vom Unternehmen gesponserten Leichtathletikwettbewerbe zu besuchen. Für van Rooy war es einer der schönsten Tage in seinem Leben. Er nahm sich vor, die Spiele jedes Jahr zu besuchen.
1994 spendete der Konzern United Technologies eine Million Dollar für Special Olympics, ein Viertel davon übernahm Otis. Für van Rooy war das Geld nur zweitrangig. Ihm kam es in erster Linie darauf an, Otis-Mitarbeiter in aller Welt als Helfer für eine gute und wichtige Sache einzuspannen. Er rief eine ehrgeizige Initiative ins Leben und gründete ein Jahr später das »Otis-Team«, bestehend aus 4000 Mitarbeitern aus 38 Ländern, die sich für die Spiele engagierten, Sportler trainierten und betreuten, Veranstaltungen organisierten, Spenden sammelten und neue Sponsoren gewannen. Zusätzlich zu dem Firmenbeitrag spendeten die

Mitarbeiter weitere 350 000 Dollar. Auslandsniederlassungen übernahmen die Reisekosten der Sportler ihres jeweiligen Landes und ermöglichten so beispielsweise auch malaysischen Olympioniken die Teilnahme an den Spielen in New Haven. Über 100 Otis-Mitarbeiter reisten, meist zusammen mit den Delegationen ihres Landes, aus 27 Ländern an. Gemeinsam mit 600 amerikanischen Helfern arbeiteten sie rund um die Uhr, schlossen untereinander Freundschaft und freuten sich an den Leistungen der geistig behinderten Athleten. Wie van Rooy mir später sagte, habe Otis schon an vielen Schulungsprogrammen teilgenommen, die darauf abzielten, Teamgeist und Führungsqualitäten zu fördern, aber keines habe so positive Wirkungen gezeitigt wie die Zusammenarbeit mit Special Olympics. Die Freiwilligen hätten alle religiösen, rassischen, nationalen und hierarchischen Schranken überwunden und bislang verborgene Führungsqualitäten entwickelt.

Wie mißt man die Auswirkungen einer solchen Unternehmung auf den Gewinn? Vielleicht sollte man es erst gar nicht versuchen. Mit anderen zusammenarbeiten, einer gemeinsamen Vision folgen, anderen dabei helfen, ihre Träume zu verwirklichen, neue Freundschaften knüpfen und sich ohne Konkurrenzverhalten für eine Sache einsetzen – dies alles ist für Otis von unschätzbarem Wert. Die gestärkte Moral innerhalb der Firma und die Erfahrungen mit aktivem Management tragen Früchte, die jedem zugute kommen, innerhalb und außerhalb der Firma. Das Otis-Team jedenfalls war so begeistert, daß es eine langfristige Zusammenarbeit mit Special Olympics zugesagt hat. Davon werden bis ins nächste Jahrhundert hinein Millionen von Menschen profitieren. Und die Bilanzen des Unternehmens und die Seelen der Mitarbeiter profitieren schon heute davon. Das nenne ich Gewinn.

> Will man das Ziel treffen, muß man etwas höher zielen; jeder Pfeil spürt im Flug die Anziehungskraft der Erde.
>
> *Henry Wadsworth Longfellow*

»Wir stellen lediglich Haar- und Hautpflegemittel her«, sagt

Anita Roddick, die Gründerin von Body Shop, »und eine Feuchtigkeitscreme können wir kaum ernst nehmen. Was wir aber ernst nehmen, ist die Herkunft und die Verwendung der Ingredienzien, die Art der Herstellung und die Frage, was wir mit dem Gewinn machen. Der Mensch weiß instinktiv, daß er sich wohler fühlt, wenn er seine materiellen Grundbedürfnisse auf anständige Weise befriedigt. Und wir wissen das auch.«[1] Was ist aus dieser Sicht Gewinn? Dazu Anita Roddick: »Wenn ich eine Werbekampagne für ein Augen-Gel aus Holunderblüten mache, setze ich mit dem Zeug Millionen um. Mit einer Menschenrechtskampagne gelingt mir das nicht – aber ich fühle mich besser, meine Leute auch, und nur darauf kommt es an.«[2]

Die Erfahrungen von Body Shop bestärken mich in der Ansicht, daß Kunden so etwas spüren. Wenn sie Anita Roddicks Engagement gutheißen, kaufen sie eher ein Body-Shop-Produkt, selbst wenn sie der Meinung sind, daß es sich von den Produkten anderer Hersteller nicht nennenswert unterscheidet – es sind vor allem die Werte, für die Body Shop eintritt, die bei der Kaufentscheidung den Ausschlag geben. Wenn der Kunde Unterschiede in der ethischen Haltung von Firmen ausmacht, wenn er spürt, daß der einzige große Unterschied zwischen zwei Herstellern beispielsweise darin besteht, daß Anita Roddick sich sozial engagiert, so kann er das durchaus zum Anlaß nehmen, das Produkt zu wechseln. Wenn er die Möglichkeit hat, durch den Kauf eines Body-Shop-Präparats ein soziales Statement abzugeben, ohne daß seine Persönlichkeit darunter leidet, so hat er davon auch seelisch einen Gewinn. So gesehen erweisen uns Wertverbundenheit, Integrität, Mut, Ehrlichkeit und Engagement einen zweifachen Dienst – sie helfen bei der Heilung dieses Planeten und sind gleichzeitig eine effektive Marketing-Strategie. Die daraus resultierenden Verkaufserfolge schlagen auf der Habenseite zu Buche.

Alles spricht dafür, daß mit Gewinnen, die durch Gier und Unehrlichkeit erzielt werden, zwar die Persönlichkeit der Beteiligten belohnt wird, nicht aber ihre Seele. Wenn Gier und

Unehrlichkeit, die beiden Krankheiten der Seele, zusammentreffen, hat das fatale Auswirkungen auf den Gewinn. Gewinne hingegen, die auf redliche Weise erwirtschaftet werden, beflügeln die Seele und legen den Grundstein für künftige Gewinne.
Unternehmen sind mehr als nur Instrumente zur Schaffung von Arbeitsplätzen und zur Erwirtschaftung eines Gewinns – sie bieten uns die Möglichkeit, etwas Sinnvolles für unsere Mitmenschen und unseren Planeten zu tun. Wir müssen den Erfolg eines Unternehmens an zwei Kriterien messen: Erhalten wir für unsere Arbeit einen angemessenen finanziellen Ausgleich? Und: Hat die Arbeit unsere Seele beflügelt? Gewinn bemißt sich nicht nur danach, was für uns herausspringt, sondern auch danach, was wir wieder einbringen. Gewinn ist das Ergebnis einer spirituellen und einer wirtschaftlichen Rechnung, die für die Persönlichkeit und für die Seele aufgehen muß.

Die verborgenen Kosten des Gewinns

Die Firma International Gizmos Inc. hat soeben ein Rekordjahr hinter sich. Die Gewinne schnellen in die Höhe, die Aktionäre jubeln. Das Unternehmen belohnt den Geschäftsführer mit einer fetten Prämie, schüttet Rekorddividenden aus und legt ehrgeizige Expansionspläne vor. Es kursieren sogar Gerüchte über Firmenübernahmen und ein Engagement im Ausland. Die Presse ist voll des Lobes, und renommierte Wirtschaftsberater tragen zum Ruhm des Unternehmens bei, indem sie seine Strategien zum Gegenstand von Video-Schulungsprogrammen machen.
Hinter den Kulissen aber murren die Zulieferbetriebe. Gizmos, so klagen sie, habe diesen Erfolg auf ihre Kosten erzielt und sie erbarmungslos gezwungen, die Preise zu senken. Waren sie anfangs noch dankbar, mit einem so erfolgreichen Unternehmen ins Geschäft zu kommen, so sind ihre Gewinnspannen mittlerweile so gering wie nie zuvor, und ein weiterer Rückgang ist

absehbar. Von blühenden Geschäften und unternehmerischer Erfüllung kann in ihrem Fall also keine Rede sein.
Doch auch die Mitarbeiter von International Gizmos haben nicht das Gefühl, an dem Erfolg zu partizipieren. Budgets wurden gekürzt, Stellen gestrichen, und gleichzeitig wurden sie aufgefordert, im nächsten Jahr mit weniger Mitteln noch mehr zu leisten. Es wird immer schwieriger, Budgets bewilligt zu bekommen, und die interne Konkurrenz um Ressourcen verschärft sich. International Gizmos will ein neues Qualitätsprogramm einführen, und die beiden letzten Fertigungsbetriebe des Unternehmens sollen zu Beginn des kommenden Jahres geschlossen werden. Die Angst vor weiteren Entlassungen wächst. Die Mitarbeiter sind müde, ausgebrannt, frustriert.
Die Zulieferer liefern immer später, die Qualität sinkt. Die Fehlzeiten im Betrieb steigen, die Arbeitsbedingungen zehren an der Substanz. Diese und andere verborgene Kosten werden momentan noch von den Rekordgewinnen kaschiert, aber sie steigen. Gewinn-und-Verlust-Rechnungen sind nicht die ganze Wahrheit. Sie beziehen sich auf die Vergangenheit, sind aber kein Barometer für die Zukunft. Wie stehen die Chancen, daß der Rekordgewinn im nächsten Jahr wiederholt wird? Wie wirken sich die verborgenen, durch Frustration, Demoralisierung und Streß verursachten Kosten auf die Leistung aus? Und die wichtigste Frage: Wie kann ein Unternehmen, dessen Politik vollkommen von der Persönlichkeit durchdrungen ist, seine Fehler erkennen und die moralischen Schäden, die es angerichtet hat, wiedergutmachen? Wie kann es sich selbst regenerieren? Wie kann es seinen versiegenden Lebensquell, ohne den alle Träume von künftigen Gewinnen nur Schäume sind, wieder zum Sprudeln bringen? Wer soll die Regeneration einleiten?

Ein Geschäft, das nur Geld abwirft, ist ein jämmerliches Geschäft.
Henry Ford

Die Namen sind frei erfunden, doch die Fakten stimmen.

Gewinn kann nicht nur in Geld gemessen werden, er besteht auch aus Yin und Yang. Yang definiert sich über finanzielle Kriterien, Yin über die Seele. Das Yang der Unternehmensleistung wird in Finanzkraft gemessen, ihr Yin in Seelenkraft. Die Seele darf nicht länger der Persönlichkeit untergeordnet werden. Sonst wird die Ernüchterung der Seele am Ende auch die Persönlichkeit infizieren.

Ein Freund von mir leitet eines der größten Dienstleistungsunternehmen in Nordamerika. Ein Kunde, der dreißig Prozent des Umsatzes ausmachte, verhalf der Firma zwar zu stattlichen Gewinnen, wurde für die Mitarbeiter aber zunehmend zu einer Belastung. Er verlangte hartnäckig immer mehr Leistung und bessere Ergebnisse, war aber nicht bereit, dafür zu bezahlen. Sein Verhalten war unredlich und schäbig und obendrein beleidigend, denn er bezichtigte die Belegschaft meines Freundes der Unfähigkeit. Vielen Unternehmen ergeht es genauso; sie gehen von der irrigen Annahme aus, daß Erniedrigungen der Seele der Preis für die Belohnung der Persönlichkeit seien.

Mein Freund spürte, daß seine Mitarbeiter unter dem Kunden litten, und beraumte eine Besprechung an, um sich mit ihnen über den Kunden und ihr weiteres Vorgehen zu beraten. Dazu wurden Fragen gestellt wie: Warum ist das Verhältnis zu dem Kunden so problematisch? Wo lagen die Probleme? Wie könnte man sie lösen? Man entwickelte eine Strategie zur Verbesserung der Kommunikation, und leitende Angestellte suchten den Kunden auf, um mit ihm offen über die Probleme zu sprechen. Beide Seiten gelobten, sich um eine Verbesserung der Beziehung zu bemühen. Es schien fast so, als habe man ein neues Kapitel aufgeschlagen.

Doch die Probleme blieben, und die Schikanen gingen weiter. Die Mitarbeiter meines Freundes vermuteten, daß der Kunde auch seine eigenen Mitarbeiter und Kunden respektlos behandelte und mit der Zeit so gegen sich aufbringen würde, daß es auf lange Sicht zu einem Bruch der Beziehungen und schließlich zum Bankrott des ganzen Unternehmens kommen mußte. Dieses Risiko, verbunden mit den täglichen Schikanen, wollte mein Freund seiner Belegschaft offenbar nicht zumuten. Auf einer weiteren Versammlung machte er den radikalen Vorschlag, den Auftrag künftig abzulehnen. Man diskutierte über die möglichen Folgen eines solchen Schritts für jeden einzelnen. Eine Beendigung der Zusammenarbeit konnte Umsatzeinbußen von dreißig Prozent nach sich ziehen und somit Arbeitsplätze gefährden. Andererseits würde die Kündigung des Vertrags erst in Jahresfrist wirksam werden, so daß genug Zeit blieb, für die Mitarbeiter, deren Job gefährdet war, neue Aufgaben im Unternehmen zu finden. Die Mitarbeiter reagierten zunächst besorgt und ängstlich, doch nach und nach befürworteten sie den Vorschlag. Und am Ende fragte einer meinen Freund: »Warum haben Sie so lange gewartet?«

Mein Freund hatte das einträgliche Geschäft mit dem Kunden erst fünf Jahre zuvor abgeschlossen, und so teilte er ihm nun schweren Herzens in einem Brief mit, daß er angesichts der krassen Unterschiede in der Unternehmenskultur und den Wertvorstellungen beider Firmen keine Basis für eine weitere Zusammenarbeit mehr sehe.

Der Kunde war außer sich und bot meinem Freund günstigere Konditionen an. In einer solchen Situation ist man versucht, auf die Bedürfnisse der Persönlichkeit zu hören und die Bedürfnisse der Seele zu übersehen.

Die Persönlichkeit hat Angst – sie denkt an das Ego, das Image, den finanziellen Verlust und die mögliche Existenzbedrohung. Doch mein Freund blieb hart. Die Geschäfte wurden bis zum Auslaufen des Vertrags normal abgewickelt. In dieser Zeit verbesserte sich das Verhalten des Kunden zusehends. Beschimpfungen und Beleidigungen wurden seltener, die Beziehung gestaltete sich harmonischer. Die Mitarbeiter meines Freundes waren mit der Entscheidung zufrieden. Niemand verlor seine Stelle, das Loch im Auftragsbuch wurde gestopft, und das Team war nicht mehr gezwungen, Kompromisse einzugehen und im Interesse des Profits eine unwürdige Behandlung hinzunehmen.

Das Gleichgewicht zwischen Yin und Yang war wiederhergestellt.
Die Seele kann sich ebenso über Gewinne freuen wie die Persönlichkeit, daher sollten wir bestrebt sein, bei der Erwirtschaftung von Gewinnen auch die seelischen Bedürfnisse zu befriedigen, indem wir Geschäftspraktiken einführen, die einem »Heiligtum« angemessen sind. In einem »Heiligtum« ist die Qualität des Gewinns entscheidend, und die Methoden, mit denen er erzielt wird, basieren auf den Werten des Werte-Fahrrads. Alles und jeder wird würdevoll behandelt. Die Seele geht mit der Persönlichkeit eine gleichberechtigte Partnerschaft ein, so daß beide gleichermaßen von dem Nutzen profitieren, den finanzieller Gewinn mit sich bringt.
Am Ende dieses Kapitels habe ich einige Fragen aufgelistet, mit deren Hilfe der Leser die Qualität seiner Gewinne überprüfen und herausfinden kann, inwieweit sie die Bedürfnisse der Seele befriedigen. Die Liste ist nicht vollständig, sie soll eher das Niveau der Analyse veranschaulichen, der die Gewinne unterzogen werden sollen. Der Leser kann nach Belieben weitere Fragen anhängen.
Verantwortungsvolle und integre Geschäftspraktiken werden neue Kunden, Zulieferer, Mitarbeiter und Investoren anlocken, weil auch sie in Würde leben wollen und die Heiligkeit des Lebens respektieren. Wir werden sie willkommen heißen und freuen uns auf die Zusammenarbeit. Gewinne, die wir erzielen, ohne anderen zu schaden, sind die beste Reklame, denn sie erregen die Aufmerksamkeit anderer begabter Menschen, die sich unserem »Heiligtum« anschließen und zu seinem Wachstum beitragen wollen. Durch ihre Aufnahme in unser Team erweitern wir die Basis für unsere Arbeit. Bald wird unser Team im Ruf stehen, ein »Heiligtum« geschaffen zu haben – ein Unternehmen der Zukunft, das die Seele beflügelt –, und weitere werden folgen, um uns zu unterstützen. So können wir auf lange Sicht auch die Skeptiker überzeugen. Zuerst müssen wir uns selbst verändern, dann unsere Unternehmen, dann unser Gemeinwesen – und schließlich die ganze Welt.

Liste zur Bewertung von Gewinnen 0–10

1. Vom ICH zum DU: Haben wir unsere Gewinne erwirtschaftet, ohne Menschen oder ihre Seelen auszubeuten? Sind alle Menschen, die zu unseren Gewinnen beigetragen haben, in materieller oder nichtmaterieller Weise belohnt worden? Haben wir die seelischen Bedürfnisse aller berücksichtigt, die zu unseren Gewinnen beigetragen haben und von ihnen profitieren?

2. Vom DING zum MENSCHEN: Haben wir dem inneren Wert und der Heiligkeit des Menschen mehr Beachtung geschenkt als dem Erwerb und der Anhäufung materiellen Reichtums? Tun wir es weiterhin?

3. Vom DURCHBRUCH zu KAIZEN: Haben wir unsere Gewinne gleichermaßen durch *kaizen* und Durchbrüche erzielt? Haben wir anderen ebenso dabei geholfen, sich ständig zu verbessern und dieselben Dinge besser zu machen, wie die Dinge anders zu machen?

4. Von SCHWÄCHEN zu STÄRKEN: Haben wir bei unserem Streben nach Gewinn auf die Stärken des Menschen gebaut und sie gefeiert? Haben wir bei dem Bemühen, unsere Gewinne zu steigern, auf die Androhung von Strafen und Sanktionen verzichtet?

5. Von KONKURRENZDENKEN und ANGST zu LIEBE: Resultieren unsere Gewinne aus Liebenswürdigkeit, Mitgefühl und Großzügigkeit? Haben wir darauf verzichtet, mit Hilfe von Konkurrenzdenken, Aggression und Einschüchterung unsere Gewinne zu steigern? Haben wir uns der Sprache der Liebe statt der Sprache des Krieges bedient?

6. Im HIER UND JETZT leben: Verhilft die Rentabilität unseres Unternehmens Zulieferern, Kunden, Mitarbeitern und Aktionären zu einem tiefen Gefühl der Freude und Zufriedenheit, das aus dem Vergnügen erwächst, im Hier und Jetzt zu leben, und nicht aus dem – auf Unsicherheit beruhenden – Verlangen, immer mehr zu verdienen?

7. WAHRHEITSLIEBE und VERSPRECHEN HALTEN: Haben wir bei unserem Streben nach Gewinn stets die Wahrheit gesagt? Haben wir trotz des Drucks, höhere Gewinne zu erzielen, die Versprechen gehalten, die wir unseren Mitarbeitern, Kunden und Zulieferern gegeben haben?

8. INTEGRITÄT: Haben wir unsere Gewinne auf redliche Weise erzielt? Waren wir stets ehrlich und integer?

9. GLAUBE: Haben wir unsere Gewinne auf eine Weise erzielt, die mit den moralischen Grundsätzen unseres Glaubens im Einklang steht?

10. Von der PERSÖNLICHKEIT zur SEELE: Haben wir dafür Sorge getragen, daß wir unsere Gewinne nicht auf Kosten der spirituellen Unterstützung gemacht haben, die wir für unser persönliches Wachstum und den Übergang von der Persönlichkeit zur Seele brauchen?

Einige Gedanken zum Aufbau eines »Heiligtums«

Wenn ich Seminare oder Workshops über die Umwandlung von Unternehmen in »Heiligtümer« abhalte, sprechen mich immer wieder Teilnehmer an und erzählen mir, wie sehr sie sich danach sehnen, aus ihren Arbeitsplätzen Seelenräume zu machen. Manche haben schon beträchtliche Erfolge erzielt und können viel Interessantes berichten. Andere sind verbittert, verabscheuen ihre Arbeit und leiden unter den Zuständen in ihrer Firma. »Das hätte mein Chef hören sollen!« sagen sie oft. Und erzählen, warum ihr Unternehmen sich gegen jede Veränderung sperrt.

Vor kurzem sprach ich auf einer Konferenz, bei der ein anderer Hauptredner, ein bekannter Zukunftsforscher, seine Grundgedanken zu der technologischen Entwicklung darlegte, die uns zu Beginn des kommenden Jahrhunderts erwartet. Am Ende meines Vortrags sagte mir eine Zuhörerin, wie sehr sie diesen Forscher schätze, daß sie aber während seiner Rede immer wieder auf ihren Notizblock geschrieben habe: »Wo bleibt die *Seele*?« Ich entgegnete, daß wir uns um beides kümmern müßten, um die Seele *und* die Persönlichkeit, und daß sie vermutlich gerade deswegen beide Vorträge besucht habe – seinen und meinen.

Die Menschen bekommen Angst bei dem Gedanken, ihre

Unternehmen an neuen Werten auszurichten, und schrecken oft vor der gewaltigen Aufgabe zurück, sich und ihre Unternehmen zu ändern. Diese Angst mag in einigen Fällen berechtigt sein, aber auch hier muß die Antwort lauten, daß wir nur dann auf eine bessere Zukunft hoffen dürfen, wenn wir unsere Arbeitsplätze in Seelenräume verwandeln. Für einen Großteil der Unternehmer sind die Erfolgsaussichten gar nicht so schlecht, wie es zunächst scheinen mag; im Gegenteil, sie sind sogar sehr gut. Wir müssen die Axt schärfen, bevor wir Holz hacken.
Im folgenden finden Sie einige Vorschläge, wie Sie eine spirituelle Erneuerung und Veränderung angehen könnten. Ich hoffe, sie machen Ihnen Mut, eine Vorreiterrolle zu übernehmen und ein moderner Parzival zu werden.

Worten müssen Taten folgen

Vertrauen und Integrität sind Worte, die häufig in den Mund genommen, in der Praxis aber selten beherzigt werden. Das verunsichert die Menschen. Traditionelle Manager beteuern häufig ihren Respekt vor den Menschen, doch ihre Beteuerungen entpuppen sich als hohle Phrasen, wenn sie gleichzeitig Betriebe schließen oder Mitarbeiter fristlos entlassen. Wenn wir wollen, daß andere die Wahrheit sagen, müssen wir mit gutem Beispiel vorangehen. Taten sagen mehr als Worte.

Es ist sinnlos, irgendwohin zu gehen, um zu predigen, solange der Gang nicht selbst die Predigt ist.
Franz von Assisi

Es beunruhigt die Menschen, wenn wir unseren Worten keine Taten folgen lassen. Daher ist es für den Erfolg unserer Seelenarbeit von größter Wichtigkeit, daß wir uns stets peinlich genau an unsere Versprechen halten. Ich habe schon viele Programme scheitern sehen, weil Text und Musik nicht zusammengepaßt haben.

Emotionale Reife

Vielen Menschen ist es peinlich, über Liebe, Angst, Einsamkeit, Versagen, Entlassung, Spiritualität und Tod zu sprechen, ja selbst Worte wie »bitte« und »danke« kommen ihnen nur schwer über die Lippen. Es kostet viel Zeit und Mühe, zu emotionaler Reife zu gelangen, deshalb müssen wir uns dabei gegenseitig unterstützen. Indem wir wachsen, entfalten wir uns. Wir müssen uns gegenseitig die Möglichkeit geben, neue Wege auszuprobieren, und niemandem darf ein Nachteil daraus erwachsen, daß er einmal einen Fehler macht und von Außenstehenden kritisiert wird, während er sein persönliches Wachstum, wie unbeholfen auch immer, vorantreibt. Man könnte sagen, wir wachsen, indem wir uns vorantasten.

Der richtige Umgang mit Macht und Angst

Macht war lange Zeit eine Droge, unter deren Einfluß wir unsere Entscheidungen getroffen haben. Wir haben uns an sie gewöhnt, und wenn wir auf sie verzichten, leiden wir unter Entzugserscheinungen. Die wirksamsten Gegenmittel in unserem Arzneikoffer sind Mut und Charme. Ein Mensch, der von der Macht lebt, wird versuchen, andere einzuschüchtern und zu bedrohen, doch Charme wird jede Aggression in sich zusammenfallen lassen. Aggression funktioniert nach den Gesetzen der Mechanik – wie jeder Schläger weiß, verpufft sie, wenn sie ins Leere stößt. Deshalb sollten wir nie versuchen, auf Aggression mit Aggression zu antworten. Wer seine Ziele mit Hilfe von Macht erreichen will, ist auf dem Holzweg; es gehört Mut dazu, seine Ziele mit Charme und Liebenswürdigkeit anzusteuern. Wenn alles hoffnungslos scheint, wenn keiner zuhört, wenn es niemanden gibt, der unsere Sache mit Eifer unterstützt – gerade dann müssen wir unseren ganzen Mut zusammennehmen.

Die Umgestaltung unserer Unternehmen in seelenfreundliche »Heiligtümer« ist eine Frage von Ausdauer und Vertrauen; die Mutigsten werden gestärkt und erfrischt aus diesem Prozeß hervorgehen und ungeahnte Kräfte verspüren. In schwierigen Momenten dürfen wir eines nicht vergessen: Jeder Mensch sehnt sich nach mehr Liebe – nicht nach mehr Angst –, und jeder möchte seiner Seele Flügel verleihen, nur weiß er nicht, wie er es anstellen soll. Wir haben die Aufgabe, es ihm zu zeigen. Die Menschen möchten einen spirituellen Weg einschlagen, nur können sie ihre Wünsche häufig nicht artikulieren. Sie haben dieselben Ängste wie wir, brauchen ebenso Hoffnung wie wir, können ihre Gefühle aber nicht in Worte fassen. Auch das müssen wir sie lehren.

Zuhören

Eine wirkungsvolle Regeneration – organisatorische Veränderung und spirituelle Erneuerung – wird von traditionellen Managern oft als irrelevant für die Bedürfnisse der Persönlichkeit abgetan. In solchen Fällen müssen wir ihnen zuhören, um zu erfahren, welche Ziele sie verfolgen, und dann unsere eigenen Ziele darauf abstimmen. Wollen sie beispielsweise die Produktivität steigern, müssen wir zeigen, daß unsere Arbeit diesem Ziel nicht entgegensteht, sondern ihm sogar förderlich ist. Wir müssen eine Partnerschaft mit ihnen eingehen, sie um Unterstützung bitten und ihren Beitrag anerkennen. Ziel muß es sein, zuzuhören und die gesammelten Informationen in unsere Seelenarbeit einzubringen. Diskussionen sind fast immer kontraproduktiv, denn der traditionelle Manager eines mechanistischen Unternehmens wird uns immer mit rationalen Argumenten antworten und sie dazu nutzen, ein auf Kurzfristigkeit ausgerichtetes Denken durchzusetzen. Diese Art von Denken gefährdet unsere Seelenarbeit, denn der Prozeß der Veränderung kann zu jedem beliebigen Zeitpunkt abgebrochen und als Fehlschlag gewertet werden. Daher ist es wichtig, daß wir stets zuhören und jeden darin bestärken, sich die Sache bis zum Ende anzuschauen, bevor er ein Urteil über den Erfolg unserer Seelenarbeit fällt. Beim Aufbau eines »Heiligtums« ist der Weg das Ziel.

Bezugspunkte

Es ist schwierig, beim Aufbau eines »Heiligtums« Fortschritte zu messen. Es gibt wenig Vorbilder. Die Praxis ist der einzig sinnvolle Maßstab. Menschen müssen selbst erfahren, welche seelischen Kräfte bei ihnen frei werden, um den Nutzen der Seelenarbeit ermessen zu können. Bilanzen, Rechenschaftsberichte, Umsatzberechnungen oder Meinungsumfragen geben nur beschränkt Einblick in die Kalibrierung der Seele. Wir müssen uns jedem Versuch widersetzen, unsere Seelenarbeit mit traditionellen, persönlichkeitsbezogenen Maßstäben zu messen. Manche Dinge entziehen sich einer klaren Quantifizierung – sie *sind* einfach.

Geduld

Ein »Heiligtum« ist zeitlos. Man kann nicht sagen: In drei Monaten ist es fertig und nimmt seine Arbeit auf. Und vielleicht zeigen sich auch im nächsten Quartalsbericht keine positiven Auswirkungen. Erneuerung und Wandel brauchen Zeit; unrealistische Fristen und ungeduldige Forderungen führen nur zu Fehlschlägen. Wir müssen aufpassen, daß unsere Seelenarbeit nicht von der neuesten Managementmode, die schnelleren Erfolg verspricht, zunichte gemacht wird. Wir müssen uns für unsere Seelenarbeit vernünftige Termine

»Es eilt ja nicht, eines Tages werde ich schon ankommen«, sagte der Fluß.

Pu der Bär (A. A. Milne)

setzen und für ihre Vollendung noch einmal die dreifache Zeit veranschlagen. Der Aufbau eines »Heiligtums« erfordert Geduld. Spirituelle Arbeit hat, wie die Jahreszeiten und die Erntezeit, ihren eigenen Rhythmus.

Vergegenwärtigen wir uns, wie Bambus wächst. Erst fällt der Same in die Erde, dann wird er vom Regen getränkt und vom Boden genährt. Im ersten Jahr passiert gar nichts, Regen und Boden nähren den Keim weiter. Auch im zweiten Jahr passiert nichts, ebensowenig im dritten und vierten. Dann, im fünften Jahr, wächst der Bambus plötzlich und wird innerhalb von sechs Wochen dreißig Meter hoch. Ist der Bambus nun in sechs Wochen oder in fünf Jahren zu dieser Höhe herangewachsen? Wäre die Natur ungeduldig geworden und hätte ihm irgendwann in den fünf Jahren die Nahrung entzogen, wäre der Bambus abgestorben. So sollten auch wir der Versuchung widerstehen, unsere Reise abzubrechen, bevor wir am Ziel sind. Auch der Bambuskeim stirbt ab, wenn wir ihn ausgraben, um nachzusehen, ob er auch wächst. Der Bambus braucht fünf Jahre, um dreißig Meter hoch zu wachsen. Von der Natur kann man lernen, was man mit Geduld erreichen kann.

Mut

In ein paar Jahren wird die Verwirklichung der in diesem Buch dargelegten Ideen leicht erscheinen. Heute mag sie uns noch unmöglich erscheinen, speziell dort, wo der Seele der Zutritt bislang verwehrt worden ist. Ich möchte Sie bitten, Mut zu fassen und nicht zu verzagen. Als Leiter eines Unternehmens, das bei Null angefangen hat und heute 100 Millionen Dollar Umsatz macht, blicke ich manchmal zurück und denke über die Gründe für unseren Erfolg nach. Entscheidend war, so glaube ich heute, daß wir die Vorteile entdeckten, die uns der Aufbau eines »Heiligtums« verschaffte, auch wenn wir es damals nicht so nannten, weil wir noch gar nicht begriffen hatten, welch magische Kraft uns anzog. Hätten wir es begriffen und ausgesprochen, hätten uns Banker, Rechtsanwälte, Kunden, Zulieferer und Mitarbeiter für verrückt erklärt. Wir handelten einfach, ohne darüber zu reden. Seltsamerweise ist es sehr viel einfacher, Würde, Liebenswürdigkeit und Wahrheitsliebe zu leben als zu lehren. Denken Sie daran, wenn Sie kalte Füße bekommen. Ich bin bekannt dafür, daß ich für eine neue Unternehmenskultur und einen neuen Führungsstil eintrete. Wenn ich in diesem Zusammenhang über Liebe, Integrität, Zuverlässigkeit, Würde und Freude spreche, ernte ich manchmal Blicke, als käme ich von einem anderen Stern. Dabei sage ich nur die Wahrheit.

Wir wissen zuviel und empfinden zuwenig. Zumindest verspüren wir zu selten jene schöpferischen Gefühle, aus denen ein gutes Leben erwächst.

Bertrand Russell

Wenn ich vor einem größeren Publikum über den Aufbau eines »Heiligtums« spreche, muß ich vorher jedesmal meinen ganzen Mut zusammennehmen. Ich weiß zwar, daß ich das Unternehmen der Zukunft beschreibe, trotzdem nehme ich Rücksicht auf die Zuhörer und ihre Erfahrungen, die gewiß nicht selten vom Kampf ums Überleben geprägt sind. Einer meiner Kunden sagte einmal: »Wir hätten auch gerne, daß Sonntag ist. Aber heute ist Montag, und morgen ist erst Dienstag.«

Man muß sich nämlich darüber im klaren sein, daß es kein schwierigeres Wagnis, keinen zweifelhafteren Erfolg und keinen gefährlicheren Versuch gibt, als ... eine neue Ordnung einzuführen.

Niccolò Machiavelli, Der Fürst

Wenn wir ein Programm für die spirituelle Erneuerung entwikkeln, bei der nicht die Belohnung der Persönlichkeit im Mittelpunkt steht, sondern eine Ethik, die unsere Seele beflügelt, gehen wir ein hohes Risiko ein. Aber wir dürfen nicht vergessen, daß die Veränderung der Menschen und Unternehmen eine wichtige

Aufgabe ist. Wir müssen uns klar darüber sein – auch wenn wir das anderen nicht immer vermitteln können –, daß wir Pioniere sind, Menschen, die sich das Ziel gesteckt haben, die Welt zu verbessern. Ihr Arbeitsplatz ist Ihr Betätigungsfeld, und Ihre Aufgabe ist es, Ihren Kollegen dabei zu helfen, das Gefühl der Leere zu überwinden. Spielen Sie, um zu gewinnen.

Sie haben sich dem Aufbau eines »Heiligtums« verschrieben. Die Menschen in Ihrem Seelenraum sind im Begriff, sich zu verändern. Ihr Ziel muß es sein, sich mit ganzer Kraft für eine Unternehmenskultur einzusetzen, die Ihre Mitarbeiter veranlaßt, morgens aus den Betten zu hüpfen, das Fenster aufzureißen und der Sonne zuzurufen: »Ich will zur Arbeit gehen! Ich liebe meine Arbeit! Ich liebe meine Kollegen! Meine Arbeit ist ein ganz besonderer Teil meines Lebens! Ich habe Freude an meiner Arbeit!«

Sie werden Kritik einstecken müssen. Zyniker werden über Ihren Traum spotten und Witze reißen. Weisen Sie einfach darauf hin, daß uns der alte Grundsatz »mehr desselben« nicht weiterbringt, und erinnern Sie daran:

»Ein Kleingeist ist ein Mensch, der aufgehört hat zu wachsen.« Wir sind dazu bestimmt, eine höhere Ebene zu erklimmen, denn nur dort wachsen der Seele Flügel.

> »Kommt an den Rand«, sagte er.
> Sie sagten: »Wir haben Angst.«
> »Kommt an den Rand«, sagte er. Sie kamen.
> Er stieß sie … und sie flogen.
>
> *Guillaume Apollinaire*

Der Aufbau eines »Heiligtums«

Fragen, die den Bann brechen

1. Stellen wir die richtigen Fragen?
2. Lassen wir uns gleichermaßen von unserer Persönlichkeit und unserer Seele leiten?
3. Respektieren wir unsere weibliche und unsere männliche Energie?
4. Orientieren wir uns bei unseren Entscheidungen an übergeordneten sittlichen Werten?
5. Sagen wir die Wahrheit, und halten wir unsere Versprechen?
6. Gehen wir mit unseren Kollegen, Kunden und Zulieferern liebenswürdig um?
7. Kommunizieren wir in der Sprache der Liebe statt in der Sprache des Krieges?
8. Macht uns die Arbeit Spaß?
9. Lohnt sie sich – für die Persönlichkeit und die Seele?
10. Ist unsere Umgebung inspirierend? Ist sie ein Seelenraum?
11. Gewinnen wir, ohne daß andere dabei verlieren?
12. Sind wir offen?
13. Haben wir Vorschriften durch Vertrauen und Verständnis ersetzt?
14. Haben wir die Bürokratie abgeschafft?
15. Fördern wir Kreativität?
16. Respektieren wir Kreativität und investieren in sie?
17. Sind unsere Mitarbeiter Inhaber?
18. Entscheidet das Team selbst über seine Zusammensetzung?
19. Setzen wir uns für das Gemeinwesen ein?
20. Machen wir Gewinne, auf die unsere Seele stolz sein kann?
21. Sind wir im Begriff, ein »Heiligtum« aufzubauen?

Primärwerte	
Könnenschaft	Erledige ich jede Aufgabe, so gut ich kann? Schöpfe ich meine Fähigkeiten voll aus? Nutze ich das ganze Potential meiner Persönlichkeit und meiner Seele?
Menschenfreundlichkeit	Ist das, was ich tue, gut für die Menschen? Ist es wahrhaftig? Nimmt es Rücksicht auf die Seele? Ist es mutig? Hat es Charme? Respektiert es die weibliche und die männliche Energie gleichermaßen?
Hingabe	Erfülle ich die Bedürfnisse der Persönlichkeit und der Seele anderer Menschen? Geht von mir eine positive Energie aus? Respektiere ich die »Heiligkeit« von Menschen und Dingen?
Beschleuniger	
Lernen	Was müssen wir lernen, um unser Können zu verbessern? Was kann meine Seele mich lehren? Wie kann ich wachsen? Wer ist mein Lehrer? Stärkt der Lernprozeß mein Selbstwertgefühl? Welche Lehren ziehe ich aus meinem Leben?
Einfühlung	Fühle ich mich in andere ein? Ist meine Arbeit einfühlsam genug? In wen muß ich mich stärker einfühlen, um mein Verhältnis zu ihm zu verbessern?
Zuhören	Wie kann ich besser zuhören? Wem muß ich zuhören? Höre ich der Seele anderer ebenso zu wie ihrer Persönlichkeit? Höre ich auf meine eigene Seele?

Werteverschiebung	
Vom ICH zum DU:	Habe ich die seelischen Bedürfnisse anderer über die Bedürfnisse meiner Persönlichkeit gestellt?
Vom DING zum MENSCHEN:	Sind mir die Menschen und ihre Seele wichtiger als ihr Besitz und ihr Geld? Gilt das auch für alle meine Kollegen?
Vom DURCH-BRUCH zu KAIZEN:	Bemühe ich mich um bessere Resultate ebenso intensiv wie um andere Resultate? Wird mein Leben und jede meiner Tätigkeiten jeden Tag besser? Lasse ich mich dabei von meiner Seele leiten?
Von SCHWÄCHEN zu STÄRKEN:	Baue ich auf die Stärken der Menschen, statt ihre Schwächen zu kritisieren? Sporne ich an, statt zu kritisieren? Ermutige ich die Seele?
Von ANGST zu LIEBE:	Ermutige ich zu mehr Liebe, oder erzeuge ich Angst? Erfüllt meine Arbeit andere mit Freude, oder ruft sie Feindseligkeit und Konkurrenzdenken hervor? Gewinne ich, ohne daß ein anderer dabei verliert?

Zur Terminologie

Eine Reihe von Wörtern werden in *Soul-Management* in einem besonderen Sinne verwendet. Damit sich der Leser leichter einen Überblick verschaffen kann, erläutere ich im folgenden einige von ihnen.

Einfühlungsvermögen: Einfühlungsvermögen ist auf dem Werte-Fahrrad der Beschleuniger für *Menschenfreundlichkeit.* Menschen mit Einfühlungsvermögen versetzen sich in die Lage anderer, schlüpfen in ihre Haut und erkennen, daß das die Grundvoraussetzung für den Aufbau von Beziehungen ist. Sie machen sich die Mühe, die Dinge aus der Warte des anderen zu betrachten, und sie interessieren sich lebhaft für seine Ziele und Probleme. Ihre Grundhaltung ist altruistisch, mitfühlend, freundlich und anteilnehmend. Zusammenarbeit und Partnerschaft sind ihnen wichtiger als Konkurrenz und Macht.

Empowerment: Den Menschen vertrauen, sie ausbilden, ihnen Mut machen und all die Informationen und Kompetenzen geben, die sie brauchen, um für den Kunden die richtige Entscheidung zu treffen.

Heiligtum: Ein Heiligtum ist weniger ein Ort als eine sichere Umgebung, ein geistiger Zustand. Wir sind vielleicht nicht in der Lage, die Welt um uns herum zu ändern, aber wir können uns selbst verändern. So können wir, obwohl die Welt rings um uns her verrückt oder gefährlich sein mag, im Heiligtum unseres eigenen Raumes Sicherheit finden. Ein Heiligtum ist wie ein teflonbeschichteter Schild, den das Gift unserer Umgebung nicht zu durchdringen vermag. Und ein Heiligtum ist mehr als ein äußerer Ort – nämlich eine Einstellung. Heiligtümer werden häufig von Gruppen gleichgesinnter Menschen gebildet, die selten zusammenkommen, die aber für dieselben Werte eintreten, einander lieben, vertrauen und respektieren und eine gemeinsame Sprache sprechen. Ein Heiligtum ist eine heilige Stätte, ein Ort, an dem wir allen dort befindlichen Personen und Dingen Ehrfurcht erweisen, ein Ort, an dem wir uns nach einem heiligen Kodex richten, in Anmut und Würde leben und die Seele so nähren, wie es in *Soul-Management* geschildert ist.

Hingabe: Hingabe ist einer der Primärwerte auf dem Werte-Fahrrad. Menschen mit Hingabe respektieren die Bedürfnisse anderer und bemühen sich leidenschaftlich um deren Befriedigung. Diese Betonung der Bedürfnisse anderer ist durch ein aufgeklärtes Eigeninteresse und Altruismus motiviert. Menschen mit Hingabe stellen die Befriedigung der Bedürfnisse von Kunden über kurzfristige Profite und begreifen, daß diese Philosophie langfristig Gewinn bringt. Sie entwickeln Konzepte für Geschäfte und Beziehungen, bei denen beide Seiten gewinnen, und setzen sie auch um. Sie behandeln Kunden als Partner und nicht als Gegner. Es liegt ihnen mehr daran, das Rechte zu tun, als die Dinge richtig zu machen, und sie messen ihre persönliche Leistung an den Resultaten, die sie bei Angestellten, Zulieferern und Kunden erzielen.

kaizen: *kaizen* fällt unter die Werteverschiebungen auf dem Vorderrad des Werte-Fahrrades. Die wörtliche Übersetzung dieses japanischen Begriffes lautet »besserer Weg«. *Kaizen* ist die Kunst, dieselbe Sache besser zu machen, statt Dinge anders zu machen (Durchbruch), und die Gepflogenheit, durch hartnäckiges, unermüdliches Bemühen kleine Verbesserungen des Status quo zu erreichen. Die Philosophie des *kaizen* ist eher lösungs- als problemorientiert. Unter *kaizen* fallen auch *warusa-kagen* (das heißt »Dinge, die noch kein Problem, aber irgendwie nicht ganz in Ordnung sind«). Wenn man sich um diese *warusa-kagen* nicht kümmert, können sie mit der Zeit zu handfesten Problemen werden. Wer *kaizen* praktiziert, bemüht sich bei seiner Arbeit sowie in seinem gesellschaftlichen und privaten Leben ständig um Verbesserungen und wächst daher stetig.

Könnenschaft: Könnerschaft ist einer der Primärwerte auf dem Werte-Fahrrad. Menschen mit Könnerschaft haben sich innerlich dazu verpflichtet, alles Nötige zu tun, um das höchstmögliche Leistungsniveau zu erreichen. Sie verfolgen ehrgeizige Ziele, wollen in Beruf und Privatleben immer besser werden (vgl. *kaizen*) und bemühen sich stets um hervorragende Ergebnisse. Sie verfügen im allgemeinen über herausragende Fähigkeiten und Kenntnisse und sind Experten auf ihrem Spezialgebiet, häufig Meister ihres Faches. Sie haben ein Leben lang hohen Respekt vor dem Wissen und werden häufig von einem Mentor gefördert.

Könnenschaft erlangen wir durch Lernen, Unterrichten und berufliche Weiterbildung, durch die Vervollkommnung unserer Fertigkeiten und die Erweiterung unserer Sachkenntnis, die Nutzung von Informationssystemen und -technologien, wissenschaftliches Studium, Fleiß, Tüchtigkeit und Effizienz, Kunstfertigkeit und Kultiviertheit.

Kunde: Kunde ist jeder, der mit einem Bedürfnis zu uns kommt. Daher ist jeder ein Kunde, aber wir unterscheiden drei Hauptgruppen:

Angestellter: Eine Person, die auf Vollzeit- oder Teilzeitbasis für das Unternehmen eine Dienstleistung erbringt und bestimmte, arbeitsbezogene Verpflichtungen erfüllt, wofür sie als Gegenleistung ein Paket von materiellen und spirituellen Belohnungen erhält.
Kunde: Ein externer Kunde ist ein Individuum oder ein Unternehmen, das mit bestimmten Bedürfnissen zu uns kommt und diese mit Hilfe der von uns angebotenen Produkte oder Dienstleistungen befriedigen will.
Zulieferer: Ein Individuum oder ein Unternehmen, das Dienstleistungen oder Produkte verkauft. Zulieferer knüpfen zu ihren Kunden menschliche Beziehungen und nutzen sie, indem sie ihnen helfen, bestehende Bedürfnisse zu befriedigen.

Im Berufsleben können *Kunden* noch in zahlreichen weiteren Rollen auftreten: Als Gewerkschaften, Aufsichtsbehörden, Bankmanager, Buchhaltungsunternehmen, Chefs, Kollegen, Zentralen, andere Unternehmen unserer Branche, Wirtschaftsverbände und vieles mehr. Im Privatleben haben wir im weiteren Sinne ebenfalls *Kunden*, wie etwa Ehe- oder Lebenspartner, Eltern, Kinder, Verwandte, Freunde, Nachbarn und all diejenigen, zu denen wir eine Beziehung aufgebaut haben, die auf gegenseitiger Abhängigkeit beruht.

Lernen: Lernen ist auf dem Werte-Fahrrad der Beschleuniger für *Könnerschaft*. Wer sich dem Lernen verschrieben hat, legt großen Wert auf dauerhafte Beziehungen zu Experten, Lehrern und Mentoren. Er widmet dem Lesen, Studieren, Einüben und Vervollkommnen mehr Zeit als der Durchschnitt, ist neuen Ideen gegenüber aufgeschlossen und nimmt Möglichkeiten zur Weiterbildung wahr. Ferner sorgt er dafür, daß den Menschen in seiner Umgebung das richtige Lernmaterial und Arbeitsgerät zur Verfügung steht, und improvisiert, wo die Finanzen oder Umstände es erfordern. Er lernt ständig hinzu und gibt sich nie mit dem erreichten Grad an Weisheit zufrieden. Um seine Kenntnisse zu vertiefen und seine Fähigkeiten zu verbessern, arbeitet er Projekt-, Zeit- und Budgetpläne aus, die seine Lernziele definieren.

Menschenfreundlichkeit: Menschenfreundlichkeit ist einer der Primärwerte auf dem Werte-Fahrrad. Der Menschenfreund hat Eigenschaften und Einstellungen, die das Eingehen intensiver Beziehungen begünstigen. Er legt großen Wert auf harmonische Interaktionen, ergreift die Initiative, um Freundschaften aufzubauen, zu pflegen und gegebenenfalls wieder zu kitten, und geht bei seinen Beziehungen in die Tiefe, statt sich mit den üblichen Oberflächlichkeiten zu begnügen. Er schließt Freundschaften, geht emotionale Bindungen ein und baut Partnerschaften auf, von denen beide Seiten gleichermaßen profitieren. Er vertraut anderen, genießt ihre Gesellschaft und arbeitet lieber mit anderen zusammen als allein. Er ist gesellig und unkompliziert im Umgang. Im Wirtschaftsleben entwickelt er oft tiefe Beziehungen, die zu dauerhaften Freundschaften führen und beide Seiten geschäftlich und persönlich bereichern. Er knüpft materielle und nichtmaterielle Verbindungen zu Angestellten (und ihren Partnern), Zulieferern, Kunden, Teilhabern und Partnern in strategischen Bündnissen. *Menschenfreundlichkeit* heißt, mit Aufgaben im Kommunikationsbereich so umzugehen, daß vertrauensvolle Beziehungen entstehen, die auf Aufrichtigkeit, Zuverlässigkeit, Energie, Ehrlichkeit, Respekt, Mitgefühl, Integrität und Liebe beruhen.

Seele: Für mich ist die Seele der unsterbliche oder spirituelle Teil des Menschen. Sie macht unser Wesen aus, ist unser moralisches und emotionales Rückgrat, gibt uns Wärme und Kraft. Sie ist unsere Psyche, und das ist das griechische Wort für Seele. Wir sind Seelen mit Körpern, nicht Körper mit einer Seele. Unser Verstand ist darauf beschränkt, sich mit dem Möglichen zu befassen, aber unsere Seele kann über das Herkömmliche hinausgehen und nach dem Magischen greifen. Was der begrenzte Verstand für ein Wunder hält, hält die Seele für möglich. Die Seele ist das entscheidende »Mehr« bei der Arbeit, beim Spiel, im Freundeskreis, in der Familie, in der Umwelt, in den materiellen Dingen und bei allen unseren Aktivitäten. Dieses »Mehr«, dieser Zauber, der die Seele beflügelt, ist das, was meines Erachtens bei unserer Arbeit und folglich in unserem Leben fehlt.

Zuhören: Zuhören ist auf dem Werte-Fahrrad der Beschleuniger für *Hingabe*. Menschen mit der Gabe des Zuhörens sind fähig, das »innere Geplapper« abzustellen und anderen ihre ungeteilte Aufmerksamkeit zu schenken. Sie wissen, wie wichtig es ist, neben den Worten eine Vielzahl anderer Signale zu beachten, wie etwa Körpersprache, Intonation und Ausdruck. Sie lauschen »den Worten *und* der Musik«. Um den anderen zu verstehen, hören sie unvoreingenommen und genau zu, ohne sich zu rechtfertigen oder den anderen zu beeinflussen. Zuhören ist nicht leicht, und um die volle Bedeutung des Zuhörens zu begreifen, müssen wir erst einmal lernen, selber den Mund zu halten.

Anmerkungen

Einleitung

1. M. Hammer und J. Champy, *Business Reengineering: Die Radikalkur für das Unternehmen*, Frankfurt/New York 1994, S. 48.
2. »The Straining of Quality«, in: *The Economist*, 14. Januar 1995, S. 55.
3. Stratford Sherman, »Big Blue Shows Signs of Life«, in: *Fortune*, 6. Februar 1995, S. 16.
4. Christopher A. Bartlett und Sumantra Ghoshal, »Changing the Role of Top Management: Beyond Systems to People«, in: *Harvard Business Review*, Mai/Juni 1995, S. 132–142.
5. Peter Russell, »Who's Kidding Whom? Is Western Civilization Compatible with Sustainable Development?«, in: *World Business Academy Perspectives*, 8, Nr. 1, 1994, S. 7 f.
6. B. Joseph Pine II, Don Peppers und Martha Rogers, »Do You Want to Keep Your Customers Forever?«, in: *Harvard Business Review*, März/April 1995, S. 103–114.

Kapitel 1

1. »Improving Executive Thinking«, in: *For CEOs Only*, 12, Nr. 2, S. 2.
2. Thomas Moore, *Care of the Soul*, Harper Collins, New York 1992, S. XI.
3. John D. Hull, »The State of the Union«, in: *Time*, 6. Februar 1995, S. 42–53.
4. Ebenda.
5. »CEO Interview«, in: *Fortune*, 6. Februar 1995, S. 24.
6. Diane Brady, »The Roots of Chaos«, in: *Maclean's*, 19. November 1990, S. 46–48.
7. »From Catastrophe to Crisis«, in: *The Economist*, 12. Mai 1990, S. 85 f.
8. Dan Lavin, »Millionaires Work«, in: *Fortune*, 3. April 1995, S. 20 f.
9. »The Business of Business?«, in: *Utne Reader*, September/Oktober 1993, S. 72.
10. Patricia Galagan, »Bringing Spirit Back to the Workplace«, in: *Training and Development Journal*, September 1988, S. 37.

Kapitel 2

1. Sun Tsu, *Über die Kriegs-Kunst*, Karlsruhe 1989.
2. Russell Mitchell und Michael O'Neill, »Managing by Values«, in: *Business Week*, 12. September 1994, S. 38–43.
3. Leser, die das Konzept des Werte-Fahrrades näher kennenlernen möchten, finden eine ausführliche Darstellung in meinem Buch *The Way of the Tiger: Gentle Wisdom for Turbulent Times*, Toronto 1989.

Kapitel 3

1. Weston Kosova, *Washington City Paper*, 16. August 1991.
2. Lance H. K. Secretan, *Managerial Moxie*, 1993.

Kapitel 4

1. Marjorie Kelly, »Michael Novak: The Theology of Business«, in: *The New Paradigm of Business*, hrsg. von Michael Ray und Alan Rinzler, 1993, S. 197 f.
2. Hal F. Rosenbluth, *The Customer Comes Second and Other Secrets of Exceptional Service*, 1992.
3. Ronald Henkoff, »Finding, Training and Keeping the Best Service Workers«, in: *Fortune*, 3. Oktober 1994, S. 110–122.
4. Hal F. Rosenbluth, *The Customer Comes Second and Other Secrets of Exceptional Service*, 1992.
5. Andrew Kupfer, »Success Secrets of Tomorrow's Stars«, in: *Fortune*, 23. April 1990, S. 77–84.

Kapitel 5

1. Al Reis und Jack Trout, *Marketing Warfare*. o.J., o. O.
2. Jon Franklin, *Molecules of the Mind*, New York 1987, S. 25.
3. Norman Cousins, *Head First*, New York 1989.
4. Ebenda, S. 4.

Kapitel 6

1. *Utne Reader*, Januar/Februar 1994, S. 64
2. Stephan Rechtschaffen, *Psychology Today*, November/Dezember 1993.
3. Kathryn Leger, »Péladeau's Poker: All Guts and Gall«, in: *The Financial Post*, 27. Mai 1995, S. 16 f.
4. Mark Sutcliffe, »Racket Scientist«, in: *Canadian Business*, Juni 1995, S. 52–58.
5. Tamsen Tillson, »The Last Patriot«, in: *Canadian Business*, Juli 1995, S. 26–30.
6. Elizabeth G. Conlin, »A House Divided«, in: *Inc.*, Februar 1995, S. 72.
7. Lance H. K. Secretan, *Living the Moment*, Toronto 1993, S. 56.
8. Thomas Moore, *Care of the Soul*, New York 1992, S. XVI.
9. Brian Dumaine, »Why Do We Work?«, in: *Fortune*, S. 196–204.

Kapitel 7

1. Brian O'Reilly, »The New Deal: What Companies and Employees Owe One Another«, in: *Fortune*, 13. Juni 1994, S. 44–52.

2. Mary Kay, *Mary Kay Director's Guide*, hrsg. von Mary Kay Cosmetics, 1993, S. 3 f.

Kapitel 8

1. Rede auf dem 31. Kongreß der Internationalen Handelskammer, Mexiko, 1993.

Kapitel 9

1. Jaclyn Fierman, »When Genteel Rivals Become Mortal Enemies«, in: *Fortune*, 15. Mai 1995, S. 90–100.
2. Brian Dumaine, »Why Do We Work?«, in: *Fortune*, 26. November 1994, S. 196–204.
3. Cynthia Joba, Herman Bryant Maynard jr. und Michael Ray, »Competition, Cooperation and Co-creation: Insights from the World Business Academy«, in: *The New Paradigm in Business*, New York 1993, S. 53.

Kapitel 10

1. Jay Finnegan, »Everything According to Plan«, in: *Inc.*, März 1995, S. 78–85.
2. George Gendron, »The Roots of Evolution«, in: *Inc.*, Juni 1995, S. 11.
3. Russell Mitchell, »Managing by Values«, in: *Business Week*, 12. September 1994, S. 43.
4. D. Dreher, zitiert in *The Tao of Inner Peace*, Harper Perennial, New York 1991, S. 186 f.

Kapitel 11

1. Rita Koselka und Randall Lane, »What Matsushita Left on the Table«, in: *Forbes*, 3. Juli 1996, S. 46 ff.
2. »Corporate Reputations«, in: *Fortune*, 6. März 1995, S. 56.
3. Ebenda, S. 57 f.
4. Rolf Osterberg, *Corporate Renaissance: Business as an Adventure in Human Development*, Nataraj Publishing, Mill Valley, Kalifornien, 1993, S. 139.

Kapitel 12

1. Christopher A. Bartlett und Sumantra Ghoshal, »Changing the Role of Top Management: Beyond Systems to People«, in: *Harvard Business Review*, Mai/Juni 1995, S. 132–142.
2. »The Horizontal Corporation«, in: *Business Week*, 20. Dezember 1993, S. 44–49.

3. Christopher A. Bartlett und Sumantra Ghoshal, »Changing the Role of Top Management: Beyond Systems to People«, in: *Harvard Business Review*, Mai/Juni 1995, S. 132–142.

Kapitel 13

1. Alex Taylor III, »Iacocca's Minivan«, in: *Fortune*, 30. Mai 1994, S. 56–66.
2. John Huey, »Nothing is Impossible«, in: *Fortune*, 23. September 1991.
3. Jay Tokasz, »Winging It – Scalpel, Knife, Fork«, in: *USA Today*, 24. Mai 1995, S. 5 A.
4. »Corporate Reputations«, in: *Fortune*, 6. März 1995, S. 57.

Kapitel 14

1. »Corporate Reputations«, in: *Fortune*, 6. März 1995, S. 56.
2. Mihaly Csikszentmihalyi, *Flow: Das Geheimnis des Glücks*, Stuttgart 1992.
3. Brian O'Reilly, »The New Deal: What Companies and Employees Owe One Another«, in: *Fortune*, 13. Juni 1994, S. 44–52.

Kapitel 15

1. »Redraw the Line Between the Board and the CEO«, in: *Harvard Business Review*, März/April 1995, S. 153–165.

Kapitel 16

1. Mary Teresa Bitti, »McGarry Queen of the Xeroids«, in: *Financial Post Magazine*, Juni 1995, S. 18.
2. Jaclyn Fierman, »Winning Ideas From Maverick Managers«, in: *Fortune*, 6. Februar 1995, S. 66–80.

Kapitel 17

1. Richard Brandt, »Can Larry Beat Bill?«, in: *Business Week*, 15. Mai 1995, S. 38–46.

Kapitel 18

1. »Anita Roddick: Eco-Business«, in: *Utne Reader*, Sept./Okt. 1990, S. 47.
2. Ebenda.